DIZIONARIO

SPAGNOLO-ITALIANO
ITALIANO-SPAGNOLO

Edizioni Giuseppe Malipiero - Bologna

Diccionario
español - italiano

PRINCIPALI REGOLE DI PRONUNCIA

A a

B b

C c = suono duro ca, co, cu dinanzi a queste tre vocali; suono interdentale (= tz) dinanzi alle vocali e, i; es.: cielo = tzielo.

CH ch pron.: = ci (ital.) es.: muchacho = muciacio. Non può essere divisa, perciò mu-cha-cho.

D d (in fine di parola è muta).

E e

F f

G g pron. gutturale aspirato (davanti ad e, i). Suono duro ga, go, gu dinanzi a queste tre vocali e quando è seguito da u più e, ed u più i; es.: gue = ghe; gui = ghi; ma gua = gua; guo = guo, come in italiano.

gn = suono duro (come l'ital. gm), quindi signo = signo. Va divisa perciò sig-no.

H h muta

I i

J j pron. come g (davanti a tutte le vocali). Si chiama jota.

K k pron.: = ch (ital.)

L l

LL ll pron.: = gli (ital.) es.: llama = gliama. Non può essere divisa, perciò ga-lli-na.

M m

N n

N ñ pron. = gn (ital.) es.: España = Espagna Il segno ◡ sulla n (ñ) si chiama tilde.

O o

P p

Q q sempre seguita soltanto da u, nei gruppi di vocali u più e; u più i pron. = ch (ital.), es.: que = che.

R r

rr non può essere divisa, perciò ferrocarril = fe-rro-ca-rril.

S s la s impura fa sillaba con la vocale precedente, perciò ves-tir.
È sempre aspra (come nell'ital. sole), quindi rosa.

T t

U u

V v

X x

Y y = i ital. (è una cons.).

Z z non può precedere altro che le vocali a, u, o col medesimo suono del c spagnolo (= tz).

b e v hanno suono quasi sempre identico cioè labiale se in principio di parola; = v ital. se nell'interno della parola.

La dieresi (..) si incontra solo sulla u dopo la g, e in questo caso si legge la u; es.: averigüé = averigué (come in ital.).

MONEDAS PESOS Y MEDIDAS	MONETE PESI E MISURE
Peseta, duro (5 pesetas), real (un cuarto de peseta), céntimo.	Lire; centesimo.
Centigramo - decigràmo - gramo - decagramo - hecto (gramo) - kilo(gramo) - quintal - tonelada.	Centigrammo - decigrammo - grammo - decagrammo - etto(grammo) - chilo(grammo) - quintale - tonnellata

LONGITUDES SUPERFICIES	LUNGHEZZE SUPERFICI
Centímetro - decímetro - metro - decámetro - hectómetro - kilómetro.	Centimetro - decimetro - metro - decametro - ettometro - chilometro.
Centímetro cuadrado..., metro cuadrado... etc.	Centimetro quadrato... metro quadrato... ecc.

CAPACIDAD	CAPACITA
Centílitro - decílitro - litro - decálitro - hectólitro.	Centilitro - decilitro - litro - decalitro - ettolitro.

HORAS	ORA
¿Por favor qué hora es?	Per favore che ora è?
Son las dos	Sono le due
Son las seis y media	Sono le 6 e mezzo
Falta un cuarto a las nueve	Sono le 8 e tre quarti
Acaban de dar las diez	Sono appena suonate le 10
Faltan diez minutos a las...	Mancano dieci minuti alle...
¿A cuántos estamos?	Quanti ne abbiamo?
A quince del mes	È il 15 del mese
¿Qué día es hoy?	Che giorno è oggi?
Es el 21 de febrero	Il 21 di febbraio
Es lunes	È lunedì
El lunes saldré	Lunedì partirò

¿Dentro de cuánto tiempo?	Fra quanto tempo?
Dentro de unas semanas	Entro poche settimane!
Anteayer	Ieri l'altro
Pasado mañana	Domani l'altro
Hace tiempo	Tempo fa
Hace unos días	Giorni fa
Mañana por la mañana	Domattina
Mañana por la tarde	Domani sera
Mañana por la noche	Domani notte

FECHA	**DATA**
27 de abril de 1952	27 aprile 1952

FRASEOLOGIA	**FRASEOLOGIA**
Saludos	Saluti
Adiós	Ciao e Arrivederci
Hasta la vista	Arrivederci
Buenos días	Buon giorno
Buenas tardes	Buona sera
Ayer por la mañana	Ieri mattina
Ayer por la tarde	Ieri sera
Ayer por la noche	Ieri notte
Esta mañana	Questa mattina
Esta tarde	Questa sera
Esta noche	Questa notte
Buenas noches	Buona notte
¿Has entendido?	Hai capito?
¿Qué es esto?	Cos'è questo?
¿Qué quiere decir?	Che cosa vuol dire questo?
¿Qué tal Ud.?	Come sta?
¿Cómo se llama?	Come si chiama
¿Permita Ud.?	È permesso?
¿Qué desea?	Cosa desidera?
¿Adónde va?	Dove va?
¿Dónde vive?	Dove sta?
¿Es tarde?	È tardi?
¡Es temprano!	È presto!
Muchas gracias	Grazie
Lo siento mucho	Mi dispiace
No hace falta	Non fa niente
No he entendido	Non ho capito
Hable más despacio	Parli più adagio
No hay de que	Prego

Dentro de dos horas	Fra due ore
Gracias	Grazie
Perdone	Scusi
Pase Ud. - Tome asiento	Si accomodi
Por favor	Per favore
Quisiera saber	Vorrei sapere...
¿Cree Ud. que...?	Crede che...?
¡Deje Ud.!	Lasci stare!
¿Habla Ud. italiano?	Parla italiano?
No	No
De buena gana	Volentieri
¿Conoce Ud. al Señor?	Conosce il Sig...?
¡Encantado!	Molto lieto! Piacere!
¡Quién sabe!	Chissà!
¿Cuánto se quedará?	Quanto starà qui?
Unos días	Alcuni giorni
¿Puedo ofrecerle mi ayuda?	Posso esserle utile?
¡Cómo quiera!	Come vuole!
Lo siento mucho	Mi dispiace molto
Me alegro mucho	Ho piacere

En la Estación	**Alla Stazione**
¿Por favor a qué hora sale el tren para...?	Per favore a che ora parte il treno per...
¿Viaja con retraso el expreso?	Porta ritardo il rapido?
¿Dónde está la taquilla?	Dov'è la biglietteria?
¿Dónde se sacan los billetes?	Dove si prendono i biglietti?
¿Dónde se entrega el equipaje?	Dove si consegnano i bagagli?
Mozo, lleve estas maletas a la vía número cinco	Facchino, porti queste valigie al binario numero cinque
¿Dónde está la salida?	Dov'è l'uscita?
¿Dónde está la entrada?	Dov'è l'ingresso?
Quisiera un billete de ida y vuelta para...	Vorrei un biglietto di andata e ritorno per....
¿Por favor me echa en el buzón estas cartas?	Per favore mi imposta queste lettere?
¡Mire! allí está el buzón	Guardi, ecco la buca per le lettere
¿Cuánto se para el tren en la estación?	Quanto sta fermo il treno in stazione?
¿Cuánto tarda el expreso para...?	Quanto impiega il rapido per...?

Nomenclatura	*Nomenclatura*
En la estación	Alla stazione
Despacho de billetes	Ufficio biglietteria
Consigna (despacho de entrega y recogida de equipajes)	Deposito (ufficio deposito bagagli)
Oficina de aduanas	Ufficio dogana
Oficina de objetos perdidos	Ufficio oggetti smarriti
Puesto de socorro	Pronto soccorso
Retretes, baños y peluquería	Gabinetti, bagni e barbieria
guía de ferrocarril	Orario ferroviario
salón de espera	sala d'aspetto
la vía	il binario
taquilla	biglietteria
equipaje	bagaglio
billete	biglietto
propina	mancia
mozo	facchino
salida	uscita
entrada	entrata
baúl	baule
maleta	valigia
frontera	frontiera
aduana	dogana
oficinas de...	uffici di...
departamento	scompartimento
coche	vettura (o carrozza)
coche - comedor	vettura ristorante
coche - cama	vagone-letto
verificador	controllore
primera, segunda clase	prima, seconda classe
viaje	viaggio
salidas y llegadas	arrivi e partenze
oficina de informaciones	ufficio informazioni
facturar el equipaje	registrare i bagagli
resguardo	polizza (ricevuta)
pasaporte	passaporto
cambio	cambio

Hotel

Albergo

Quisiera una habitación de una cama... de dos camas	Vorrei una camera a un letto... a due letti
Exterior [o interior]	Sulla strada [o interna]
Este cuarto no me gusta, ¿tiene otra al 2º piso?	Questa camera non mi piace, ne ha un'altra al 2º piano?

¿Cuánto cuesta al día?	Quanto costa al giorno?
¿Tengo que pagar anticipadamente?	Debbo pagare anticipato?
¿Hay agua corriente caliente y fría?	Vi è acqua corrente calda e fredda?
¿El servicio está comprendido en el precio?	Il servizio è compreso nel prezzo?
Quisiera que me limpiasen los zapatos	Vorrei far pulire le scarpe
¿Dónde está el timbre?	Dov'è il campanello?
Muchas gracias, caballero	Molte grazie, signore
Tengo una cita para las cinco	Ho un appuntamento per le 5
Ud. es muy amable	Lei è molto gentile
Mucho gusto en conocer a Usted (Encantado)	Piacere di conoscerla. (Piacere)
Nos citamos para les tres	Ci diamo appuntamento per le tre
¿A qué hora sirven la cena?	A che ora si cena?
¿A qué hora sirven el almuerzo?	A che ora si pranza?
Portero, por favor, qué me suban el equipaje	Portiere, faccia portar su il mio bagaglio
¿Dónde está mi habitación?	Dov'è la mia camera?
Camarero, quisiera otra almohada (o manta)	Cameriere vorrei un altro cuscino (o coperta)
Tengo ropa sucia, por lavar	Ho della biancheria sporca da lavare
Sírvase preparar la cuenta	Mi prepari il conto
¿Despiérteme a las cuatro	Svegliatemi alle quattro
Hagan seguir mi correspondencia a... lista de correos	Speditemi la corrispondenza a... fermo posta

Nomenclatura

Hotel - fonda	Albergo
cuenta	conto
lista	lista
camarero	cameriere
director	direttore
ropa	biancheria
toallas	asciugamani
sábanas	lenzuoli
despertador	sveglia
portero	portiere
propina	mancia
limpiabotas	lustrascarpe
periódico - diario	giornale

mozo	facchino
taxi	taxi
chófer	autista
el banco	la banca

Restaurante / Ristorante

Por favor, camarero, la lista da platos y vinos	Per favore, cameriere, la lista (dei piatti e dei vini)
¿Hacen precio fijo?	C'è prezzo fisso?
No quiero entremeses, sino sopa, primer plato y postres	Non desidero antipasti, ma minestra (zuppa), un piatto (di carne) e frutta e dolci
Por favor, tráigame Ud. carne bien cocida	La carne la desidero ben cotta
Paella	Risotto
La fruta está poco fresca	La frutta è poco fresca
¿Puede servirme buen café?	Avete un buon caffè?
Nos veremos mañana a las cuatro	Ci vedremo domani alle quattro
Me gusta mucho	Mi piace molto
No volveré más	Non tornerò più

Lista de platos / Lista

Pan - sopa	Pane - minestra
carne	carne
agua - caldo	acqua - brodo
vino blanco	vino bianco
vino tinto	vino rosso
vino clarete	vino chiaro
fruta	frutta
queso	formaggio
dulces	dolci
helado	gelato
café	caffè
un bisté	una bistecca
una chuleta	una cotoletta
un palomo	un piccione
pollo cocido	un pollo lesso
pescado frito	pesce fritto
un lenguado	una sogliola
cangrejos	gamberi
arroz	riso
setas	funghi
ensalada	insalata
patatas	patate
alcachofas	carciofi

guisantes	piselli
lechuga	lattuga
tomate	pomodoro
cebolla	cipolla
espárragos	asparagi
alubias	fagioli
judías	fagiolini (verdi)
jamón	prosciutto
salchichón; chorizo	salame
limones	limoni
mantequilla	burro
atún	tonno
cordero	agnello
hígado	fegato
conejo	coniglio
cerdo	maiale
huevos	uova
tortilla	frittata
torta	torta
bizcochos	biscotti
mermelada	marmellata
nata	panna
mantecado	torta (al burro)
peras	pere
manzanas	mele
albaricoques	albicocche
granadas	melagrane
melocotón	pesca
ciruelas	prugne
cerezas	ciliege
pasteles	paste
dátiles	datteri
uvas	uva
plátanos	banane
almendras	mandorle
nueces	noci
cacahuetes	arachidi

En la Pensión / Nella Pensione

Camarero, enséñeme Usted un cuarto de dos camas	Cameriere, mi mostri una stanza a due letti
¿ Está Usted con su Señora?	È con la sua Signora?
Muy bien, caballero, entre Usted	Benissimo, signore, venga pure
¿ En qué piso quiere Usted el cuarto?	A che piano vuole la stanza?

¿ No hay ascensor?	Non c'è ascensore?
Entonces no más arriba del segundo, pues soy muy perezoso	Allora non più alto del secondo piano, perché sono molto pigro
Pero este cuarto es algo pequeño para dos, ¿ no tiene uno más grande?	Ma questa stanza è piuttosto piccola, non ne ha una più grande?
Sí, pero al tercero.	Sì, ma ai terzo
Vámonos al tercero, pues.	Andiamo al terzo, allora
Sí, éste me parece limpio y bastante grande	Sì, questa mi sembra pulita e grande abbastanza
Lo tomaremos. Estaremos unos días aquí	La prenderemo. Ci fermeremo pochi giorni qui
¿Quieren Ustedes registrar sus nombres, por favor?	Vogliono registrare i nomi, per piacere?
Bajaré enseguida	Scenderò subito
Mire, aquí tiene Usted el retrete	Guardi, qui è il gabinetto
Tenga Usted cuidado, no es fácil de bajar	Faccia attenzione, non è facile scendere
Aquí está el comedor	Qui è la sala da pranzo
Ya estamos en el primer piso	Già siamo al primo piano
Aquí se sirve de comer a todas horas y se come muy bien	Qui i pasti vengono serviti a tutte le ore e si mangia benissimo
Ahora me voy a descansar un rato	Ora vado a riposare un poco
¿ A qué hora quiere Usted que le llame?	A che ora vuole la sveglia?
A las diez y media	Alle dieci e mezza
La cena estará lista para las once	La cena sarà pronta per le undici
Y, ¿ por la mañana?	E, di mattino?
A las siete, y el desayuno a las ocho	Alle sette, e la colazione alle otto
¿ Qué quieren Ustedes para el desayuno?	Che desiderano per colazione?
Café con leche; huevos, mantequilla y fruta	Caffè-latte, uova, burro e frutta
Me gustan melecotones, manzanas y maranjas	Mi piacciono pesche, mele e arance
Camarera, tráigame Usted otra manta y dos toallas mas	Cameriera, mi porti un'altra coperta e due asciugamani ancora
¿ Quieren tambien dos almohadas mas?	Desiderano due cuscini ancora?
Las maletas están aquí en el rincón	Le valigie sono qui all'angolo

Las quiero enseguida en mi habitación	Le desidero subito nella mia stanza
¡ Qué descansen Ustedes bien!	Buon riposo
Muchas gracias, ¡ qué descanse Usted!	Tante grazie, buona notte a Lei
Portero, un coche por favor; nos vamos de compras a la ciudad; luego iremo a correos	Portiere, un taxi per piacere; andiamo a far acquisti in città; poi andremo all'ufficio postale

Correos / Poste

¿ Dónde está la oficina de Correos?	Dov'è l'ufficio postale?
¿Cuánto cuesta el franqueo para el exterior?	Quanto costa l'affrancatura per l'estero?
Quisiera sellos de.. céntimos	Vorrei dei francobolli da... centesimi
¿ Se pueden enviar tarjetas postales a...?	Si possono spedire cartoline postali a...?
¿ Tiene ud. hojas de escribir y sobres?	Tenete fogli e buste?
¿ Dónde está la « lista de correos »? y la oficina de telégrafos?	Dov'è il « Fermo in posta »? e l'ufficio telegrafico?
¿ En qué idioma puedo enviar un telegrama?	In che lingua posso spedire un telegramma?
¿ Cuánto se paga por un telegrama de diez palabras?	Quant'è per un telegramma di dieci parole?
Certificados para el exterior	Lettere raccomandate per l'estero
¿ Dónde está el teléfono?	Dov'è la cabina telefonica?
¿ Necesita ficha para telefonear?	Occorre il gettone per telefonare?

Nomenclatura / Nomenclatura

Carta	Lettera
hoja de papel y sobre	foglio e busta
pluma	penna
tinta	inchiostro
sello	francobollo
remite:...	mittente: ...
dirección	indirizzo
carta certificada	lettera raccomandata
telegrama	telegramma

teléfono	telefono
expreso	espresso
paquete	pacco
correspondencia	corrispondenza
apartado de correos	casella postale
correo aéreo	posta aerea
por avión	per aereo
buzón	buca delle lettere
tarjeta	cartolina postale
una vista	una cartolina illustrata

Entre amigos

Fra amici

¿ Dónde estás ahora?
Dove sei ora?

Estoy en el comedor
Sono nella sala da pranzo

¿ Qué haces?
Che fai?

Estoy sentado delante de la televisión
Sto guardando la televisione

¿ Son interesantes los programas?
Sono interessanti i programmi?

No, no valen nada! Valen poco.
No, non valgono niente. Valgono poco.

¿ Qué clases tienes mañana?
Che lezioni hai domani?

Tengo una hora de francés y dos de literatura española
Ho un'ora di francese e due di letteratura spagnola

Me voy todos los días laborables
Ci vado tutti i giorni lavorativi

Hoy no voy porque es día festivo
Oggi non ci vado perché è giorno festivo

¿ Te encuentras bien allí?
Ti ci trovi bene?

¿ Qué tienes qué hacer?
Che hai da fare?

Nada, me aburro
Niente, mi annoio

¿ Te vienes conmigo al partido de fútbol?
Vieni con me al campo sportivo per l'incontro di calcio?

Quiero irme al cine
Voglio andare al cinema

Mañana me iré al campo con mis padres
Domani andrò in campagna con i miei genitori

Como ha llovido tanto anoche, yo me quedo en casa
Siccome ha tanto piovuto la notte scorsa, io resto a casa

¿ Adónde vas, que te veo tan alegre?
Dove vai, che ti vedo tanto allegro?

¿ Te vas a las toros?
Vai alla corrida?

No, me voy en avión a Barcelona
No, vado in aereo a Barcellona

¿No tienes miedo?
Non hai paura?

¿ Quién va contigo?
Chi viene con te?

Vamos muchos, pero yo voy con mi novia
Siamo in molti, ma io vado con la mia fidanzata

Tienes razón, la mejor manera de viajar en España es por avión
Hai ragione, la migliore maniera di viaggiare in Spagna è con l'areo.

¿ Qué tiempo hace?
Che tempo fa?

Hace un tiempo estupendo
È un tempo stupendo

Sí! pero hace mucho calor
Sì, ma fa un gran caldo

Aquí no llueve nunca?
Qui non piove mai?

Sí, va a llover pronto porque hace demasiado calor
Sì, pioverà presto perchè fa troppo caldo

No creo, el viento se ha llevado todos los nubarrones
Non credo il vento si è portato via tutte le nuvole

¿ Dónde vives, Luisa?
Dove abiti, Luisa?

Tengo mi casa en la calle de...
Ho la casa in Via...

¿ Tienes muchos hermanos y hermanas?
Hai molti fratelli e sorelle?

¿ Todos solteros?
Tutti non sposati?

Todos, menos la mayor que está casada
Tutti, meno la più grande che è già sposata

¿ Y tú cuándo piensas casarte?
E tu quando pensi di sposarti?

En ano que viene
Il prossimo anno

Antes que te cases, mira lo que haces
Prima di sposarti, guarda bene ciò che fai

Vámonos a la oficina de turismo en la Plaza Mayor
Andiamo all'ufficio turismo nella Piazza Maggiore

No, antes quiero hablar con el dueño del hotel, pues no tengo la reserva de alojamiento
No, prima voglio parlare con il padrone dell'albergo perchè non ho riservato la stanza

No es necesario, los viajeros que llegan por la noche a Barcelona recibirán igualmente un alojamiento confortable
Non è necessario, i viaggiatori che arrivano di notte a Barcellona riceveranno ugualmente un buon alloggio

No, no; no me fío
No, no; non mi fido

La oficina de alojamiento para habitaciones en hoteles y pensiones está abierta hasta las once de la noche
L'ufficio alloggi per stanze in Hotel e Pensioni è aperto fino alle ore 23

Previo acuerdo, hacen también servicio de guías
Previo accordo, provvedono pure al servizio di guide

Para excursiones y visita a la ciudad, programas de festejos, diríjase con confianza a las agencias de viajes
Per escursioni, per visita alla città, per ottenere prospetti con tutti i programmi dei festeggiamenti, si rivolga

o a los conserjes de hoteles

con fiducia alle agenzie di viaggio o ai portieri d'albergo

Me interesan los lugares de interés turístico: teatros, museos, cafés, exposiciones, deportes, monumentos, etc.

M'interessano tutti i luoghi d'interesse turistico: teatri, musei, ritrovi, esposizioni, ecc.

Me interesan también las salas de recreo y demás casas de diversión

M'interessano anche le sale da ballo e i vari ritrovi mondani

Quiero divertirme mucho durante mi estancia en Epaña

Voglio divertirmi molto durante questo mio soggiorno in Spagna

¿ Cómo se llama Usted, señorita?

Come si chiama, signorina?

Me llamo Carmencita

Mi chiamo Carmencita.

¿ Quiere irse al cine conmigo esta noche?

Desidera venire con me al cinema, questa sera?

No puedo tengo una cita. Lo siento mucho

Non posso, ho un appuntamento. Sono veramente spiacente

Nos vamos mañana, entonces

Vi andremo domani, allora.

Está bien. Nos veremos mañana por la tarde

Va bene. Ci vedremo domani pomeriggio

En la peluquería

Dal barbiere

Quiero cortarme el pelo

Desidero tagliare i capelli

¿ Tendré que esperar mucho?

Dovrò attendere molto tempo?

Tome usted el periódico

Prenda il giornale

Para la barba, ¿ quiere usted agua caliente?

Per la barba vuole acqua calda?

Le voy a dar también una propina

Voglio darle anche la mancia

¿ Qué piensa usted comprar hoy?

Che pensa di comprare oggi?

Compraré pañuelos y calcetines

Comprerò fazzoletti e calzini

Este es el almacén más caro de la ciudad

Questo è il negozio più caro della città

Entonces me voy a una casa de compras donde se puede comprar más barato

Allora vado in uno dei grandi negozi dove si può comprare a buon mercato

Vete mejor a los « grandes almacenes »

Va allora ai « Magazzini generali »

Conversación sobre argumentos cuotidianos

Conversazione su argomenti quotidiani

¿Qué tiempo hace?
Che tempo fa?

Hace mal tiempo
Fa brutto tempo

¡Qué lástima! Nos quedaremos en el hotel
Che peccato! Resteremo in albergo

¡Qué barbaridad!
Che gran peccato!

Pero, me aburro aquí
Ma qui mi annoio

Mira, ha cesado la lluvia, el sol brilla, las calles estarán pronto secas y el jardín resultará maravilloso
Guarda, è cessato di piovere, il sole risplende, le vie saranno presto asciutte e il giardino sarà meraviglioso

Vamos, entonces, a los jardines de...
Andiamo, allora, ai giardini di...

Están algo lejos
Sono piuttosto lontani

Espero encontrar allí a mi amiguita
Spero di trovarvi la mia amichetta

A mí me es igual, con tal que salgamos del ruido de la ciudad
Non m'importa, purchè andiamo via dal rumore della città

Yo también tengo que ver a unos amigos
Anch'io debbo vedere degli amici

Es un buen programa
È un bel programma

Estoy seguro de que nos divertiremos
Sono sicuro che ci divertiremo

Buenas tardes, Luis, ¿cómo está Usted?
Buona sera, Luigi, come sta?

Permítame que le presente a mi amigo
Mi permetta di presentarla al mio amico

Pues bien, hace mucho tiempo que no he tenido el gusto de verle a Usted
Bene, è tanto tempo che non avevo il piacere d'incontrarla

Pero, Usted siempre está de viaje
Ma Lei è sempre in viaggio

¿Cómo está su hermano?
Come sta suo fratello?

Está enfermo desde el domingo
Sta male da domenica

Lo siento mucho
Mi dispiace tanto

No es más que un resfriado
Non è che un raffreddore

¿Puedo ofrecerle a Usted un pitillo?
Posso offrirle una sigaretta?

No, gracias; no fumo más que puros
No, grazie, non fumo che sigari

Y, ¿su primo?
E suo cugino?

Se ha quitado de fumar
Ha smesso di fumare

Ahora está mejor. Anoche estuvo conmigo	Ora sta meglio. Ieri sera è stato con me
Recuerdos a su primo, entonces	Tanti saluti a Suo cugino, allora
¿ Le gusta viajar, Don Luis?	Le piace viaggiare, signor Luigi?
Ya lo creo, a mi me encanta	Certamente, mi piace moltissimo
A todo el mundo le gusta viajar	A tutti piace viaggiare
¿ Qué hay de particular, pues?	Che c'è di nuovo, allora?
He de salir para Alemania la próxima semana	Ho intenzione di partire per la Germania la prossima settimana
¡ Tan pronto!	Così presto!
Entonces no volveré a verle a Usted	Allora non potrò rivederla
Eso es; me quedaré allí mes y medio; un amigo mío me ha invitado	Proprio così; vi resterò un mese e mezzo; un mio amico mi ha invitato
Yo me quedaré aquí dos semanas más, quizá algo más	Io resterò qui ancora due settimane, forse più a lungo
Ya son las siete, tengo mucho que hacer; así que me despido de Ustedes	Son già le sette, ho molto da fare; per cui me ne vado
¡ Qué lo pase Usted bien, Don Luis!	Tanti auguri, Signor Luigi
Adiós	Arrivederci

Invitación / Invito

¿ Vamos a dar un paseo por la Gran Vía?	Andiamo a fare una passeggiata per la Gran Via?
¿ Quieres? ¿ Tienes algo que hacer?	Vieni? Hai da fare qualcosa?
Espera un rato	Aspetta un poco
Pronto llegará mi hermana	Presto arriverà mia sorella
Me dijo que llegaría a las ocho aquí	Mi ha detto che sarebbe venuta qui alle otto
Faltan cinco minutos	Mancano cinque minuti
Mira, allí está	Guarda, eccola
Nos vamos juntos a la Gran Vía	Andiamo assieme alla Gran Via
¡ Qué chica más guapa!	Che bella ragazza!
Sí, mi hermana es hermosísima; mejor que yo	Si, mia sorella è bellissima; più bella di me
Deja, tú eres la más guapa de todas	Lascia perdere, tu sei la più bella di tutte

Eres una mujer de bandera, eres una reina
¡Vaya piropo!
Muchas gracias
¿Vamos a tomar una bebida?
Con mucho gusto, pues tengo sed
Yo prefiero un helado con guindas
Es muy bueno
Toma otro, entonces
No, ya está bien; mañana tomaremos otro en mi casa

Pues bien, nos veremos mañana en tu casa

Sei una donna unica, sei una regina
Che bel complimento!
Tante grazie
Prendiamo una bibita?
Con piacere, ho proprio sete

Preferisco un gelato con amarene
È buonissimo
Prendine un altro, allora
No, così va bene; ne prenderemo un altro domani a casa mia

Bene, ci vedremo domani a casa tua

A

abacería (f) pizzicheria
abad (m) abate
abajo sotto
abalanzar bilanciare
abandonar abbandonare
abandono (m) abbandono
abanico (m) ventaglio
abaratar abbassare i prezzi
abarca (f) sandalo (m)
abarcar abbracciare
abastecedor (m) fornitore
abastecer approvvigionare
abastecimiento (m) approvvigionamento
abasto (m) provvista (f)
abatido abbattuto
abatimiento (m) abbattimento
abatir abbattere
abdicación (f) abdicazione
abdicar abdicare
abdomen (m) addome
abeja (f) ape
abejorro (m) calabrone
aberración (f) aberrazione
abertura (f) apertura
abeto (m) abete
abierto aperto
abigarrado screziato
abismar inabissare
abismo (m) abisso
abjurar abiurare
ablandar addolcire
ablución (f) abluzione
abnegación (f) abnegazione
abobado rincitrullito
abocardo (m) trapano
abocarse abboccarsi
abofetear schiaffeggiare
abogacía (f) avvocatura
abogado (m) avvocato
abogar patrocinare

abolengo (m) lignaggio
abolición (f) abolizione
abolir abolire
abolladura (f) ammaccatura
abollar ammaccare
abombar assordare
abominable abominevole
abominación (f) abominazione
abonable accreditabile
abonado abbonato; accreditato
abonamiento (m) abbonamento; garanzia; concimazione
abonar accreditare; abbonare; concimare
abono (m) abbonamento; concime
abordaje (m) abbordaggio
abordar abbordare
aborrecer aborrire
aborrecimiento (m) odio
aborto (m) aborto
abotonar abbottonare
abrasar incendiare
abrazar abbracciare
abrazo (m) abbraccio
ábrego (m) libeccio
abrevadero (m) abbeveratoio
abrevar abbeverare
abreviación (f) abbreviazione
abreviar abbreviare
abrigar proteggere
abrigo (m) riparo; cappotto
abril (m) aprile
abrir aprire
abrogación (f) abrogazione
abrochar abbottonare
abrogar abrogare
abrumador opprimente
abrumar opprimere

abrupto scosceso
absceso (m) ascesso
ábside (f) abside
absintio (m) assenzio
absolución (f) assoluzione
absolutismo (m) assolutismo
absoluto assoluto
absolver assolvere
absorber assorbire
absorto assorto
abstemio astemio
abstención (f) astensione
abstenerse astenersi
abstinencia (f) astinenza
abstracción (f) astrazione
abstracto astratto
abstraer astrarre
abstraído astratto
abstruso astruso
absuelto assolto
absurdidad (f) assurdità
absurdo assurdo
abuelo (m) nonno; avo
abulía (f) abulia
abúlico abulico
abultado voluminoso
abultar esagerare
abundancia (f) abbondanza
abundante abbondante
abundar abbondare
aburrido noioso
aburrimiento (m) noia (f)
aburrir annoiare
abusar abusare
abusivo abusivo
abuso (m) abuso
abyecto abietto
acá qua; qui
acabamiento (m) fine (f)
acabar finire
acacia (f) acacia
academia (f) accademia
académico accademico
acalorado accalorato
acalorarse accalorarsi
acallar far tacere; calmare
acampar accampare
acanillado striato

acantilado scosceso; ripido
acaparar accaparrare
acariciar accarezzare
acaso forse
acatamiento (m) rispetto
acceder accedere
accesible accessibile
accesión (f) accesso
acceso (m) accesso
accesorio (m) accessorio
accidental accidentale
accidente (m) accidente; incidente; caso
acción (f) azione
accionar azionare
accionista (m) azionista
acechar guatare; spiare
acecho (m) agguato
acedar inasprire
aceite (m) olio
aceituna (f) oliva
aceituno (m) olivo
aceleración (f) accelerazione
acelerar accelerare
acelga (f) bietola
acémila (f) bestia da soma
acemilero mulattiere
aceña (f) mulino (m)
acento (m) accento
acentuación (f) accentuazione
acentuar accentuare
acepillar piallare; spazzolare
aceptable accettabile
aceptar accettare
aceptación (f) accettazione
acequia (f) canale d'irrigazione
acera (f) marciapiedi
acerbo acerbo; aspro
acerca de in quanto a...
acercar avvicinare
acero (m) acciaio
acertamiento (m) riuscita (f)
acertado indovinato; opportuno
acertar riuscire; indovinare
acertijo (m) indovinello
acervo (m) mucchio

acetona (f) acetone
acial (m) morsa
aciano (m) fiordaliso
acibarar amareggiare
acicalado attillato; azzimato
acicate sperone; stimolo
ácido acido
acierto (m) riuscita (f)
aclamación (f) acclamazione
aclamar acclamare
aclaración (f) chiarificazione; spiegazione
aclarar chiarire; spiegare
aclimatación (f) acclimatazione
aclimatarse acclimatarsi
acobardado scoraggiato
acobardar scoraggiare
acocear tirar calci
acocotar accoppare
acodiciarse invaghirsi
acoger accogliere
acogida (f) accoglienza
acogimiento (m) ricevimento
acometer aggredire
acometida (f) assalto
acomodación (f) accomodamento
acomodato sistemato
acomodar accomodare
acomadaticio accomodante
acomodo (m) impiego
acompañador (m) accompagnatore
acompañar accompagnare
acompasado compassato
acondicionar condizionare
acongojar angosciare
aconsejable consigliabile
aconsejar consigliare
aconsejador (m) consigliere
acontecimiento (m) avvenimento
acomplamiento (m) accoppiamento
acoplar accoppiare; unire
acorazado (m) corazzata
acordado convenuto

acordar accordare; convenire; ricordare
acordarse accordarsi; ricordarsi
acordeón (m) fisarmonica (f)
acorrer accorrere
acortar accorciare
acosamiento (m) persecuzione (f)
acosar incalzare; perseguitare
acostarse coricarsi
acostumbrado avvezzo; abituato
acostumbrar abituare; essere solito
acostumbrarse abituarsi
acotación (f) appunto; annotazione
acotar annotare
acre acre
acrecentamiento (m) accrescimento
acrecentar accrescere
acreditar accreditare
acreedor (m) creditore
acribar vagliare
acribillar crivellare
acriminar incriminare
acrisolar affinare
acritud (f) acredine
acrobacia (f) acrobazia
acróbata (m) acrobata
acrópolis (f) acropoli
acta (f) verbale; atto
actitud (f) attitudine
activar attivare
actividad (f) attività
activo attivo
acto (m) atto
actor (m) attore
actuación (f) procedura
actual attuale
actualidad (f) attualità
actuar procedere; attuare
acuarela (f) acquarello (m)
acuartelar acquartierare
acuático acquatico
acuchillar accoltellare

acudir accorrere
acueducto (m) acquedotto
acuerdo (m) accordo
acuidad (f) acutezza
acumulación (f) accumulazione
acumular accumulare
acuñar coniare
acurrucado imbacuccato
acusación (f) accusa
acusador (m) accusatore
acusar accusare
acústica (f) acustica
achacar imputare
achaque (m) acciacco
achicar rimpicciolire
achicoria (f) cicoria
achicharrar abbrustolire
adagio (m) adagio
adamado effemminato
adámico adamitico
Adán Adamo
adaptable adattabile
adaptación (f) adattamento (m)
adaptar adattare
adecuado adeguato
adefesio (m) strampaleria (f)
adelantado progredito; anticipato
adelantamiento (m) progresso; anticipazione (f)
adelantar progredire; avanzare
adelanto (m) progresso; anticipo
adelante avanti
además inoltre; - de oltre a...
adentellar addentare
aderazar condire; apparecchiare
aderezo (m) condimento; ornamento
adestrar addestrare
adeudado indebitato; addebitato
adeudar addebitare
adeudo (m) diritto di dogana

adherencia (f) aderenza
adherir aderire
adhesión (f) adesione
adición (f) addizione
adicionar addizionare
adiestrar addestrare
Adigio Adige
adiós ciao
aditamento (m) aggiunta (f)
adivinación divinazione
adivinador (m) indovino
adjetivo aggettivo
adjudicación (f) aggiudicazione
adjudicar aggiudicare
adjuntar allegare; unire
adjunto allegato; accluso, unito
administración (f) amministrazione
administrar amministrare
administrador (m) amministratore
admirable ammirevole
admiración (f) ammirazione
admirar ammirare; - se meravigliarsi
admisible ammissibile
admisión (f) ammissione
admitido ammesso
admitir ammettere
adobar addobbare; condire
adobo (m) condimento; concia
adolescencia (f) adolescenza
adonde dove
adondequiera dovunque
adopción (f) adozione
adoptar adottare
adoquinar selciare
adoración (f) adorazione
adorar adorare
adormecer addormentare
adormidera (f) papavero (sonnifero)
adornar adornare
adorno (m) ornamento
adquirente acquirente

adquirido acquistato
adquirir acquistare
adquisición (f) acquisto
adrede apposta
adscripción (f) iscrizione
aduana (f) dogana
aduanero (m) doganiere
aducir addurre
adueñarse appropriarsi
adulación (f) adulazione
adulador (m) adulatore
adular adulare
adulteración (f) adulterazione
adulterar adulterare
adulterio (m) adulterio
adulto adulto
adusto adusto
adunar adunare
advenedizo avventizio; arrivista
adventicio avventizio
adverbio (m) avverbio
adversario (m) avversario
adversidad (f) avversità
advertencia (f) avvertenza
advertido accorto
advertir avvertire
adyacencia (f) adiacenza
adyacente adiacente
aéreo aereo
afabilidad (f) affabilità
afable affabile
afamado famoso
afamar rendere famoso
afán (m) affanno
afanarse affannarsi
afanoso affannoso
afección (f) affezione
afectación (f) affettazione
afectar affettare
afecto affetto
afectuoso affettuoso
afeitado sbarbato
afeitar sbarbare
afeite (m) cosmetico
afeminación effeminatezza
afeminado effeminato
aféresis (f) aferesi

aferrado testardo
aferrar afferrare; -se ostinarsi
afianzar garantire
afición (f) passione
aficionado appassionato; dilettante
aficionarse affezionarsi; appassionarsi
afijo (m) affisso
afiladura (f) affilatura
afilar affilare
afiliado affiliato
afín affine
afinar affinare
afinidad (f) affinità
afirmación (f) affermazione
afirmar affermare
afirmativo affermativo
aflicción (f) afflizione
afligido afflitto
afligir affliggere
aflojar afflosciare
afluencia (f) affluenza
afluir affluire
afluente affluente
aflujo (m) afflusso
aforar sdoganare; stimare
aforrar foderare
afortunado fortunato
afrenta (f) affronto
afrentar offendere
afrontar confrontare; affrontare
afuera fuori - s dintorni
afuste affusto
agacharse acquattarsi
agarradero (m) manico
agarrar afferrare - se aggrapparsi
agasajar ossequiare; accogliere festosamente
agasajo (m) ossequio
agencia (f) agenzia
agenda (f) agenda
agente (m) agente
agigantar ingigantire
ágil agile

agilidad (f) agilità
ágilmente agilmente
agio (m) aggio
agiotaje aggiotaggio
agiotista (m) borsista
agitación (f) agitazione
agitador (m) agitatore
agitar agitare
aglomeración (f) agglomerazione
aglomerar agglomerare
agobiado incurvato
agobiar curvare; opprimere
agonía (f) agonia
agolparse affollarsi
agonizar agonizzare
agostar disseccare
agosto (m) agosto
agotamiento (m) esaurimento
agotado esaurito
agraciar graziare
agradable piacevole
agradar gradire
agradecer esser riconoscenti
agradecido riconoscente
agradecimiento (m) riconoscenza
agrado (m) piacere; gusto
agramar maciullare
agrandar ingrandire
agrario agrario
agravar aggravare
agraviado offeso
agravio (m) offesa
agraviar offendere
agredir aggredire
agregación (f) aggiunta
agregado addetto
agregar aggiungere; annettere
agresión (f) aggressione
agresividad (f) aggressività
agresor aggressore
agriar inacidire
agrícola agricolo
agricultor (m) agricoltore
agricultura agricoltura
agrimensor (m) agrimensore
agrio agro; acre - s agrumi

agrupado raggruppato
agrupar raggruppare
agua (f) acqua
aguacero (m) acquazzone
aguadero (m) abbeveratoio
aguafiestas guastafeste
aguafuerte (f) acquaforte
aguamanil (m) catino
aguantar sopportare
aguar annacquare
aguardar aspettare
aguardiente (m) acquavite (f)
aguarrás (f) acquaragia
aguazal (m) acquitrino
agudamente acutamente
agudeza (f) acutezza
agudo acuto; fine
Agueda Agata
aguerrido agguerrito
aguijada (f) pungiglione
aguijar spronare
aguijón (m) sperone; pungiglione
águila (f) aquila
aguileño aquilino
aguinaldo (m) strenna
aguja (f) spina; guglia; ago; lancetta; ferro (da calza)
agujerear forare
agujero (m) buco
aguzador (m) arrotino
aguzar affilare; aguzzare, arrotare
ahí lí, là
ahijado (m) figlioccio
ahijar adottare
ahilo (m) svenimento
ahinco (m) sforzo
ahíto (m) sazietà (f)
ahogado affogato
ahogamiento (m) soffocamento; annegamento
ahogar affogare, annegare
ahogo (m) oppressione
ahondar affondare; approfondire
ahora ora, adesso
ahorcar impiccare

ahornar infornare
ahorrador (m) risparmiatore
ahorrar risparmiare
ahorro (m) risparmio
ahuecar scavare
ahumada (f) fumata
ahumar affumicare
ahuyentar mettere in fuga
aijada (f) pungolo
airado irato
airarse adirarsi
aire (m) aria
aireación (f) aerazione
airear areare
airón (m) airone
airoso arioso; elegante
aislado isolato
aislador (m) isolante
aislamiento (m) isolamento
aislar isolare
ajar sciupare, gualcire
ajedrez (m) scacchi
ajenjo (m) assenzio
ajeno altrui; alieno
ajo (m) aglio
ajuar (m) corredo
ajustar aggiustare
ajuste (m) patto
ajusticiar giustiziare
ala (f) ala
alabanza (f) lode
alabar lodare
alabarda (f) alabarda
alabastro (m) alabastro
alacena (f) armadio (m)
alacridad (f) alacrità
alambique (m) alambicco
alambrado (m) reticolato
alambre (m) filo (di metallo)
alameda (f) viale
álamo (m) pioppo
alano alano
alarde (m) ostentazione; mostra
alargado allungato
alargar allungare
alarida (f) schiamazzo (m)
alarido (m) urlo

alarma (f) allarme (m)
alarmar allarmare
albacea esecutore testamen-
tario
alba (f) alba; càmice
albahaca (f) basilico
albañal (m) fogna
albañil (m) muratore
albarda (f) basto; sella
albardar sellare
albaricoque (m) albicocca
albatros (m) albatro
albayalde (m) biacca
albear imbiancare
albedrío (m) arbitrio
alberca (f) serbatoio
albergar albergare
albero (m) strofinaccio
albino albino
albogue (m) zampogna
albóndiga (f) polpetta
alborada (f) mattinata
albornoz (m) accappatoio
alborotar tumultuare
alboroto (m) tumulto; scompiglio
alborozo (m) gioia (f)
albricias (f pl.) strenna
álbum (m) album
alcachofa (f) carciofo
alcahuete (m) ruffiano
alcalá (m) castello (fortifi-
cato)
alcalde (m) sindaco
alcaldesa (f) moglie del sindaco
alcaldia (f) impiego del sindaco (m)
álcali (m) alcali
alcaloide alcaloide
alcance (m) importanza; portata
alcancia (f) salvadenaio
alcanfor (m) canfora (f)
alcantarilla (f) pozzo nero
alcanzar raggiungere; ottenere; toccare (in sorte)
alcaparra (f) cappero

alcatraz (m) pellicano
alcázar (m) palazzo reale
alcoba (f) alcova
alción (m) alcione
alcohol (m) alcool
alcor (m) colle
alcorán (m) corano
alcornoque (m) sughero
alcuza (f) orciolo (per l'olio)
aldaba (f) battente
aldea (f) villaggio (m)
aldeano (m) campagnolo
aleación (f) lega (metallica)
alegar allegare
alegrar rallegrare
alegre allegro
alegría (f) allegria
aledaño confinante
alejamiento (m) allontanamento
Alejandra Alessandria
alejar allontanare
Alejo Alessio
aleluya alleluia
alemán tedesco
Alemania Germania
alentado coraggioso
alentar animare
alerce (m) larice
alero (m) gronda
alesna (f) lesina
aleta (f) pinna
aletear aleggiare; batter le ali
aleteo (m) battimento d'ali
aleve traditore
alevosía (f) tradimento; slealtà
alfabeto (m) alfabeto
alfalfa (f) erba medica
alfanje (m) scimitarra
alfarero stovigliaio
alféizar (m) davanzale
alférez (m) alfiere
alficoz (m) cetriolo
alfiler (m) spilla
alfombra (f) tappeto
alfombrar tappezzare

alforja (f) bisaccia
alga (f) alga
algarada (f) scorreria
algarroba (f) carruba
algazara (f) chiasso
álgebra (f) algebra
algo qualcosa; un poco
algodón (m) cotone
algodonero (m) cotoniero
alguacil (m) usciere giudiziario
alguien qualcuno
alguno alcuno
alhaja (f) gioiello
alhelí (m) violaciocca
alhúndiga (f) deposito di ce-
  reali
aliado alleato
alianza (f) alleanza; fede (nuziale)
aliar alleare
alicates (m pl.) pinzette
aliciente allettamento
alícuota (f) aliquota
alienación (f) alienazione
alienar alienazione
alienar alienare
aliento (m) respiro
alifara (f) merenda
aligación (f) legatura
aligator (m) alligatore
aligerar allegerire
alijo (m) merce di contrabbando
alimentar alimentare
alineación (f) allineamento
  (m)
alinear allineare
aliñar acconciare
alisado lisciato
alisar lisciare; spianare
alisios (m pl.) alisei
aliso ontano
alistamiento (m) arruolamento
alistar arruolare
aliviar alleviare
aljaba (f) faretra

aljor (m) gesso
alma (f) anima
almacén (m) magazzino
almacenar immagazzinare
almacenero (m) magazziniere
almáciga (f) mastice (m)
almadraba (f) tonnara
almadraque (m) materasso
almanaque (m) almanacco
almazara (f) frantoio (m)
almeja (f) arsella
almena (f) merlo (di mura
   o palazzo)
almendra (f) mandorla
almenilla (f) smerlo (m)
almiar (m) pagliaio
almíbar (m) sciroppo
almidón (m) amido
almidonar inamidare
almilla (f) corpetto
alminar (m) minareto
almirante (f) nave ammira-
   glia
almirante (m) ammiraglio
almirez (m) mortaio
almizcle (m) muschio
almo almo, santo
almohada (f) cuscino
almohazar strigliare
almoneda (f) asta, incanto
almorranas (f. pl.) emorroidi
almorzar pranzare
almuecín (m) muezzino
almuerzo (m) colazione
alnado (m) figliastro
alocución (f) allocuzione
áloe aloe
alojamiento (m) alloggiamento
alojar alloggiare
alondra (f) allodola
Alonso Alfonso
alpaca (f) alpacca
alpargata (f) sandalo (di
   corda)
alpende (m) tettoia (f)
Alpes (m pl.) Alpi
alquería (f) fattoria

alquermes (m) alchermes
alquilador (m) chi affitta
aiquilar affittare
alquiler (m) affitto
alquimía (f) alchimia
alquitara (f) lambicco
alquitrán (m) catrame
alrededor intorno
alrededores (m pl.) dintorni
alta (f) congedo
altanero superbo; altero
altar (m) altare
alterable alterabile
alteración (f) alterazione
alterar alterare
alternación (f) alternazione
alternado alternativo
alternar alternare
alternativa (f) alternativa
altivamente alteramente
altivez (f) alterigia
altivo altero
alto alto
altozano (m) poggio
altura (f) altezza
alubia (f) fagiolo
alucinación (f) allucinazione
alumbrado (m) illuminazione
   (f)
alumbramiento (m) parto
alumbrar illuminare
alumbre (m) allume
alúmina (f) allumina
aluminio (m) alluminio
alumno (m) alunno
alusión (f) allusione
aluvión (f) alluvione
alza (f) rialzo; rincaro
alzamiento (m) sollevazione
   (f)
alzapuertas (m) comparsa
alzar erigere
allá là
allanar appianare
allende al di là
allí là; ivi; lí
ama padrona (di casa) - de
   leche nutrice

amabilidad (f) gentilezza
amable gentile
amablemente gentilmente
amaestrar ammaestrare
Amadeo Amedeo
amagar minacciare
amago (m) minaccia (f)
amainar ammainare
amalmaga (f) amalgama
amamantar allattare
amanecer albeggiare
amanerado manierato
amansar domare; calmare
amantar ammantare
amante amante
amañado abile
amañarse ingegnarsi
amapola (f) papavero (m)
amar amare
amargar amareggiare
amargo amaro
amargor (m) amarezza (f)
amargura (f) amarezza
amarilleado ingiallito
amarillento giallognolo
amarillo giallo
amarra (f) gomena
amarradero (m) ormeggio
amarrar ormeggiare
amartillar martellare
amasar impastare
amatista (f) ametista
amazona (f) amazzone
ámbar (m) ambra (f)
ambición (f) ambizione
ambicionar ambire
ambigüedad (f) ambiguità
ambiguo ambiguo
ambo (m) ambo
ambos ambedue
ambrosía (f) ambrosia
ambulante (m) ambulante
amenaza (f) minaccia
amenazar minacciare
amenazador (m) minaccioso
amenguar scemare
americana (f) giacca (da uomo)

ametralladora (f) mitragliatrice
ametrallar mitragliare
amigo (m e ag.) amico
amilanado codardo
amilanar scoraggiare
amistad (f) amicizia
amistoso amichevole
amnistía (f) amnistia
amo (m) padrone
amodita (f) vipera
amohecer ammuffire
amolar affilare
amoldar mettere in forma; sagomare
amonestar ammonire
amontonar ammucchiare
amor (m) amore
amortecer tramortire
amortiguar mitigare
amortización (f) ammortamento (m)
amotinar ammutinare
amover rimuovere
amparar proteggere
amparo (m) protezione; riparo
amperio (m) ampère
ampliar ingrandire
amplificación (f) amplificazione
amplio ampio
amplitud (f) ampiezza
ampolla (f) vescichetta; fiala
amputación (f) amputazione
amputar amputare
amueblar ammobiliare
amurallar murare; cinger di mura
ánade (f) anitra
anafe (m) fornello portatile
anales annali
análisis (f) analisi
analizar analizzare
analogía (f) analogia
anarquía (f) anarchia
anaquel (m) scansia (f)
anca (f) anca

ancianidad (f) anzianità
anciano anziano
ancla (f) àncora
anclado ancorato
anclar ancorare
ancho largo
anchoa (f) acciuga
anchura (f) larghezza
Andalucía (f) Andalusia
andamio (m) impalcatura (f)
andar camminare
andarina (f) rondine
andas (f pl.) lettiga
andén marciapiedi (della stazione); banchina
andrajo (m) straccio
andrajoso stracciato; cencioso
Andrea Andreina
Andrés Andrea
anédocta aneddoto
anegar annegare
anejo annesso
anexar annettere
anexión (f) annessione
anfiteatro (m) anfiteatro
angarillas (f pl.) barella
ángel (m) angelo
angla (f) promontorio
anglosajón anglosassone
angosto angusto
angra (f) insenatura
anguila (f) anguilla
ángulo (m) angolo
anhelar anelare; ansare
anhelo (m) anelito, ansia
anillo (m) anello
ánima (f) anima
animal (m) animale
animar animare
ánimo (m) animo; coraggio
aniquilar annichilire
anís (m) anice
anoche ieri sera; ieri notte
anochecer annottare
anonadar annientare
anónimo anonimo
anotación (f) annotazione

anotar annotare
anquilosis anchilosi
ánsar (m) oca
ansia (f) ansia
ansiedad (f) ansietà
anta (f) daino (m)
antaño anni addietro
ante davanti
anteanoche ieri l'altro sera
anteayer ieri l'altro
antebrazo (m) avambraccio
antecedencia (f) antecedenza
anteceder precedere
antecesor (m) predecessore
antedecir predire
antelación (f) anteriorità
antemano de - anticipatamente
antena (f) antenna
antenombre prenome
anteojo (m) cannocchiale - (pl.) occhiali
antepasado passato
antepecho (m) parapetto
anteponer anteporre
antepuerto (m) antiporto
anterior anteriore
antes prima; anzi
antesala (f) anticamera
antever prevedere
antevíspera (f) antivigilia
anticipación (f) anticipazione
anticipar anticipare
anticipo (m) anticipo
anticuado antiquato
anticuario (m) antiquario
antigualla (f) anticaglia
antigüedad (f) antichità
antiguo antico
antipara (f) paravento
antipatía (f) antipatía
antípoda (m) antipodo
antítesis (f) antitesi
antojadizo capriccioso
antojarse incapricciarsi
antojo (m) capriccio
antorcha (f) torcia
antorchero (m) candelabro

antro (m) antro
anual annuale
anualidad (f) annualità
anubarrado annuvolato
anublar annuvolare
anudar annodare
anuencia (f) consenso (m)
anulación (f) annullamento (m)
anular (m. e v.) anulare; annullare
Anunciación Annunziata
annunciación (f) annunciazione
anunciar annunziare
annuncio (m) annuncio; avviso
anuo annuo
añadir aggiungere
añejar invecchiare
añejo vecchio
añil (m) indaco
añicos (m pl.) briciole
año (m) anno
añoranza (f) nostalgia
aojo (m) malocchio; iettatura
apacentar pascolare
apacibilidad (f) dolcezza; affabilità
apacible affabile
apaciguar pacificare
apadriñar far da padrino
apagado spento
apagamiento (m) spegnimento
apagar spegnere
apalear bastonare
apañar racimolare; avvolgere
aparado (m) pompa; apparato
aparador (m) credenza; vetrina
aparar preparare
aparear appaiare
aparecer apparire
aparecimiento (m) apparizione (f)
aparejar allestire
aparejo (m) apparecchio; preparativo

aparentar simulare
aparición (f) apparizione
apariencia (f) apparenza
apartado appartato - de correos (m) casella postale
apartamiento (m) separazione
apartar separare
aparte separatamente; a capo
apasionar appassionare
apearse appiedare
apedrear lapidare
apegarse attaccarsi
apelación (f) appello
apelar appellare
apellido (m) cognome
apenar affliggere
apéndice (f) appendice
apego (m) attaccamento
Apeninos Appennini
apeo (m) misurazione (di terreni)
apercibimiento (m) disposizione (f)
apercibir avvertire
apergaminado incartapecorito
aperrear molestare
apertura (f) apertura
apesadumbrado afflitto
apesarado afflitto
apetecer bramare
apetencia (f) brama
apiadar impietosire
ápice (f) apice
apilar ammucchiare
apiñar affollare
apio (m) sedano
aplacar placare
aplacable gradevole
aplanchar stirare
aplastar schiacciare
aplaudir applaudire
aplazato prorogato
aplazar prorogare
aplazamiento (m) dilazione (f)
aplicación (f) applicazione
aplicar applicare

aplomar piombare

apocado meschino; confuso

apocalipsis (f) apocalisse

apocamiento (m) timidezza (f)

apodado soprannominato

apoderado (m) procuratore

apoderar munire di poteri

apodo (m) soprannome

apolilladura (f) tarlatura

apolillar tarlare

apoltronarse impoltronirsi

apoplejía (f) apoplessia

aporcar rincalzare (terreni)

aporrear bastonare

aportación (f) apporto

aportar apportare

aposento (m) appartamento

aposición (f) apposizione

apostadero stazione navale

apostar scommettere

apóstol (m) apostolo

apostura (f) portamento

apoyar appoggiare

apoyo (m) appoggio

apreciable apprezzabile

apreciación (f) apprezzamento (m)

apreciado pregiato

apreciar apprezzare

aprecio (m) considerazione (f)

aprehensión (f) cattura

apremiar incalzare

apremio (m) costrizione; urgenza (f)

aprender imparare

aprendiz (m) apprendista

aprendizaje (m) tirocinio

aprensión (f) apprensione

aprensivo apprensivo

apresar catturare

aprestar apprestare

apresto (m) preparativo

apresuradamente in fretta

apresurar affrettare

apretado stretto; arduo

apretar stringere

apretón (m) stretta

aprieto (m) difficoltà

aprisco (m) ovile

aprisionar imprigionare

aprobación (f) approvazione

aprobado approvato; promosso

aprobar approvare; promuovere

aproches (m pl.) approcci

aprontamiento (m) allestimento

aprontar approntare

apropiación (f) appropriazione

apropiarse appropriarsi

aprovechamiento (m) profitto

aprovechar approfittare

aproximación (f) approssimazione

aproximar aprossimare

aptitud (f) attitudine

apto adatto

apuesta (f) scommessa

apuntación (f) annotazione

apuntador (m) puntatore; suggeritore

apuntalar puntellare

apuntar annotare; suggerire

apuñalar pugnalare

apuñar afferrare

apurado bisognoso

apuramiento (m) purificazione (f)

apurar appurare; purificare

apurarse angustiarsi

apuro (m) difficoltà; ristrettezza (f)

aquel, -lla quello, -la

aquende aldiquá

aquí qui

aquiescencia (f) acquiescenza; assenso

aquietar acquietare

ara (f) ara

árabe (m) e (f) arabo

arada (f) terra arata

arado (m) aratro

arancel (m) dazio; tariffa
araña (f) ragno; lampadario
arañar graffiare
arañazo (m) graffiatura
arar arare
arbitraje (m) arbitraggio
arbitrar arbitrare
arbitrariedad (f) arbitrio (m)
arbitrio (m) arbitrio
árbol (m) albero
arbolar alberare; inalberare
arboleda (f) albereto
arca (f) arca; cassa
arcabucero (m) archibugiere
arcabuz (m) archibugio
arcada (f) arcata; nausea
arcano arcano
arcar inarcare
arcilla (f) argilla
arcipreste (m) arciprete
arco (m) arco
archero (m) arciero
archidiácono (m) arcidiacono
archiduque (m) arciduca
archipiélago (m) arcipelago
archiviero (m) archivista
archivo (m) archivio
arder ardere
ardíd (m) astuzia (f)
ardido ardito
ardiente ardente
ardimiento (m) ardimento
ardor (m) fervido
área (f) area
arel (m) vaglio
arena (f) arena
arengar arringare
arenque (m) aringa
argamasa (f) calcina
Argel Algeri
argolla (f) gogna
argucia (f) arguzia
argüir arguire
argumentar argomentare
aridecer inaridire
aridez (f) aridità
árido arido
arillo (m) orecchino

arisco selvaggio
arista (f) arista; resta
aristocracia (f) aristocrazia
aristócrata (m) aristocratico
arlequín (m) arlecchino
arma (f) arma
armada (f) armata
armador (m) armatore
armadura (f) armatura
armar armare; disporre
armario (m) armadio
armazón (m) scheletro
armero (m) armaiolo
armiño (m) ermellino
armisticio (m) armistizio
armonía (f) armonia
arnés (m) arnese
aro (m) cerchio
aroma (m) aroma
arpa (f) arpa
arquear inarcare
arqueo (m) verifica (di cassa); stazza
arquitecto (m) architetto
arrabal (m) sobborgo
arraigarse stabilirsi; metter radici
arrancar strappare
arranque (m) strappo
arras arra; caparra
arrasar radere al suolo; smantellare
arrastrar trascinare
arrayán (m) mirto
arre! arri!
arrear spronare (le bestie)
arrebatar rapire
arrebatamiento (m) rapimento
arrebol (m) belletto
arracife (m) scoglio
arredrar spaventare, allontanare
arreglar sistemare: mettere a posto
arreglo (m) sistemazione (f)
arremangar rimboccare
arremeter assalire

arremetida (f) assalto, attacco (m)

arrendamiento (f) affitto (m)

arrendar affittare; appaltare

arreo (m) bardatura (f)

arrepentimiento (m) pentimento

arrepentirse pentirsi

arrestar arrestare

arrestarse azzardarsi

arresto (m) ardire; arresto

arriada (f) allagamento (m)

arriar ammainare

arriba in su; sopra

arribar approdare

arribo (m) approdo

arriendo (m) affitto

arriero (m) mulattiere

arriesgar arrischiare

arrimar avvicinare

arrimo (m) avvicinamento

arrisco (m) rischio

arrobamiento (m) estasi; rapimento

arrobo estasi; rapimento

arrodillarse inginocchiarsi

arrogación (f) arroganza

arrogante arrogante; aitante

arrogar adottare

arrojado coraggioso

arrojar gettare

arrojo (m) slancio; ardire

arrollar mettere in fuga; arrotolare

arropar coprire

arrostrar affrontare

arroyo (m) ruscello

arroz (m) riso

arrozal (m) risaia

arruga (f) ruga; piega

arrugar increspare; corrugare

arruinar rovinare

arrullar cantar la ninna-nanna; tubare

arsenal (m) arsenale

arsénico (m) arsenico

arte (m e f) arte

artefacto artefatto

artero astuto

artería (f) astuzia

artesa (f) madia

artesano (m) artigiano

artesón (m) soffitta

articulación (f) articolazione

articular articolare

artículo (m) articolo

artífice (m) artefice

artificio (m) artificio; macchinazione

artillería (f) artiglieria

artimaña (f) astuzia

arveja (f) veccia

arzobispo (m) arcivescovo

arzón (m) arcione

as (m) asso

asa (f) manico

asado (m) arrosto

asador (m) spiedo

asaltador (m) assalitore

asaltar assaltare

asalto (m) assalto

asamblea (f) assemblea

asar arrostire

asaz (avv.) assai, abbastanza

ascendencia (f) ascendenza

ascender ascendere

ascensión (f) ascensione

ascenso (m) promozione; salita

ascensor (m) ascensore

asco (m) schifo

asear pulire

asechanza (f) insidia

asechar insidiare

asediar assediare

aseguración (f) assicurazione

asegurar assicurare

asemejarse assomigliare

asenso (m) consenso

asentar affermare

asentarse sedersi

asentir assentire

aseo (m) pulizia (f)

asequible ottenibile

aserción (f) asserzione

aserrar segare

aserto (m) asserzione
asesinar assassinare
asesinato (m) assassinio
asesino (m) assassino
asesor (m) assessore
asesorar consigliare
asfalto (m) asfalto
asfixia (f) asfissia
así così
asidero (m) manico, appiglio
asiduo assiduo
asiento (m) sedile; posto a sedere; posizione; registrazione.
asignar assegnare
asignatura (f) materia (di insegnamento)
asilo (m) asilo
asimilar assimilare
asimismo così pure; nello stesso modo
asir afferrare
asistir assistere
asnada (f) branco d'asini
asno (m) asino
asociación (f) associazione
asociar associare
asolar devastare
asolación (f) devastazione
asolado devastato
asoldar assoldare
asolear soleggiare
asombrar spaventare; stupire
asombro (m) stupore; spavento
asomo (m) apparenza; indizio
asonada (f) sedizione
aspar annaspare
aspecto (m) aspetto
asperjar aspergere
áspero aspro
aspiración (f) aspirazione
asqueroso schifoso
asta (f) asta; corno
astil (m) manico
astilla (f) scheggia

astillero (m) arsenale (di mare)
astucia (f) astuzia
Asturias Asturie
asunción (f) assunzione
Asunción (f) Assunta
asunto (m) argomento; affare
asustar spaventare
atadura (f) legatura; vincolo
atajar abbreviare
atajo (m) scorciatoia
ataque (m) attacco
atar legare
atardecer imbrunire
atareado affaccendato
ataúd (m) bara
ataviar ornare
atemorizar intimorire
atención (f) attenzione
atender attendere
Atenas Atene
atentamente cortesemente; attentamente
atentar attentare
atenuar attenuare
aterirse intirizzirsi
aterrar atterrare; spaventare
atestado (m) attestato
atestar riempire; attestare
atestiguamiento (m) attestazione (f)
atestiguar testimoniare
atezar annerire
atiesar irrigidire
atildar criticare
atinar indovinare
atisbar spiare
atlas (m) atlante
atolladero (m) pantano
atontar intontire
atormentar tormentare
atornillar avvitare
atosigar intossicare
atracadero (m) approdo
atractivo (m) attrattiva
atraer attrarre
atrancar sbarrare
atrapar acciuffare

atrás dietro
atrasar ritardare
atraso (m) ritardo
atreverse azzardarsi
atrevido audace
atrevimiento (m) audacia (f)
atribuir attribuire
atril (m) leggìo
atrincherar trincerare
atrocidad (f) atrocità
atronar stordire
atropellar investire
atroz atroce
atún (m) tonno
aturdir stordire
audaz audace
audiencia (f) udienza; tribunale
augurio (m) presagio
aullar urlare; ululare
aunar radunare
aunque sebbene, benchè; anche se
aurora (f) aurora
ausencia (f) assenza
austero austero
auténtico autentico
auto decreto; (pl.) atti
autocracia (f) autocrazia
automóvil (m) automobile
autor autore
autorización (f) autorizzazione
auxilio (m) aiuto
aval (m) avallo
avalancha (f) valanga
avaluación (f) valutazione
avance (m) avanzata, anticipo
avanzar avanzare
avaro avaro
ave (f) uccello
avellana (f) nocciola
avenida viale
avenir accordare e accordarsi
aventajar avvantaggiare

aventar sventolare
aventurero (m) avventuriero
avergonzarse vergognarsi
avería (f) avaria
averiguar verificare
aversión (f) avversione
avestruz (m) struzzo
aviación (f) aviazione
avidez (f) avidità
avieso maligno
avilantez insolenza
avinagrado aspro
avío (m) provvista (f)
avisar avvisare
aviso (m) avviso
avispa (f) vespa
avistar avvistare
avivar ravvivare
avocar avocare
axioma (m) asssioma
ayo (m) precettore
ayer ieri
ayuda (f) aiuto
ayunar digiunare
ayuntamiento (m) municipio
azada (f) vanga
azadón (m) zappa (f)
azafrán (m) zafferano
azahar (m) fior d'arancio
azar (m) caso
azófar (m) ottone
azogue (m) mercurio
azorar irritare
azotar sferzare
azotazo (m) frustata (f)
azote (m) frusta
azotea (f) terrazza
azúcar (m) zucchero
Azores Azzorre
azucena (f) giglio (m)
azufre (m) zolfo
azul (m) azzurro
azulejo (m) mattonella
azuzar aizzare

B

baba (f) bava
babor babordo
baca (f) bacca
bacalao (m) baccalà
bacín (m) pitale
báculo (m) bastone
bachiller (m) diplomato
bahía (f) baia
bailarín (m) ballerino
bailar ballare
baile (m) ballo; danza
bajá (m) pascià
baja (f) ribasso
bajar scendere; abbassare
baja mar (f) bassa marea
bajel (m) battello
bajeza (f) bassezza
bajo basso
bala (f) balla; palla
baladí futile
baladrón (m) spaccone
bálago (m) paglia (f)
balance (m) bilancio
balanza (f) bilancia
balar belare
balbucear balbettare
balcón (m) balcone
balde de - gratis, en - invano
baldón (m) affronto
baldosa (f) mattonella; piastrella
baliza (f) boa
balneario (m) stabilimento balneare; terme
balón (m) pallone
balsa (f) zattera; pozza (d'acqua)
Baltasar Baldassarre
ballena (f) balena
ballestera (f) balestra
bambolear dondolare; oscillare
banca (f) banco; panca

bancal (m) aiuola
bancarotta (f) bancarotta
banco (m) banca
bandada (f) stormo
bandeja (f) vassoio
bandera (f) bandiera
banderilla (f) dardo con nastri (nella corrida)
bando (m) bando; fazione
bandolero (m) bandito
bandola (f) mandola
bandolín (m) mandolino
bandurria (f) mandola
banquero (m) banchiere
banqueta (f) sgabello
bañar bagnare
bañarse fare il bagno
bañero (m) bagnino
baño (m) bagno
baraja (f) mazzo di carte
barajar mescolare le carte
baranda (f) balaustra; ringhiera
barato a buon mercato
barba (f) barba; mento
barbaridad (f) enormità
bárbaro (m) barbaro
barbecho (m) maggese
barbero (m) barbiere
barbilampiño imberbe
barbón (m) barbone
barbotar borbottare
barco (m) battello; bastimento
barniz (f) vernice
barón (m) barone
barquero (m) barcaiuolo
barra (f) sbarra; barra
barraca (f) capanna
barranco (m) burrone
barrear sbarrare
barredura (f) spazzatura

barreño (m) vaso di terra-cotta
barrer spazzare
barrera (f) barriera
barriada (f) quartiere
barrido (m) spazzatura
barriga (f) pancia
barril (m) barile
barrio (m) rione
barro (m) fango; argilla
bártulos (m pl) masserizie
barullo (m) disordine
base base
basta (f) imbastitura
bastante abbastanza
bastardear imbastardire
bastear imbastire
bastidor (m) telaio
basto agg. rozzo (m) basto
bastón (m) bastone
basura (f) spazzatura
basurero (m) spazzino
bata (f) vestaglia
batacazo (m) colpo, botta
batahola (f) schiamazzo
batalla (f) battaglia
batallón (m) battaglione
batel (m) battello
batería (f) batteria
batida (f) battuta (caccia)
batidor (m) frullino
batir battere; sbattere
batuta (f) bacchetta
baúl (m) baule
bautismo (m) battesimo
bautizar battezzare
Bautista Battista
Bayardo Baiardo
bayoneta (f) baionetta
bazo (m) milza
beato beato; bigotto
Beatriz Beatrice
bebedor (m) beone
beber bere
bebida (f) bevanda; bibita
beca (f) borsa di studio
bacerro (m) torello
bedel (m) bidello

befa (f) beffa
Belén Betlemme
belén (m) presepe
Bélgica Belgio
bellaco malvagio; vigliacco
bello bello
bellota (f) ghianda
bencina (f) benzina
bendecir benedire
bendito benedetto
beneficencia (f) beneficienza
beneficio (m) beneficio
benevolencia (f) benevolenza
benignidad (f) benignità
benjamín beniamino
berenjena (f) melanzana
bergamoto (m) bergamotto
bergantín (m) brigantino
Berlín Berlino
berrido (m) muggito
berrinche (m) rabbia
berza (f) verza
besamanos (m) baciamano
besar baciare
beso (m) bacio
bestialidad bestialità
betún (m) bitume; lucido da scarpe
biblia (f) bibbia
biblioteca (f) biblioteca
bicicleta (f) bicicletta
bicho (m) bestiola
bien (m) bene
bienandanza (f) prosperità
bienaventurado fortunato
bienhecho benfatto
bienhechor (m) benefattore
bienquisto benvoluto
bigardía (f) burla, finzione
bigote (m) baffi
bilis (f) bile
billar (m) bigliardo
billete (m) biglietto
birlocho (m) biroccio
bisabuelo (m) bisnonno
bisagra (f) cerniera
bisección (f) bisezione
bisiesto (m) bisestile

bisnieto (m) pronipote
bisojo strabico
bisoño coscritto
bizarro coraggioso
bizco guercio
bizma (f) impiastro
bizcocho (m) biscotto
blanco (agg.) bianco
blanco (m) bersaglio
blancura bianchezza
blando blando; morbido
blandura (f) morbidezza; lusinga
blanquear imbiancare
blanquecino bianchiccio
Blas Biagio
blasfemia (f) bestemmia
blindar blindare
blonda (f) merletto
bloque (m) blocco
blusa (f) camicetta
boato (m) fasto
bobada (f) sciocchezza
bobina (f) rocchetto
boca (f) bocca
bocacalle (f) imboccatura di strada
bocadillo (m) spuntino
bocado (m) boccone
bocanada (f) sorso (m)
bocazo (m) esplosione (f)
boceto (m) bozzetto
bocio (m) gozzo
bochorno (m) afa
bodas (f pl.) nozze
bodega (f) cantina
bofetón (m) schiaffo
bogar vogare
boina (f) berretto basco
bola (f) boccia; frottola
bolero (m) ballo spagnolo
bolet (f) scontrino
boletín (m) bollettino
bole (m) birillo
bolsa (f) borsa
bolsillo (m) borsellino; tasca
bolso (m) borsa

bollo (m) focaccia; bernoccolo
bomba (f) pompa; bomba
bombardeo (m) bombardamento
bombero (m) pompiere
bombo (m) grancassa (f)
bonanza (f) bonaccia
bondad (f) bontà
bonete (m) berretto
bonificación (f) sconto (m)
bonificar fare sconti
bonito grazioso; carino
bono (m) buono (del tesoro)
boqueròn (m) acciuga
boquilla (m) bocchino
borboteo (m) gorgoglio
bordado (m) ricamo
borde (m) orlo; bordo
borla (f) fiocco
borrachera (f) ubbriacatura
borracho ubriaco
borrador (m) malacopia
borrar cancellare
borrico (m) asinello
borrón (m) scarabocchio
bosque (m) bosco
bosquejar abbozzare
bosquejo (m) schizzo
bostezar sbadigliare
bostezo (m) sbadiglio
bota (f) stivale (m)
botadura (f) varo (m)
botar rimbalzare; varare
bote (m) salto; rimbalzo; canotto
botella (f) bottiglia
botica (f) farmacia
botijo (m) orciolo, vaso (per l'acqua o vino)
botín (m) bottino
botón (m) bottone; germoglio
bóveda (f) volta
boxeo (m) pugilato
boya (f) boa
boyero (m) boaro
bozal (m) museruola

bramar bramire; ruggire
bracero (m) bracciante
bracmán (m) bramino
brasa (f) brace
brasero (m) bracere
bravata (f) bravata
bravo arrogante, valoroso, feroce
brazalete (m) braccialetto
brazo (m) braccio
brea (f) catrame (m)
brecha (f) breccia
breña (f) sterpeto
breve breve; corto
brevedad (f) brevità
bribón (m) birbone
brida (f) briglia
brillantez (f) splendore (m)
brillar brillare
brincar saltare
brinco (m) salto; balzo
brindar brindare; offrire
brindis (m) brindisi
brío (m) brio
brisa (f) brezza
brisca (f) briscola
brizo (m) culla (f)
brocado (m) broccato
brocal (m) orlo del pozzo
broche (m) fibbia; spilla (f)
broma (f) scherzo (m)
bromear scherzare
broncear abbronzare
bronce (m) bronzo
bronco aspro
bronquios (m) bronchi
brotar sgorgare
brote (m) gemma
bruces de - bocconi
bruja (f) strega
brujería (f) stregoneria
brújula (f) bussola

bruñido brunito
brusco brusco
brutal brutale
brutalidad (f) brutalità
bruto (m) bestia
bueno buono
buele (m) ricciolo
buey (m) bue
bufanda (f) sciarpa; fazzoletto (da collo)
bufar fremere; sbuffare
bufete (m) scrittoio
bufo buffo
bufón (m) buffone
buharda (f) soffitta
buho (m) gufo
buhoneria (f) chincaglieria
buitre (m) avvoltoio
bula (f) bolla
bulto (m) fagotto; collo (di merce)
bullicio (m) mormorio
bullicioso turbolento
bullir bollire
buñuelo (m) frittella (f)
buque (m) piroscafo
burdel (m) bordello
Burdeos Bordeaux
burga (f) sorgente termale
burgués borghese
buril (m) bulino
burla (f) burla
burocracia (f) burocrazia
burro (m) asino
busca (f) ricerca
buscar cercare
búsqueda (f) ricerca
busto (m) busto
butaca (f) poltrona
buzo (m) palombaro
buzón (m) buca delle lettere (f)

C

cabal giusto, esatto
cábala (f) cabala
caballar equino
caballería (f) cavalleria
caballeriza (f) scuderia
caballerosidad (f) cavalleria; galanteria
caballero (m) signore
caballeroso cavalleresco
caballette (m) cavalletto
caballo (m) cavallo
cabaña (f) capanna; gregge
cabañil (m) pastore
cabecear scrollare la testa; beccheggiare
cabecera (f) capezzale; frontespizio; posto di onore
cabecilla (m) capoccione; gerarca
cabellera (f) chioma; criniera
cabello (m) capelli (pl.)
caber esser contenuto; entrarci
cabestrillo (m) fasciatura (f)
cabestro (m) cavezza (f)
cabeza (f) testa; capo
cabezada (f) testata
cabezudo testardo
cabida (f) capienza
cabildo (m) assemblea; consiglio
cabizbajo a testa bassa
cable (m) cavo
cablegrama (f) cablogramma
cabo (m) principio; capo
cabotaje (m) cabotaggio
cabra (f) capra
cabrestante (m) argano
cabriola (f) capriola
cacahuete (m) arachide
cacarear strombazzare
cacera (f) canaletto

cacería (f) partita di caccia
cacerola (f) casseruola
cacique (m) capoccia
cacumen (m) acutezza (f)
cacharro (m) vaso; stoviglia; tegame
cachaza (f) flemma
cachazudo flemmatico
cacheo (m) perquisizione
cachivache (m) coccio; rottame
cacho (m) pezzo
cachón (m) maroso
cachorro (m) cucciolo
cada ogni - **cual** ognuno
cadalso (m) patibolo
cadáver (m) cadavere
cadena (f) catena
cadera (f) anca; fianco
cadete (m) cadetto
caducar cadere in rovina; scadere
caducidad (f) caducità
caer cadere; sboccare
café (m) caffè
caída (f) caduta; rovina
caja (f) scatola; cassetta; cassa
cajero (m) cassiere
cajista (f) compositore (di stamperia)
cajón (m) cassetto; cassa
cal (f) calce
calabaza (f) zucca; bocciatura
calabozo (m) prigione
calado (m) traforo
caladura (f) assaggio (m)
calaña (f) modello
calambre (m) crampo
calar forare; penetrare
calarse inzupparsi

calavera (f) teschio; (m) scavezzacollo

calcaño (m) calcagno

calcetín (m) calzino

calcular calcolare

cálculo (m) calcolo

caldear riscaldare

caldera (f) caldaia

calderilla (f) moneta spicciola

caldero (m) secchio

caldo (m) brodo

calefacción (f) riscaldamento (m)

calendario (m) calendario

calentador (m) scaldaletto

calentar scaldare

calentura (f) febbre

calenturiento febbricitante

calibre (m) calibro

calidad (f) qualità

cálido caldo

caliente caldo

califa (m) califfo

calificación (f) qualificazione

calificar qualificare

cáliz (m) calice

calina (f) caligine

calizo calcareo

calma (f) bonaccia

calmar calmare

calmoso calmo; flemmatico

calofrío (m) brivido

calor (m) calore; caldo

calorífero (m) calorifero

calumnia (f) calunnia

caluroso caloroso

calva (f) calvizie

calvicie (f) calvizie

calvo calvo

calzada (f) strada lastricata

calzado (m) calzatura (f)

calzar calzare

calzón (m) calzoni corti

calzoncillos (pl) mutande

callado taciturno

callarse tacere

calle (f) via; strada

callejear girondolare

callejo (m) trappola (f)

callo (m) callo

cama (f) letto

camamila (f) cammomilla

camarada (m) camerata

camarero (m) cameriere

camarín (m) spogliatoio; nicchia

camarote (m) cabina

cambalache (m) baratto

cambiante cangiante

cambiar cambiare

cambista (m) cambiavalute

cambija (f) serbatoio (m)

cambio (m) mutamento; cambiamento; cambio

camello (m) cammello

camilla (f) lettiga; barella

caminante (m) viaggiatore

caminar camminare

caminero stradale

camino (m) cammino

camisa (f) camicia

camisería camiceria

camiseta (f) camicetta; maglietta

camoncillo (m) sgabello

camorra (f) rissa

campamento (m) accampamento; campeggio

campana (f) campana

campanario (m) campanile

campanero (m) campanaro

campanillear scampanellare

campeador (m) vincitore

campeón (m) campione

campesino campagnolo

campiña (f) campagna

campo (m) campo

cana (f) canna; (pl.) canizie

canal (m) canale (f) condotto

canalizar canalizzare

canalón (m) grondaia

canalla (f) canaglia

canana (f) cartuccera

canario (m) canarino

canasta (f) cesta

canasto (m) cesto; canestro
cancela (f) cancello (m)
cáncer (m) cancro
canciller (m) cancelliere
canción (f) canzone
cancionero (m) canzoniere
candado (m) lucchetto
candelero (m) candeliere
candente incandescente
candidato (m) candidato
candidatura (f) candidatura
candil (m) lampada (f)
candileja (f) lampadina
candonga (f) burla
candongo fannullone
candoroso candido
canela (f) cannella
cangrejo (m) granchio; gambero
canilla (f) rocchetto
canje (m) scambio
canjear scambiare
caño (m) tubo; condotto
canoa (f) canoa
cañón (m) cannone
canóniga (f) siesta
canon (m) cànone
canónigo (m) canonico
canonizar canonizzare
cansado stanco
cansancio (m) stanchezza
cansar stancare
cantar cantare (m) canzone; cantico
cántaro (m) brocca
cantera (f) cava di pietre
cantero (m) tagliapietre
cántico (m) cantico
cantidad (f) quantità
cantil (m) roccia a picco
cantina (f) cantina, osteria
cantinela (f) cantilena
canto (m) canto
canfón (m) cantone
cantor (m) cantore
caña (f) canna; calice
cañada (f) gola (di montagna)

cáñamo (m) canapa (f)
cañería (f) tubazione
cano canuto
cañonazo (m) cannonata
cañonera (f) cannoniera
caoba (f) mogano
capa (f) cappa; mantello
capar castrare
capataz (m) capo; fattore
capaz capace
capazo (m) sporta
capellán (m) cappellano
capilla (f) cappella; capuccio
capital (m e f) capitale
capitán (m) capitano
capitanear comandare
capitanía (f) capitaneria
capitel (m) capitello
Capitolio Campidoglio
capitulación (f) capitolazione
capítulo (m) capitolo
capón (m) cappone
capota (f) cappotta
capote (m) cappotto
capricho (m) capriccio
caprichudo capriccioso
cásula (f) capsula
captar captare
captura (f) cattura
capucha (f) cappuccio (m)
capuchino (m) cappuccino
capullo (m) bocciolo
cara (f) viso; faccia
carabela (f) caravella
carabina (f) carabina
carabinero (m) guardia di finanza
caracol (m) chiocciola; lumaca (f)
carácter (m) carattere
característica (f) caratteristica
¡caramba! perbacco!
caramelo (m) caramella (f)
carátula (f) maschera
caravana (f) carovana
carbón (m) carbone

carbonero (m) carbonaio
carbunclo (m) carbonchio
carcajada (f) gran risata
carcañal (m) calcagno
carcavón (m) cavità, frana
cárcel (f) carcere
carcoma (f) tarlo
carcomer tarlare; rodere
carcomido tarlato
cardenal (m) cardinale; livido
cárdeno violaceo
cardo (m) cardo
carear confrontare
carecer mancare
carencia (f) mancanza
careo (m) confronto
careta (f) maschera
carga (f) carico
cargador (m) facchino
cargar caricare
cargar en cuenta addebitare
cargo (m) incarico
cariado cariato
cariadura (f) carie
caricatura (f) caricatura
caricia (f) carezza
caridad (f) carità
carilla (f) maschera
cariño (m) affetto
cariñoso affettuoso
caritativo caritatevole
cariz (m) aspetto
Carlos Carlo
carmen (m) carme
Carmen Carmine
carmesí (m) cremisi
carmín (m) carminio; rossetto
carnal carnale
carnaval (m) carnevale
carne (f) carne
carnero (m) montone
carnestolendas (f pl.) carnevale (m)
carnicería (f) macelleria
carnicero (m) macellaio; (agg.) carnivoro

carnicol (m) unghia (f)
caro caro, costoso
carpeta (f) cartella; busta (di pelle)
carpintero (m) falegname
carralero (m) bottaio
carraspera raucedine
carrera (f) corsa; carriera
carrete (m) rocchetto
carretera (f) strada maestra
carretilla (f) carriola
carril (m) rotaia; solco
carrillo (m) guancia
carro (m) carro
carruaje (m) carriaggio
carta (f) lettera - certificada raccomandata
cartapacio (m) scartafaccio; cartella (di scuola)
cartearse essere in corrispondenza
cartel (m) manifesto; cartello
cartelero (m) attacchino
cartera (f) portafoglio (m)
cartero (m) portalettere
cartilla (f) tessera
cartón (m) cartone
cartucho (m) cartuccia
cartuja (f) certosa
cartujo (m) certosino
casa (f) casa
casación (f) cassazione
casadera (f) sposabile
casada sposata
casamiento (m) matrimonio
casar sposare
casatienda (f) negozio (m)
cascabel (m) sonaglio
cascada (f) cascata
cascanueces (m) schiaccianoci
cascar frantumare; schiacciare
cáscara (f) guscio; buccia
cascarón (m) guscio di uovo
casco (m) elmo; fusto; scafo
casería (f) fattoria
caserío (m) cascina

casero casalingo
casi quasi
casilla (f) casella
casino (m) circolo (club)
caso (m) caso
caspa (f) forfora
casquete (m) calotta
casquijo (m) ghiaia (f)
casta (f) casta, razza
castaña (f) castagna
castañuelas (f) nacchere
castillano castigliano
casticismo (m) purismo
castidad (f) castità
castigar castigare
castigo (m) castigo
castillo (m) castello
castizo puro; genuino
casto casto
castor (m) castoro
castra (f) castratura
casual casuale
casucha (f) casuccia
casulla (f) pianeta (del sacerdote)
cata (f) - dura assaggio
cataclismo (m) cataclisma
catador (m) degustatore
Catalina Caterina
catalogar catalogare
catapulta (f) catapulta
catar assaggiare
catarata (f) cateratta
catastro (m) catasto
catecismo (m) catechismo
cátedra (f) cattedra
catedral (f) cattedrale
catedrático (m) professore
  (universitario)
catequizár catechizzare
católico cattolico
catorce quattordici
catre (m) branda
cauce (m) alveo
caución (f) cauzione
caucho (m) caucciù
caudal (m) capitale; portata
  (del fiume)

caudaloso ricco; abbondante
  (d'acqua)
caudillaje (m) comando
caudillo (m) capo
causa (f) causa
causar causare
cautela (f) cautela
cauteloso cauto
cava (f) cava
cavar scavare
caverna (f) cavità; caverna
cavilar cavillare
cayado (m) pastorale
Cayetano Gaetano
caza (f) caccia
cazador (m) cacciatore
cazar cacciare
cazatorpedero (m) cacciator-
  pediniere
cazo (m) mestolo
cazuela (f) casseruola
cebada (f) orzo (m)
cebar cibare; ingrassare
cebo (m) cibo (animali); esca
cebolla (f) cipolla
cebra (f) zebra
ceca (f) zecca
cecear parlar bleso
cecina (f) carne affumicata
cedazo (m) setaccio
ceder cedere
cédula (f) scheda; cedola
cedro (m) cedro
cefiro (m) zeffiro
cegado acciecato
cegar acciecare; abbagliare
ceguedad (f) cecità
ceja (f) ciglia; sopracciglio
cejar indietreggiare
celada (f) imboscata
celaje (m) caligine; abbaino
celar celare; vegliare
celda (f) cella
celebrar celebrare; festeggiare
celebridad (f) celebrità
celestial celestiale
celestina (f) ruffiana
célibe celibe

celo (m) zelo (pl.) gelosia
celosía (f) persiana
celoso geloso; sospettoso
célula (f) cellula
cellisca (f) nevischio (m)
cementerio (m) cimitero
cena (f) cena
cenagal (m) pantano
cenagoso (fangoso
cenar cenare
cenceño smilzo
cencerro (m) campanaccio
cenefa (f) fregio (m)
cenicero (m) portacenere
cenicienta (f) cenerentola
ceniciento grigio-cenere
ceniza (f) cenere
censo (m) censo; censimento
censura (f) censura
centavo (m) soldo (America del Sud)
centella (f) scintilla
centellador scintillante
centelleo (m) scintillio
centena (f) centiaio (m)
centeno (m) segala (f)
céntimo (m) centesimo
centinela (f) sentinella
central centrale
centralización (f) accentramento (m)
centro (m) centro
centuria (f) secolo; centuria
cénzalo (m) zanzara (f)
ceñir cingere
ceño (m) cipiglio
cepa (f) ceppo
cepillar piallare; spazzolare
cepillo (m) pialla; spazzola
cepo (m) ceppo
cequí (m) zecchino
cera (f) cera
cerato (m) cerotto
cerca (avv.) vicino
cercano vicino (agg.)
cerciorarse sincerarsi
cerco (m) cerchio: assedio
cerda (f) scrofa; setola

cerdo (m) maiale
cereal (m) cereale
cerebro (m) cervello
ceremonia (f) cerimonia
cereza (f) ciliegia
cerilla (f) cerino
cerner cernere
cernerse librarsi
cernido (m) cernita
cernir cernere
cero (m) zero
cerquillo (m) chierica
cerquita vicinissimo
cerrado chiuso
cerradero (m) fermaglio
cerradura (f) serratura
cerrar chiudere
cerro (m) colle
cerrojo (m) catenaccio
certidumbre (f) certezza
certificado raccomandato, certificato
certificar certificare; raccomandare
cerumen (m) cerume
cerval miedo - timor panico
cervecería (f) birreria
cerveza (f) birra
cerviz (f) cervice
cesación (f) cessazione
cesar cessare
cesión (f) cessione
césped (m) cespite
cesta (f) cesta
cetro (m) scettro
cía (f) ilio
cicatear lesinare
cicatería (f) avarizia
cicatriz (f) cicatrice
ciclo (m) ciclo
cid (m) signore
cidra (f) cedro
ciego (m) cieco
cielo (m) cielo
ciempiés (m) millepiedi
cien cento
ciencia (f) scienzia
científico scientifico

ciento (m) cento
cierre (m) chiusura (f)
cierto certo por - certamente
ciervo (m) cervo
cierzo (m) tramontana (f)
cifra (f) cifra
cifrar cifrare
cigarra (f) cicala
cigarrillo (m) sigaretta (f)
cigarro (m) sigaro
cigüeña (f) cicogna
cilantro (m) coriandolo
cilindro (m) cilindro
cima (f) cima
cimbel (m) zimbello
cimentar cementare; fondare
cimiento (m) fondamento
cimitarra (f) scimitarra
cinc o zinc zinco
cincel (m) scalpello; bulino; cesello
cincelar cesellare; scolpire
cinco cinque
cincuenta cinquanta
cincha (f) cinghia
cine (m) cinema
cinta (f) nastro (m)
cinto (m) cinto; cintura
cintura (f) cintola
cinturón (m) cinturino
ciprés (m) cipresso
circo (m) circo
circuir circuire
circular circolare
círculo (m) circolo
circuncidar circoncidere
circundar circondare
circunflejo circonflesso
circunscribir circonscrivere
circunstancia (f) circostanza
circunvalación (f) circonvallazione
cirial (m) candeliere
cirio (m) cero
ciruela (f) prugna
cirujía (f) chirurgia
cirujano (m) chirurgo
cisco (m) carbonella (f)

cisma (m) scisma
cisne (m) cigno
cisura (f) incisione
cita (f) appuntamento; citazione
citar dare appuntamento; citare
cítara (f) cetra
ciudad (f) città
civil civile
ciudadano cittadino
civilizar civilizzare
cizaña (f) zizzania
clamar chiamare
clamoreo (m) clamore
clandestino clandestino
clara (f) chiara (d'uovo)
claraboya (f) lucernaio
clarear albeggiare
claridad (f) chiarezza
clarificar chiarificare
clarín (m) clarino
claro chiaro
clase (f) classe; genere
claroscuro (m) chiaroscuro
clásico classico
clasificación (f) classificazione
claustro (m) claustro; senato (accademico)
cláusula (f) clausola
clavado inchiodato
clavar inchiodare; fissare (gli occhi)
clave (f) chiave
clavel (m) garofano
clavícula (f) clavicola
clavo (m) chiodo
clemencia (f) clemenza
clepsidra (f) clessidra
clerecía (f) clero (m)
clérigo (m) chierico
cliente (m) cliente
clima (m) clima
clínica (f) clinica
cloaca (f) cloaca
cloquear chiocciare
clueca (f) chioccia
coadyutor (m) coadiutore

coadyuvar coadiuvare

coagular coagulare

coalición (f) coalizione

coartada (f) alibi (m)

cobarde codardo

cobardía (f) viltà

cobertizo (m) tettoia; capannone

cobija (f) tegola

cobijar coprire

cobrador (m) esattore; bigliettaio

cobrar riscuotere; incassare

cobre (m) rame

cobro (m) riscossione

coca (f) coca

cocear tirar calci

cocedura (f) cottura

cocer cuocere

cocido cotto; (m) lesso

cociente (m) quoziente

cocina (f) cucina

cocinero (m) cuoco

coco (m) cocco; orco

cocodrilo (m) coccodrillo

cochambre (m) luridume

coche (m) cocchio; carrozza; vettura; automobile

cochero (m) cocchiere; autista

cochinería (f) porcheria

cochino (m) porco; sporco

codazo (m) gomitata

codicia (f) cupidigia

codiciable appetibile

codiciar desiderare ardentemente

codicioso cupido

código (m) codice

codo (m) gomito

codorniz (f) quaglia

coercer costringere

coerción (f) coercizione

cofia (f) cuffia

cofradía (f) confraternita

cofre (m) cofano

cogedero (m) manico

coger cogliere; prendere

cogida (f) raccolta

cogote (m) occipite

coheredero (m) coerede

coherente coerente

cohete (m) razzo

cohibir reprimere

coincidencia (f) coincidenza

cojear zoppicare

cojín (m) cuscino

cojo (m) zoppo

col (m) cavolo

cola (f) coda; colla

colaborar collaborare

colación (f) conferimento (m)

coladero (m) colabrodo

colada (f) colata; bucato

colapso (m) collasso

colar colare; fare il bucato

colcha (f) coperta (imbottita)

colchón (m) materasso

colchonero (m) materassaio

colear scodinzolare

colección (f) collezione; raccolta

colectar radunare

colector (m) esattore

colega (m) collega

colegio (m) collegio

colegir riunire

cólera (f) collera; (m) colèra

coleta (f) codino (m)

colgadero (m) uncino

colgadizo (m) tettoia (f)

colgar appendere; impiccare; pendere

cólico (m) còlica (f)

coliflor (m) cavolfiore

colilla (f) cicca

colina (f) collina

coliseo (m) colosseo

colisión (f) collisione

colmado (m) osteria

colmena (f) alveare

colmillo (m) dente canino; zanna

colmo (m) colmo

colocación (f) collocazione; impiego

colocar collocare
Colón Colombo
colonia (f) colonia
colonizar colonizzare
colono (m) colono
coloquio (m) colloquio
color (m) colore
coloración (f) colorazione
colorado rosso
colorar colorire
colorete (m) rossetto
colorido (m) colorito
colosal colossale
columbrar scorgere
columna (f) colonna
columnata (f) colonnato
columpiar dondolare
columpio (m) dondolo
collera (f) collare
collar (m) collana
coma (f) virgola; (m) coma
comadre (f) madrina
comadreja (f) donnola
comadrón (m) ostetrico
comandar comandare
comandita (f) accomandita
comanditario (m) accoman-
  dante
comarca (f) regione
comba (f) curvatura, corda
combate (m) combattimento
combatir combattere
combinación (f) combinazione
combinar combinare
combo curvo
combustión (f) combustione
comedero mangereccio
comedia (f) commedia
comediante (m) commediante
comedido discreto
comedirse moderarsi
comedor (m) sala da pran-
  zo; refettorio
comensal (m) commensale
comentar commentare
comento (m) commento
comenzar cominciare
comercial commerciale

comer mangiare
comerciar commerciare
comercio (m) commercio
cometer commettere
cometa (f) cometa; (m) aquilone
cometido (m) incarico
comezón (m) prurito
comible mangiabile
cómico comico
comida (f) pranzo (m)
comienzo (m) inizio
comilón ghiottone
comillas (f pl.) virgolette
comisar confiscare
comisaría (f) commissariato
  (m)
comisión (f) commissione
comisionar delegare; incaricare
comisionista (m) commissionario
comiso (m) confisca
comité (m) comitato
comitiva (f) comitiva
como come; siccome
cómoda (f) comò
comodidad (f) comodità
compacto compatto
compadecer compatire
compadre (m) compare
compaginar compaginare
companage (m) companatico
compañero (m) compagno;
  camerata
compañía (f) compagnia
comparación (f) confronto;
  paragone (m)
comparar paragonare
comparecencia (f) comparizione
comparecer comparire
compareciente comparente
comparición (f) comparsa
comparsa (f) mascherata
compartimiento (m) scompartimento

compás (m) compasso; cadenza
compasible compassionevole
compasivo compassionevole
compatible compatibile
compatriota (f) compatriota
compeler costringere
competencia (f) competenza; concorrenza
competer competere
competición competizione
competidor (m) competitore; concorrente
competir competere
compilar compilare
complacido soddisfatto
complaciente compiacente
complacencia (f) compiacenza
complejo (m) complesso
complementario complementare
completar completare
complexión (f) complessione
complexo (agg) complesso
complicación (f) complicazione
complicar complicare
complicidad (f) complicità
complot (m) complotto; congiura
componedor (m) conciliatore
componer comporre
comportamiento (m) condotta (f)
comportar comportare; sopportare
comporte (m) portamento; condotta
composición (f) composizione; componimento
compostura (f) accomodamento; compostezza
compota (f) confettura
compra (f) compera
comprador (m) compratore
comprar comperare
comprender comprendere
comprensión (f) comprensione

comprobar verificare
comprometer compromettere
comprometerse impegnarsi
compromiso (m) compromesso; impegno
compuesto composto
compulsa (f) copia autentica
computar computare
comulgar comunicarsi
común comune
comunicación (f) comunicazione
comunicar comunicare
comunidad (f) comunità
comunión (f) comunione
comunista (m) comunista
con con
conato (m) conato
cóncavo concavo
concebir concepire
conceder concedere
concejo (m) consiglio comunale
concentrar concentrare
concepción (f) concezione
Concepción Concetta
concepto (m) concetto
concernir concernere
concertar concertare
concesión (f) concessione
conciencia (f) coscienza
concienzudo coscienzoso
concierto (m) concerto
conciliación (f) conciliazione
conciliar conciliare
concisión (f) concisione
conciudadano (m) concittadino
concluir concludere
conclusión (f) conclusione
concluso concluso
concordación (f) accordo (m)
concordar concordare; conciliare
concreto concreto
concurrencia (f) concorrenza
concurrir concorrere accorrere

concurso (m) concorso
concha (f) conchiglia
condado (m) contea (f)
conde (m) conte
condecoración (f) condecorazione
condena (f) condanna
condenado condannato
condenar condannare
condensable condensabile
condesa (f) contessa
condescender condiscendere
condición (f) condizione
condicionar concordare; condizionare
condimentar condire
condolencia (f) condoglianza
condonación (f) condono (m)
condonar condonare
conducción (f) trasporto (m)
conducir condurre
conducta (f) condotta
conducto (m) condotto
conductor (m) conduttore
condueño (m) comproprietario
conectar innestare
conejo (m) coniglio
conexión (f) connessione
confabular confabulare
confalón (m) gonfalone
confeccionar confezionare
confederación (f) confederazione
conferencia (f) conferenza
conferir conferire
confesar confessare
confesión (f) confessione
confesionario (m) confessionale
confeti (m) coriandoli (pl.)
confianza (f) fiducia; confidenza
confiar affidare; sperare
confidente confidente
configuración (f) configurazione
confinar esiliare; confinare

confirmación (f) conferma; cresima
confiscación (f) confisca
confitado candito
confite (m) confetto
conflagración (f) conflagrazione
conflicto (m) conflitto
confluir confluire
conformar conformare
conforme conforme
conformidad (f) conformità
confortable confortevole
confortación (f) conforto (m)
confortar confortare
confrontación (f) confronto
confrontar confrontare
confundir confondere
confuso confuso
confutar confutare
congelar congelare
congeniar andare d'accordo
congestión (f) congestione
conglobar conglobare
conglomerar conglomerare; agglomerare
congoja (f) angoscia
congojoso angoscioso
congratular congratulare
congregación (f) congrega; congregazione
congreso (m) congresso; parlamento
conjetura (f) congettura
conjugar coniugare
conjunción (f) congiunzione
conjunto (m) complesso; insieme
conjura (f) congiura
conjurar congiurare
conjuro (m) scongiuro
conmemoración (f) commemorazione
conmigo con me
conmiseración (f) commiserazione
conmoción (f) commozione
conmover commuovere

conmutador (m) commuta-
tore
connivencia (f) connivenza
cono (m) cono
conocedor (m) conoscitore
conocer conoscere
conocido (m) conoscente;
conosciuto (agg)
conocimiento (m) conoscenza;
polizza (f)
conque dunque
conquistar conquistare
consagración (f) consacrazione
consagrar consacrare
consciente cosciente
consecuencia (f) conseguenza
conseguir conseguire
consejero (m) consigliere
consejo (m) consiglio
consentimiento (m) consenso
consentir acconsentire
conserje (m) portiere
conserva (f) conserva
conservaduría (f) soprainten-
denza
conservar conservare
considerable considerevole
consideración (f) considerazione
considerado considerato; sti-
mato; prudente
considerar considerare
consignación (f) consegna
consignar consegnare
consigo con sè
consiguiente por - in conseguenza
consistir consistere
consistorio (m) concistorio
consocio (m) consocio
consolación (f) consolazione
consolidar consolidare
consonante (f) consonante
consorcio (m) consorzio
consorte (m e f) consorte
conspiración (f) cospirazione
constancia (f) costanza

constar constare
constelación (f) costellazione
consternación (f) consterna-
zione
constituir costituire
constreñimiento (m) costrizione (f)
constreñir costringere
constricción (f) costrizione
construcción (f) costruzione
construir costruire
consuelo (m) consolazione (f)
cónsul (m) console
consulado (m) consolato
consultar consultare
consultorio (m) ambulatorio
consumar consumare
consumidor (m) consumatore
consumir consumare
consunción (f) consumazione
contacto (m) contatto
contado al - in contanti
contador (m) contabile; contatore
contaduría (f) contabilità
contagio (m) contagio
contaminar contaminare
contar contare; raccontare
contemplación (f) contempla-
zione
contemplar contemplare; meditare
contemporáneo contempora-
neo
contender contendere
contener contenere
contenido prudente; (m) contenuto
contentar accontentare
contestación (f) risposta
contestar rispondere
contexto (m) contesto
contienda (f) contesa
contigo con te
contiguo contiguo
continencia (f) continenza;
astinenza
contingencia (f) contingenza

continuación (f) continuazione

continuo continuo

contorno (m) contorno

contorsión (f) contorsione

contra contro

contralmirante contrammiraglio

contrabajo (m) contrabbasso

contrabandista (m) contrabbandiere

contracción (f) contrazione

contracto (agg) contratto

contradecir contraddire

contradicción (f) contraddizione

contradictorio contraddittorio

contraer contrarre

contrafuerte (m) contrafforte

contragolpe (m) contraccolpo

contrahacer contraffare

contrahaz (f) rovescio

contrahecho contraffatto

contrahecura (f) contraffazione

contraluz (f) controluce

contramaestre (m) nostromo; capo fabbrica

contraorden (m) contrordine

contrapeso (m) contrappeso

contraposición (f) contrapposizione

contraproducente controproducente

contraprueba (f) controprova

contrariar contrariare

contrario contrario; (m) avversario

contrarrestar contrastare

contrasentido (m) controsenso

contraseña (f) parola d'ordine; contrassegno

contrastar contrastare

contraste (m) contrasto

contratar contrattare

contrato (m) contratto

contratorpedero (m) contro torpediniera (f)

contravención (f) contravvenzione

contraveneno (m) controveleno

contrayente contraente

contribuir contribuire

contrición (f) contrizione

control (m) controllo

controversia (f) controversia

contumacia (f) contumacia

contumaz tenace

conturbación (f) turbamento (m)

contusión (f) contusione

convalecer essere convalescente

convalidación (f) convalida

convencer convincere

convencido convinto

convención (f) convenzione

convenible ragionevole

convenio (m) patto

convenir convenire

convento (m) convento

converger convergere

conversar conversare

convertir convertire

convexo convesso

convicción (f) convinzione

convidado convitato

convidar invitare

convite (m) invito; banchetto

convocación (f) convocazione

convocatoria (f) lettera di convocazione

convoy (m) convoglio

convulso convulso

cónyuge (m) coniuge

coñac (m) cognac

cooperación (f) cooperazione

cooperador (m) cooperatore

coordinación (f) coordinazione

copa (f) coppa; bicchiere; fronda

copete (m) ciuffetto

copia (f) copia

copla (f) canzonetta

copo (m) fiocco (di neve)

copón (m) pisside
coqueta (f) civetta (donna)
coquetear civettare
coquetería (f) civetteria
coracero (m) corazziere
coraje (m) rabbia; coraggio
coral (m) corallo
corán (m) corano
coraza (f) corazza
corazón (m) cuore
corbacho (m) staffile
corbata (f) cravatta
corbeta (f) corvetta
corchete (m) uncino; arpione
corcho (m) sughero; turacciolo
cordel (m) spago
cordero (m) agnello
cordial cordiale
cordobés cordovese
cordón (m) cordone
cordura (f) saggezza
cornada (f) cornata
corneja cornacchia (f)
corneta (f) cornetta
cornisa (f) cornicione (m)
coro (m) coro
corola (f) corolla
corona (f) corona
coronación (f) incoronazione
coronar incoronare
coronel (m) colonnello
corpiño (m) corpetto
corporal corporale
corporación (f) corporazione
corpulento corpulento
corral (m) cortile
corrección (f) correzione
correcto corretto
corredizo scorsoio
corredor (m) corridoio; mediatore; corridore
corregidor (m) governatore
corregir correggere
correlación (f) correlazione
correncia (f) diarrea
correo (m) posta

correr correre
correría (f) scorreria
correspondencia (f) corrispondenza
corresponsal (m) corrispondente
correspondiente corrispondente
corretaje (m) provvigione; mediazione
corrida corrida; corsa
corrido esperto
corriente corrente
corro (m) crocchio
corroborar corroborare
corroer corrodere
corromper corrompere
corrupción (f) putrefazione; corruzione
corruptor (m) corruttore
corsé (m) busto
corta (f) taglio (di legno) (m)
cortado tagliato (m)
cortador (m) tagliatore
cortadura (f) taglio; incisione
cortapapeles (m) tagliacarte
cortapisa (f) passamano (m)
cortaplumas (m) temperino
cortar tagliare
corte (f) cortile (m); (m) taglio (d'abito)
cortejar corteggiare
cortejo (m) corteggiamento; seguito
cortés cortese
cortes (f pl.) parlamento (spagnolo)
cortesano (m) cortigiano
corteza (f) corteccia; crosta; buccia
cortijo (m) podere
corto corto; breve
cortina (f) tenda
cortinilla (f) tendina
corvo (m) gancio
cosecha (f) raccolta
coser cucire

cosido (m) cucito
cosquillas (f pl.) solletico (m)
costa (f) costa
costado (m) fianco
costear costeggiare
costilla (f) costola
costo (o coste) (m) costo
costra (f) crosta
costreñir costringere
costumbre (f) abitudine
costura (f) cucitura
costurera (f) sarta
costurero cestino (o tavolo) da lavoro
cota (f) casacca; quota
cotejar confrontare
cotejo (m) confronto
cotidiano quotidiano
cotización (f) quotazione
coto (m) terreno delimitato
coy (m) amaca
coyunda (f) vincolo
coyuntura (f) congiuntura
cráneo (m) cranio
coz (f) calcio
cráter (m) cratere
creación (f) creazione
crear creare
crecer crescere
creces (f pl) aumento (m)
crecida (f) piena (del fiume)
crecido cresciuto
crecimiento (m) crescita
crédito (m) credito
creer credere
credulidad (f) credulità
creíble credibile
crema (f) crema; dieresi
cremallera (f) cremagliera
crencha (f) scriminatura
crepitación (f) crepitio (m)
cresta (f) cresta
creta (f) creta
creyente credente
cría (f) allevamento (m)
criada (f) domestica
criadero (m) vivaio

criado (m) servo
criador (m) creatore; allevatore
criar allevare; allattare
criatura (f) creatura
cribar vagliare, cernere
crimen (m) crimine
criminar incriminare
crin (f) crine (m)
crío (m) lattante
criollo creolo
crisis (f) crisi
crisol (m) crogiuolo
cristal (m) cristallo
cristiandad (f) cristianità
crítica (f) critica
critiquizar criticare troppo
crocante (m) croccante
cromo (m) cromo
crónica (f) cronaca
cronista (m) cronista
cronología (f) cronologia
cruce (m) incrocio
crucero (m) incrociatore
crucificar crocifiggere
crucifixión (f) crocifissione
crudo crudo; grezzo
cruel crudele
crueldad (f) crudeltà
crujía (f) corsia
crujido (m) fruscio
crujir scricchiolare
cruz (f) croce
cruzada (f) crociata
cruzar incrociare, attraversare (la via)
cuaderno (m) quaderno
cuadra (f) stalla
cuadrante (m) quadrante
cuadrar quadrare, squadrare
cuadrilla (f) banda
cuadro (m) quadro
cuadrúpedo (m) quadrupede
cual quale | come
cualidad (f) qualità
cualquiera qualunque (pron) chiunque
cuando quando

cuantía (f) quantità
cuanto quanto
cuarenta quaranta
cuaresma (f) quaresima
cuartear squartare
cuartel (m) caserma
cuarto (m) quarto; stanza
cuarzo (m) quarzo
cuba (f) tino (m)
cubierta (f) copertina
cubierto coperto; (m) pasto
cubo (m) secchia (f)
cubrir coprire
cucaña (f) cuccagna
cucaracha (f) scarafaggio (m)
cuco (m) cuculo; furbo
cuhara (f) cuchiaio (m)
cucharilla (f) cucchiaino (m)
cuchichear bisbigliare
cuchillada (f) coltellata
cuchillo (m) coltello
cuchitril (m) tugurio
cuello (m) collo; colletto; ba-
    vero
cuenca (f) ciotola
cuenta (f) conto
cuentagotas (m) contagocce
cuentista (m) narratore; fan-
    farone
cuento (m) racconto; favola;
    storia
cuerda (f) corda
cuerdo saggio; sensato
cuero (m) cuoio | **en cueros**
    nudo e crudo
cuerpo (m) corpo
cuervo (m) corvo
cuesta (f) pendio (m)
cuestación (f) questua
cueva (f) caverna; tana; grot-
    ta
cuidado (m) attenzione; cura
    (f)
cuidar curare; fare attenzione
culata (f) calcio (del fucile)
    (m)
culebra (f) biscia
culo (m) culo

culebrear serpeggiare
culebrina (f) colubrina
culpa (f) colpa
culpabilidad (f) colpevolezza
culpable colpevole
culpar incolpare
culterano (m) secentista
cultivar coltivare
cultivo (m) coltivazione (f)
culto (m) culto | colto (agg.)
cumbre (f) cima
cumplido compito; garbato |
    (m) complimento
cumplidor (m) adempiente
cumpleaños (m) compleanno
cumplir compiere
cuna (f) culla
cuneta (f) fosso (m)
cuña (f) zeppa
cuñado (m) cognato
cuño (m) conio
cuociente (m) quoziente
cuplé (m) strofa (f)
cupón (m) tagliando
cúpula (f) cupola
cura (f) cura | (m) prete;
    curato
curable curabile
curación (f) guarigione
curaduría (f) tutela
curar curare; guarire; conciare
curiosear curiosare
cursar frequentare
cursi (agg.) ridicolo; provin-
    ciale
curso (m) corso
curtido conciato | (m) con-
    ciatura
curtidor (m) conciatore
curtiduría conceria
curtir conciare
curva (f) curva
cúspide (f) cuspide
custodia (f) custodia
cutis (m) pelle (f)
cuyo il cui; del quale
czar (m) czar

CH

chabacaneria (f) grossolanità
chabacano grossolano; rozzo
chacal (m) sciacallo
chal (m) scialle
chalado infatuato
chalán (m) sensale
chaleco (m) gilé
chalupa (f) scialuppa
chamariz (m) lucherino
chamarra (f) zimarra
chambelán (m) ciambellano
chamuscar abbrustolire; bruciacchiare
chancero burlone
canciller (m) cancelliere
chancillería (f) cancelleria
   (di tribunale
chancla (f) ciabatta
chanclo (m) caloscia (f)
chanza (f) burla
chapa (f) piastra; lastra
chaparro (m) leccio; sterpeto
chaparrón (m) acquazzone
chapitel (m) capitello
chapucero (m) fabbro
chapurrar (o chapurrear) parlar male (una lingua)
chapuz (m) tuffo
chapuzarse tuffarsi
chaqueta (f) giacca
charada (f) sciarada
charanga (f) fanfara
charca (f) pozzanghera
charla (f) conversazione
charlar ciarlare; conversare
charlatán (m) chiacchierone
charol (m) vernice
charolar verniciare
chata (f) chiatta
cheque (m) vaglia; chèque
chelín scellino
chica ragazza; piccola

chico piccolo | ragazzo (m)
chicoleo (m) galanteria
chicharra (f) cicala
chichón (m) bernoccolo
chiflar fischiare
chifle (o chiflo) (m) fischio
Chile Cile
chilla (f) fischietto (m)
chillar stridere; strillare;
   cigolare
chillido (m) strillo; cigolío
chimenea (f) camino
chimpancé (m) scimpanzè
china (f) sassolino
chinche (f) cimice
chino cinese
chiquillada (f) ragazzata
chirriar cigolare
chirrido (m) cigolio
chisme (m) pettegolezzo
chismear pettegolare
chismoso pettegolo
chispa (f) scintilla
chispazo (m) scintilla (f)
chispear scintillare
chiste (m) barzelletta (f)
chiticallando alla chetichella
chivo (m) capretto
chocar urtare; spiacere; sorprendere
chocarrería (f) volgarità
chocarrero buffone
chocolate (m) cioccolata (f)
chocha (f) beccaccia
chocho rimbambito
chófer (m) autista
chopo (m) pioppo
choque (m) urto; cozzo; scontro
chorizo (m) salame (piccante)

chorrear zampillare; gocciolare

chorro (m) getto; zampillo

choza (f) capanna

chubasco (m) acquazzone

chuleta (f) cotoletta

chulo (m) guappo

chupar succhiare

chupatintas (m) scribacchino

churro (m) frittella (f)

chusma (f) ciurma

D

dádiva (f) regalo (m)

dado dato | (m) dado

dadivoso generoso

dador (m) latore

daga (f) daga

dalia (f) dalia

dalle (f) falce

dama (f) dama

damajuana (f) damigiana

damasco (m) damasco

damasquino damascato

damisela (f) damigella

danificar danneggiare

danza (f) danza

danzar danzare

dañado guasto

dañar danneggiare

dañino nocivo

daño (m) danno

dar dare | - con incontrare

dardo (m) dardo

dársena (f) darsena

datar datare

dátil (m) dàttero

dato (m) dato

de di; da; in

debajo sotto

debate (m) dibattito

debatir discutere

debe (m) dare

deber dovere

debido dovuto

débil debole

debilidad (f) debolezza

debilitación (f) indebolimento (m)

debilitar indebolire

década (f) decade

decadencia (f) decadenza

decaer decadere

decaimiento (m) decadimento

decano (m) decano

decapitación (f) decapitazione

decena (f) decina

decencia (f) decenza

decenio (m) decennio

decentar intaccare

decepción (f) disinganno (m)

decible dicibile

decididamente decisamente

decidido deciso

decidir decidere

decir dire | (m) detto

decisión (f) decisione

declamación (f) declamazione

declaración (f) dichiarazione

declarar dichiarare

declinar declinare

declive (m) declivio

decolorar scolorare

decomisar sequestrare

decomiso (m) sequestro; confisca

decoración (f) decorazione

decorar decorare

decrecer decrescere

decrecimiento (m) decrescenza (f)

decrepitud (f) decrepitezza

decreto (m) decreto

decurso (m) decorso

dechado (m) modello

dedal (m) ditale
dedicatoria (f) dedica
dedo (m) dito
dedillo | al - a menadito
deducción (f) deduzione
deducir dedurre
defección (f) defezione
defecto (m) difetto
defectuoso difettoso
defendedor (m) difensore
defender difendere
defensa (f) difesa
defensiva (f) difensiva
deferencia (f) deferenza
deficiencia (f) deficenza
déficit (m) deficit
definición (f) definizione
definir definire
deformación (f) deformazione
defraudación (f) defraudazione
defunción (f) morte
degolladero (m) patibolo
degollar decapitare
degradación (f) degradazione
degüello (m) decapitazione (f)
deidad (f) deità
dejación (f) cessione
dejada (f) rinuncia
dejamiento (m) abbandono
dejar lasciare; cessare; trascurare
deje (m) accento; cadenza
del del
delación (f) delazione
delantal (m) grembiule
delante davanti
delantera (f) il davanti
delatar denunziare
delator (m) delatore
delectar dilettare
delegación (f) delegazione
delegar delegare
deleitar dilettare
deleite (m) diletto
deleitoso piacevole
delfín (m) delfino
delgadez (f) magrezza
delgado sottile; magro

deliberación (f) deliberazione
delicadez (f) delicatezza; debolezza
delicia (f) delizia
delincuencia (f) delinquenza
delinear delineare
delirio (m) delirio
delito (m) delitto
demarcación (f) demarcazione
demanda (f) petizione, domanda
demandar querelare
demás (pl) gli altri; lo - il resto | por lo - d'altronde
demás (pl.) altri
demasía (f) eccesso
demasiado troppo
demencia (f) demenza
demérito (m) demerito
demisión (f) remissione
demoler demolire
demora (f) indugio, ritardo (m)
demorar indugiare
demostración (f) dimostrazione
demudación mutamento (m)
demudarse alterarsi
denegación (f) diniego (m)
denigrar denigrare
denominar denominare
denostar oltraggiare
denotar denotare
denso denso
dentadura (f) dentatura
dentífrico (m) dentifricio
dentista (m) dentista
dentro dentro; fra
denuesto (m) ingiuria (f)
denunciar denunziare
departamento (m) compartimento, scompartimento
dependencia (f) dipendenza
depender dipendere
dependiente (m) dipendente; commesso
depilación (f) depilazione
deplorar deplorare

deponer deporre
deportar deportare
deporte (m) sport; diporto
deportivo sportivo
deposición (f) deposizione
depositar depositare
depositario (m) depositario
depósito (m) deposito; serbatoio
depravación (f) depravazione
depravar depravare
depreciación (f) deprezzamento (m)
depresión (f) depressione
deprimir deprimere
depurar depurare
derecha (f) destra
derecho (m e agg.) diritto
derechura (f) dirittura
deriva (f) deriva
derivar derivare
derivo (m) derivazione (f)
dermis (f) derma
derogar derogare
derramar spargere; versare
derredor | en - intorno
derretir fondere
deribar abbattere
derribos (pl.) rottami
derrochar dissipare
derrota (f) sconfitta
derrotar sconfiggere
derrubio (m) corrosione (f)
derrumbar (m) precipitare
desabotonar sbottonare
desabrido insipido
desacatado irrispettoso
desacato (m) irriverenza (f)
desaceitar sgrassare
desacomodado disagiato
desacomodo (m) disoccupazione; scomodo
desaconsejar sconsigliare
desacostumbrado disusato
desacreditar screditare
desacuerdo (m) disaccordo
desadornar disadornare

desafecto disaffezionato | (m) disamore
desafiador (m) sfidante
desafiar sfidare
desafinado stonato
desafinar stonare
desafío (m) sfida (f)
desaforrar sfoderare
desafuero (m) abuso
desgraciado sgraziato
desagradable sgradevole; spiacevole
desagradar non gradire; spiacere
desagradecido ingrato
desagradecimiento (m) ingratitudine (f)
desagrado (m) scortesia
desagraviar risarcire
desagregación (f) disgregazione
desaguadero (m) canale di scarico
desaguar prosciugare; sfociare
desagüe (m) prosciugamento; scolo
desahogarse sfogarsi
desahogo (m) sfogo
desahuciar sfrattare
desaire (m) disprezzo
desajuste (m) scombussolamento
desalentar scoraggiare
desaliento (m) scoraggiamento
desaliño (m) scompostezza (f)
desalmado inumano
desalojar sloggiare
desalquilar lasciare un appartamento
desamor (m) disamore
desamparado derelitto
desamparar abbandonare
desamparo (m) abbandono
desanclar toglier l'ancora
desangrar dissanguare
desanimar disanimare

desánimo (m) sconforto

desaparecer sparire

desaparición (f) sparizione

desapasionado spassionato

desapego (m) disinteresse; apatia

desapercibido sprovvisto; impreparato

desapercibimiento (m) impreparazione (f)

desapiadado spietato

desapoderar spodestare

desapreciar disprezzare

desaprobar disapprovare

desapropiar espropriare

desapuntar scucire

desarmar disarmare

desarraigar sradicare

desarreglado sregolato; disordinato

desarrollar svolgere; sviluppare

desarrollo (m) svolgimento; sviluppo

desaseo (m) disordine; sudiciume

desasirse distaccarsi

desastre (m) disastro

desatar staccare; slegare

desatención (f) disattenzione

desatentado sventato

desatinar sragionare

desatino (m) sproposito

desatraillar sguinzagliare

desautorizar esautorare

desavenencia (f) contrarietà; discrepanza

desavío (m) disguido

desavisado incauto

desayunarse far colazione

desayuno (m) colazione (del mattino) (f)

desazón (f) disagio; malessere

desbancar sbancare

desbandada, a la - alla rinfusa

desbarajustar scompigliare; scombussolare

disbarajuste (m) scompiglio; confusione

desbaratamiento (m) scompiglio

desbaratar sbaragliare; scompigliare

desbastar dirozzare

desbocado sboccato

desbordamiento (m) straripamento

desbordar straripare

desbravar domare

descabalgar scavalcare

descabellado strampalato

descabullirse svignarsela

descabezar decapitare

descalabro (m) insuccesso

descalzar scalzare

descalzo scalzo

descaminado sviato

descamisado scamiciato; pezzente

descansar riposare

descanso (m) riposo

descarado sfacciato

descarga (f) scarica

descargar scaricare

descargo (m) scarico

descargue (m) scaricamento

descariño (m) disamore

descarnar scarnificare

descaro (m) sfacciataggine (f)

descarriar sviare

descarrilar deragliare

descasar divorziare

descartar scartare

descascar sbucciare

descendencia (f) discendenza

descender discendere

descendimiento (m) discesa (f)

descenso (m) ribasso

descentralizar decentrare

descentrar discentrare

descerrajar scassinare; schiodare

descifrar decifrare

desclavar schiodare

descolgar staccare

descolorado scolorito
descollar eccellere
descomedido sproporzionato; scortese
descomedimiento (m) scortesía
descompasado smisurato
descomponer scomporre
descomposición (f) scomposizione
descompostura (f) scompostezza
descompuesto scomposto
desconcertar sconcertare
desconcierto (m) disordine
desconfianza (f) diffidenza
desconfiar diffidare
desconformidad (f) discordanza
desconforme discordante
desconocer disconoscere
desconocido sconosciuto
desconocimiento (m) ingratitudine (f)
desconsiderado sconsiderato
desconsolar affliggere
desconsuelo (m) sconforto
descontar scontare
descontentadizo incontentabile
descontentar scontentare
discontinuo discontinuo
desconveniencia (f) sconvenienza
desconveniente sconveniente
descorazonar scoraggiare
descorchar sturare
descortés scortese
descortesía (f) scortesia
descortezar dirozzare
descoser scucire
descosido scucito
descostrar scrostare
descrédito (m) discredito
descreído incredulo; miscredente
descreimiento (m) incredulità (f)
describir descrivere

descripción (f) descrizione
descuadernar scompigliare
descuajar squagliare
descuartizar squartare
descubierta (f) scoperta; ricognizione
descubridor (m) scopritore
descubrimiento (m) scoperta (f)
descubrir scoprire
descuento (m) sconto
descuidar trascurare
descuido (m) trascuratezza; dimenticanza
desde da; fin da - **luego** naturalmente
desdecir disdire
desdén (m) sdegno
desdentado sdentato
desdeñar disdegnare
desdicha (f) sfortuna
desdichado sfortunato
desdoro (m) disodoro
deseable desiderabile
desear desiderare
desecación (f) dissecazione
desecar disseccare
desechar respingere; disprezzare
desecho (m) rifiuto
desellar disigillare
desembarazar sbarazzare; sgravare
desembarazo (m) disinvoltura (f)
desembarcadero (m) sbarcatoio
desembarcar sbarcare
desembarco (m) sbarco
desembargar sgombrare; togliere il sequestro
desemblar sballare
desembocadura (f) foce; sbocco
desembocar sfociare; sboccare
desembolso (m) sborso
desempacho (m) disinvoltura (f)

desempeñar disimpegnare
desencadenar scatenare
desencallar disincagliare
dedsencanto (m) delusione (f)
desenfado (m) sfogo; disinvoltura
desenfreno (m) sfrenatezza (f)
desengañar disingannare
desengrosar sgrossare
desenhornar sfornare
desenlace (m) rottura; scioglimento
deselanzar slacciare
desenmascarar smascherare
desenojar calmare
desenredar sbrogliare
desenredo (m) districamento
desenterrar disseppelire
desentonar umiliare
desentrañar sventrare
desentronizar detronizzare
desenvolver svolgere; sviluppare
desenvolvimiento (m) svolgimento
desenvuelto disinvolto
deseo (m) desiderio
deseoso desideroso
desequilibrado squillibrato
desequilibrio (m) squillibrio
deserción (f) diserzione
deservicio (m) disservizio
desesperación (f) disperazione
desesperado disperato
desesperar disperare
desestimación (f) disistima
desfalcar defalcare
desfachatez (f) sfacciataggine
desfalco (m) diffalco
desfallecer svenire
desfallecimiento (m) indebolimento
desfavorable sfavorevole
desfigurar sfigurare
desfiladero (m) gola (di montagna)
desfilar sfilare
desfile (m) sfilata

desflorecer sfiorire
desfogar sfogare
desfogue (m) sfogo
desfondar sfondare
desgaire (m) sgarbo
desgaje (m) strappo
desgana (f) svogliatezza
desgarrador straziante
disgarrar squarciare; stracciare
disgarro (m) sfacciataggine; squarcio
desgarrón (m) squarcio
desgastar sciupare
desgaste (m) sciupìo
desgobernar sgovernare
desgracia (f) disgrazia
desgraciado disgraziato
desgranar sgranare
desgrasar sgrassare
desgreñar scapigliare
desguarnecer sguarnire
deshabitado disabitato
deshacer disfare
deshelar sgelare
desheredar diseredare
deshielo (m) disgelo
deshojar sfogliare
deshollinador (m) spazzacamino
deshonestidad (f) disonestà
deshonor (m) disonore
deshonorar disonorare
deshonra (f) disonore (m)
deshonrar disonorare
desidia (f) pigrizia
desierto deserto
designación (f) designazione
designar designare
designio (m) disegno
desigual disuguale
desinfectante disinfettante
desinterés (m) disinteresse
desistir desistere
deslavado sfacciato
deslazar slacciare
desleal sleale
deslealtad (f) slealtà

deslenguado sboccato
desliar slacciare, slegare
desligar slegare
deslinde (m) limite
desliz (m) scivolata (f)
deslizar scivolare
deslucimiento (m) oscurità
deslucir offuscare
deslumbrar abbagliare
desmadejamiento (m) languidezza (f)
desmán (m) violenza; eccesso
desmandarse perdere le staffe
desmantelar smantellare
desmaña (f) goffaggine
desmañado goffo
desmayarse svenire
desmayo (m) svenimento
desmedirse eccedere
desmedro (m) detrimento
desmejorar deteriorare; peggiorare
desmembración (f) smembra-
mento (m)
desmemoriado smemorato
desmentir smentire
desmenuzar sminuzzare
desmeollar smidollare
desmerecimiento (m) demerito
desmesura (f) dismisura
desmigajar sbriciolare
desmontadura (f) smontatura
desmontar smontare; disbo-
scare
desmoralizar demoralizzare
desnaturalizar denaturare
desnivel (m) dislivello
desnudar denudare
desnudez (f) nudità
desnudo nudo
desobedecer disubbidire
desobediencia (f) disubbidienza
desocupación (f) disoccupazione
desocupar disoccupare
desolación (f) desolazione

desoldar dissaldare
desollado imprudente
desolladura (f) scorticatura
desollar scorticare
desopinar screditare
desorden (m) disordine
desorganizar disorganizzare
desorientación (f) disorienta-
mento (m)
desovillar sgomitolare
despabilado disinvolto
despacio adagio
despachar spacciare; sbrigare;
vendere
despacho (m) disbrigo; ufficio; dispaccio
desparpajo (m) spigliatezza (f)
despecho (m) dispetto; stizza
despedazar spezzare
despedida (f) congedo (m)
despedir congedare
despegado staccato
despegar scollare; staccare
despego (m) indifferenza (f)
despeinar spettinare
despejado disinvolto
despejarse rasserenarsi
despejo (m) disinvoltura (f)
despensa (f) dispensa
despeñadero (m) precipizio
despeñar precipitare
despeño (m) dirupo
desperdiciar sprecare
despertador (m) sveglia (f)
despertar svegliare
despiadado spietato
despierto sveglio
despilfarrar dissipare
despique (m) rivincita (f)
desplacer dispiacere
desplazar stazzare
desplegar spiegare
desplome (m) crollo
desplumar spennare
despoblación (f) spopola-
mento (m)
despojar espropriare
despojo (m) preda (f)

desposar sposare

despotismo (m) dispotismo

despreciable spregevole

despreciar disprezzare

desprenderse sprigionarsi

despreocupación (f) spensieratezza

desprestigiar togliere il prestigio

desprevención (f) imprevidenza

desprevenido sprovveduto; impreveduto

desproporción (f) sproporzione

después poi; dopo

despuntar spuntare

desquite (m) rivincita (f)

destacar distaccare

destajo (m) cottimo

destapar scoperchiare; sturare

destellar scintillare

destello (m) fulgore; scintillio

destemplado sregolato

destemplanza (f) disordine; alterazione

destemple (m) alterazione (f)

discempie (m) alterazione; disordine; indisposizione

desterrar esiliare

destetar svezzare

destierro (m) esilio

destiladera (f) lambicco (m)

destilar distillare

destinar destinare

destino (m) destinazione; destino

destituir destituire

destornillar svitare

destornillador (m) cacciavite

destral (m) accetta (f)

desunión (f) disunione

desván (m) soffitta

desvanecer sparire; far sparire; svenire

desvanecimiento (m) svenimento

desvario (m) sproposito

desvelo (m) veglia; insonnia (f)

desventaja (f) svantaggio (m)

desvergonzado svergognato; impudente

desvergüenza (f) svergognatezza

desviar sviare

desvío (m) deviazione (f)

desvivirse farsi in quattro

detallar dettagliare

detalle (m) dettaglio

detención (f) detenzione

detener trattenere; arrestare

detenidamente accuratamente

detenido lento; accurato

detenimiento (m) attenzione (f)

deteriorar deteriorare

determinación (f) determinazione; arditezza

determinar determinare

detestable detestabile

detestar detestare

detonación (f) detonazione

detractor detrattore

detraer detrarre

detrás dietro

deuda (f) debito (m)

deudor (m) debitore

devanar dipanare

devastación (f) devastazione

devastar devastare

desviación (f) deviazione

devoción devozione

devocionario (m) libro di preghiere

devolución (f) devoluzione

devolver restituire

devorar divorare

devoto devoto

día (m) giorno

diablo diavolo

diablura (f) diavoleria

diabólico diabolico

diácono (m) diacono
diadema (f) diadema
diáfano diafano
dialecto (m) dialetto
diálogo (m) dialogo
diamante (m) diamante
diámetro (m) diametro
diana (f) diana
diario giornaliero | (m) giornale
dibujador (m) disegnatore
dibujar disegnare
dibujo (m) disegno
dicacidad (f) mordacità
dicción (f) dizione
diccionario (m) dizionario
diciembre (f) dicembre
dictado (m) dettato
dictamen (m) dettame
dictar dettare
dicha (f) fortuna
dicho (m) detto
dichoso fortunato; felice
diente (m) dente
diestro destro; abile | torerò
dieta (f) dieta; trasferta
diez dieci
difamación (f) diffamazione
difamar diffamare
diferencia (f) controversia; differenza
diferenciar differenziare
diferir differire
difícil difficile
dificultad (f) difficoltà
difundir diffondere
difusión (f) diffusione
difusor (m) diffusore
digerir digerire
dignidad (f) dignità
digno degno
digresión (f) digressione
dije (m) gioiello
dilación (f) dilazione
dilatar dilatare
dilema (m) dilemma
diligencia (f) diligenza; pratica

diluir diluire
dimanación (f) emanazione
dimensión (f) dimensione
diminución (f) diminuzione
dimisión (f) dimissione
dimitir dimettersi
dineral grande quantità (di denaro)
Dinamarca Danimarca
dinero (m) denaro; (pl.) ricchezze
Dios Dio
diplomático diplomatico
diputado (m) deputato
dique (m) diga
dirección (f) direzione, indirizzo
directo diretto
director (m direttore
dirigible dirigibile
dirigir dirigere
dirigirse rivolgersi
dirimir dirimere
discernir discernere
disciplina (f) disciplina
discípulo (m) discepolo; scolaro
disco (m) disco
discordancia (f) discordanza
discordar discordare
discordia (f) discordia
discreción (f) discrezione
disculpa (f) discolpa
disculpable scusabile
disculpar scusare
discurrir scorrere
discurso (m) discorso
discusión (f) discussione
discutir discutere
disecar disseccare
disenso (m) dissenso
disentir dissentire
diseño (m) disegno
disfamar diffamare
disfraz (m) travestimento
disfrazar mascherare; travestire
disfrutar godere

disgregar disgregare
disgustar dispiacere
disgusto (m) dispiacere
disidente dissenziente
disimulación (f) dissimulazione
disipar dissipare
dislate (m) sproposito
disminución (f) diminuzione
disolución (f) dissoluzione
disolver dissolvere
disonancia (f) dissonanza
disparar sparare
disparate (m) sproposito; sciocchezza
disparo (m) sparo
dispensa (f) dispensa
dispensar scusare
dispersión (f) dispersione
displicencia (f) indifferenza
disponer disporre
disposición (f) disposizione
dispuesto disposto
disputa (f) disputa
disputar disputare
distancia (f) distanza
distante distante
distar distare
distinción (f) distinzione; differenza
distinguido distinto; egregio
distinguir distinguere
distinto diverso
distracción (f) distrazione
distraer distrarre
distraido distratto
distribución (f) distribuzione
distrito (m) distretto
disturbio (m) disturbo
disuadir dissuadere
disuelto dissolto
disyuntivo disgiuntivo
divagar divagare
divergir divergere
diversión (f) divertimento
divertir divertire
dividir dividere
divieso (m) foruncolo

divinidad (f) divinità
divisa (f) divisa
divisar distinguere
división (f) divisione; discordia
divorcio (m) divorzio
divulgar divulgare
dobladura (f) piegatura
doblado piegato
doblar piegare, svoltare; suonare a morto
doble doppio
doblez (f) piegatura
docena (f) dozzina
dócil docile
doctor (m) dottore
doctrina (f) dottrina
documentación (f) documentazione
documento (m) documento
dogal (m) capestro
dólar (m) dollaro
dolencia (f) doglianza
doler dolere
dolor (m) dolore
dolorido dolente
Dolorosa Addolorata
domador (m) domatore
domar domare
domesticación (f) addomesticamento (m)
domicilio (m) domicilio
dominación (f) dominazione
dominar dominare
domingo (m) domenica
dominio (m) dominio
don (m) dono; don (titolo)
donación (f) donazione
donaire (m) grazia (f)
donar donare
donde dove
dondequiera dovunque
dorado dorato
dorar dorare
dormidera (f) papavero (m)
dormir dormire
dormirse addormentarsi
dormitar sonnecchiare

dormitorio (m) dormitorio; camera da letto
dorso (m) dorso
dos due
dosel (m) baldacchino
dosificación (f) dosatura
dosis (f) dose
dotar dotare
drama (m) dramma
drenaje (m) drenaggio
droguería (f) drogheria
droguero (m) droghiere
ducado (m) ducato
ducha (f) doccia
duda (f) dubbio
dudar dubitare
dudoso dubbioso
duela (f) doga

duelo (m) duello; duolo
duende (m) folletto
dueña (f) padrona
dueño (m) padrone
dulce dolce
dulcedumbre (f) dolcezza
duplice duplice
dulzura (f) dolcezza
duo (m) duetto
duque (m) duca
duración (f) durata
duradero duraturo
durante durante
durar durare
duro duro; (m) scudo (5 pesetas)
dux (m) doge

E

¡**ea**! suvvia!
ébano (m) ebano
ebrio ebbro
eclipsar eclissare
eco (m) eco (f)
economía (f) economia
ecuación (f) equazione
Ecuador Equatore
echada (f) gettata
echar gettare; versare
echarse gettarsi; coricarsi
edad (f) età
edición (f) edizione
edicto (m) editto
edificar edificare
edificio (m) edificio
editar pubblicare
edredón (m) piumino
educación (f) educazione
educar educare
efectivo effettivo
éfecto scopo; effetto; **en efecto** infatti

efectuar effettuare
eficacia (f) efficacia
eficaz efficace
efugio (m) sotterfugio
efundir effondere
eje (m) asse
ejecución (f) esecuzione
ejecutante esecutore
ejecutar eseguire
ejemplar esemplare
ejemplificación (f) esemplificazione
ejemplificar esemplificare
ejemplo (m) esempio
ejercer esercitare
ejercicio (m) esercizio
ejército (m) esercito
elaboración (f) elaborazione
elástico (m) elastico
elección (f) elezione; scelta
elector (m) elettore
electricidad (f) elettricità
electricista (m) elettricista

elefante (m) elefante
elegancia (f) eleganza
elegante elegante
elegible eleggibile
elegir scegliere; eleggere
elemental elementare
elemento (m) elemento
elevación (f) elevazione
elevar elevare; esaltare
elidir elidere
eliminar eliminare
elisión (f) elisione
elocuencia (f) eloquenza
elocuente eloquente
elogiar elogiare
elogio (m) elogio
eludir eludere
emancipar emancipare
embajada (f) ambasciata
embalaje (m) imballaggio
embalar imballare
embalsadero (m) pantano
embalsamar imbalsamare
embalse (m) stagno; bacino
idrico
embarazada incinta
embarazo (m) imbarazzo; impaccio; gravidanza
embarcación (f) imbarcazione
embarcadero (m) imbarcadero
embarcar imbarcare
embarco (m) imbarco
embargar sequestrare
embargo (m) sequestro
embargo; sin - nonostante,
tuttavia
embarnizar inverniciare
embarrar infangare
embastar imbastire
embaucar abbindolare; adescare
embeber assorbire
embeleco (m) raggiro
embelesar estasiare
embeleso (m) fascino
embellecer abbellire
embestidor (m) investitore

embetunar imbitumare
emblanquecer imbiancare
emblema (m) emblema
embobar istupidire
embocadura (f) imboccatura;
foce
émbolo (m) stantuffo
embolsar intascare
embolso (f) riscossione (f)
emborrachar ubriacare
emboscar imboscare
embotellar imbottigliare
embozarse intabarrarsi
embrazar imbracciare
embriagar ubbriacare
embriaguez (f) ubbriachezza
embridar imbrigliare
embrión (m) embrione
embrollar imbrogliare
embrutecer abbruttire
embudo (m) imbuto
embuste (m) falsità
embustero bugiardo
embutidos (m pl) salumi
emigración (f) emigrazione
eminencia (f) eminenza
emisario (m) emissario
emisión (f) emissione
emoción (f) emozione
emitir emettere
empachar impacciare
empacho (m) impaccio; indigestione
empadronamiento (m) censimento
empadronar censire
empalagar nauseare
empalmar congiungere
empalme (m) coincidenza (f)
empantanar allagare
empañar fasciare
empapar inzuppare
empapelar incartare
empaque (m) imballo
empaquetar impacchettare
emparentar imparentarsi
emparrado (m) pergolato
empastar impastare

empate (m) pareggio
empavesar pavesare
empedernido insensibile
empedrado (m) selciato
empega (f) colla
empellón (m) spintone
empeñar impegnare
empeñarse ostinarsi
empeño (m) impegno
empeorar peggiorare
emperador (m) imperatore
emperezar impigrire
empezar cominciare
empiezo (m) inizio
empinar alzare (il gomito)
emplasto (m) impiastro
empleado (m) impiegato
emplear impiegare
emplomar impiombare
empobrecer impoverire
empolvar impolverare; incipriare
empollar covare
empollón (m) sgobbone
emponzoñar avvelenare
emprender intraprendere
empresa (f) impresa
emprestito (m) prestito
empujar spingere
embuje (m) spinta (f)
empuñadura (f) impugnatura
emulación (f) emulazione
en in; su
enaguas (f pl.) sottana
enajenar alienare
enaltecer esaltare
enamorar innamorare
enano nano
enarbolar inalberare
enardecer eccitare
enardecimiento (m) eccita-
mento; fervore
enarmonar impennare
encabezamiento (m) intestazione
encabezar iscrivere; intito-
lare

encadenar incatenare
encajar incassare
encaje (m) incastro; pizzo;
intarsio
encaminar incamminare
encanecer incanutire
encantamiento (m) incantesimo
encantar incantare
encanto (m) incanto
encapricharse incapricciarsi
encarar affrontare
encararse prender la mira
encarcelar incarcerare
encarecer rincarare
encarecidamente caldamente
encargado incaricato
encargar incaricare
encargo (m) incarico
encariñarse affezionarsi
encarnación (f) incarnazione
encarnado rosso
encarnizado furioso
encarnizarse accanirsi
encartar processare
encasillado (m) casellario
encausar processare
encauzar incanalare
encenagarse infangarsi
encender accendere
encerado (m) lavagna (f);
tela incerata
encerrar chiudere
encía (f) gengiva
encierro (m) recinto (dei
tori); chiusura
encima sopra
encina (f) quercia
enclavar inchiodare
encolar incollare
encolerizarse incollerirsi
encomendar raccomandare;
incaricare
encomio (m) encomio
encono (m) animosità (f)
encontradizo facile da trovare
encontrar trovare; incontrare

encorvar incurvare
encostrar incrostare
encuadernar rilegare
encubrir occultare
encuentro (m) incontro
enchufar innestare
endeblez (f) debolezza
endemoniado indemoniato
enderezar indirizzare
endiablado indiavolato
endomingarse vestirsi a festa
endosar girare un assegno
endoso (m) girata (f)
endulzar addolcire
endurecer indurire
endurecimiento (m) induri-
mento
enebro (m) ginepro
enemigo nemico
enemistad (f) inimicizia
enemistar inimicare
energía (f) energia
enérgico energico
enero gennaio
enervación (f) snervamento
(m)
enervar snervare
enfadarse arrabbiarsi
enfado (m) arrabbiatura (f)
enfadoso seccante
enfermarse ammalarsi
enfermedad (f) malattia
enfermo ammalato
enfermero (m) infermiere
enfermizo malaticcio
enfilar infilare
enflaquecer dimagrire
enflaquecimiento (m) dima-
grimento
enfrenar reprimere
enfrente di fronte
enfriamiento (m) raffreddamento
enfriar raffreddare
enfurecer infuriare
engalanar adornare
enganchar agganciare
engañar ingannare

engaño (m) inganno
engendramiento (m) procrea-
zione (f)
engendrar generare
engendro (m) embrione; aborto
englobar conglobare
engolfarse ingolfarsi
engolosinar allettare
engomar ingommare
engordar ingrassare
engorro (m) imbarazzo
engranaje (m) ingranaggio
engrandecer ingrandire
engrandecimiento (m) ingrandimento
engrasar ungere
engrosar ingrossare
enhebrar infilare (nella cruna)
enhiesto slanciato
enhorabuena (f) felicitazione
enhoramala (f) malora
enigma (m) enigma
enjabonar insaponare
enjambre (m) sciame
enjaular ingabbiare
enjugar asciugare
enjuiciar processare
enjuto asciutto
enlace (m) vincolo; coincidenza
enlazar allacciare
enlodar infangare
enloquecimiento (m) follia (f)
enloquecer impazzire
enlosado (m) selciato
enlucir imbiancare
enlutarse vestirsi a lutto
enmarañar ingarbugliare
enmascarar mascherare
enmendar emendare
enmienda (f) ammenda
enmohecerse ammuffire
enmudecer ammutolire
ennegrecer annerire
ennoblecer nobilitare

enojar annoiare

enojo (m) sdegno; rabbia; fastidio

enojoso noioso

enorgullecer inorgoglire

enorme enorme

enormidad (f) enormità

enrarecimiento (m) diradamento

enredadera (f) pianta rampicante

enredador (m) imbroglione

enredar imbrogliare

enredo (m) imbroglio; intreccio

enrejado (m) cancellata (f)

enrejar mettere inferriata

enriquecer arricchire

enriscado roccioso

enrojecer arrossire

ensalada (f) insalata

ensaladera insalatiera

ensalzar esaltare

ensanchar allargare

ensanche (m) allargamento

ensangrentar insanguinare

ensañamiento (m) ferocia (f)

ensañarse infuriarsi

ensayar saggiare

ensayo (m) prova; esame; saggio

ensebar ungere con grasso

ensenada (f) insenatura

enseña (f) insegna

enseñanza (f) insegnamento (m)

enseñar insegnare; accennare; mostrare

enseres (pl.) utensili

ensillar sellare

ensimismarse immedesimarsi

ensordecer assordare; diventar sordo

ensuciar sporcare

ensueño (m) sogno

entablar intavolare

entallador (m) intagliatore

ente (m) ente

entenado (m) figliastro

entender capire

entendido capito

entendimiento (m) intelletto

enteramente interamente

enterar informare

entereza (f) integrità

enternecer intenerire

entero intero

enterramiento (m) seppellimento

enterrar seppellire

entibo (m) puntello, appoggio

entierro (m) funerale

entidad (f) entità

entonación (f) intonazione

entonar intonare

entonces allora

entontecer imbecillire

entornar socchiudere

entorpecer intorpidire

entorpecimiento (m) intorpidimento; ostacolo

entrada (f) entrata

entrampar imbrogliare

entrañas (f pl) viscere

entrar entrare

entre fra

entreabrir socchiudere

entreacto (m) intervallo (tra un atto e l'altro)

entrecejo (m) cipiglio

entredicho (m) interdetto

entrega (f) consegna

entregar consegnare

entrelazar intrecciare

entremés (m) antipasto

entremeterse intromettersi

entremetido intrigante

entremezclar mescolare

entretanto frattanto

entretener intrattenere

entretenimiento (m) trattenimento

entrever intravvedere

entrevista (f) abboccamento

entristecer rattristare

entrometer intromettere

entronque (m) parentela (f)
enturbiar intorbidare
entusiasmar entusiasmare
entusiasmo (m) entusiasmo
enumeración (f) enumerazione
enumerar enumerare
enunciar enunciare
envainar inguainare
envanecer insuperbire
envanecimiento (m) inorgoglimento
envase (m) travaso; imbottigliamento
envejecer invecchiare
envenenar avvelenare
envestir investire
enviar inviare; spedire
enviciar viziare
envidia (f) invidia
envidiar invidiare
envidioso invidioso
envilecer disprezzare
envío (m) invio; spedizione
envite (m) scommessa (f)
enviudar diventar vedovo
envolver avvolgere
envuelto avvolto
enyesar ingessare
épico epico
epidemia (f) epidemia
epílogo (m) epilogo
episcopal episcopale
episodio (m) episodio
época (f) epoca
epuración (f) epurazione
equidad (f) equità
equilibrar equilibrare
equilibrio (m) equilibrio
equipaje (m) bagaglio
equipo (m) corredo; squadra (sportiva)
equitación (f) equitazione
equivocación (f) errore; sbaglio (m)
equivocarse sbagliare
era (f) era; aia; aiuola
erario (m) erario
erección (f) erezione

eremitorio (m) romitorio
erguido eretto
erguir ergere
erigir erigere
erisipela (f) risipola
erizado spinoso
erizar rizzare
erizo (m) riccio
ermita (f) eremo
ermitaño (m) eremita
erogación (f) erogazione
erosión (f) erosione
erradizo errante
errar errare
error (m) errore
eructar eruttare
erudición (f) erudizione
erupción (f) eruzione
esbeltez (f) sveltezza
esbelto snello
esbirro (m) sbirro
esbozo (m) abbozzo
escabechar marinare
escabeche (m) salamoia (f)
escabel (m) sgabello
escabro (m) scabbia
escabullirse svignarsela
escala (f) scalo
escalar scalare; far scalo
escalera (f) scala
escalo (m) scalata
escalofrío (m) brivido
escalón (m) scaglione; scalino
escalpelo (m) scalpello
escama (f) squama
escamadura (f) squamatura
escamarse diffidare
escándalo (m) scandalo
escandallo (m) scandaglio
escaño (m) scanno
escapar scappare
escaparate (m) vetrina (f)
escapatoria (f) scappatoia
escape (m) scappamento
escápula (f) scapola
escaque (m) scacco
escarabajo (m) scarabeo; scarabocchio

escaramuza (f) scaramuccia
escarapela (f) coccarda
escarcha (f) brina
escarlatina (f) scarlattina
escarmentar correggere; imparare a proprie spese
escarmiento (m) esperienza; castigo
escarnecer schernire
escarnio (m) scherno
escarpa (f) scarpata
escarsear scarseggiare
escasez (f) scarsità
escaso scarso
escena (f) scena
escenario (m) scenario; sfondo
escisión (f) scissione
esclarecer rischiarare
esclarecimiento (m) schiarimento
esclavitud (f) schiavitù
esclavizar rendere schiavo
esclavo schiavo
esclusa (f) chiusa
escoba (f) scopa
escobar scopare
escobilla (f) spazzola
escocer bruciare
escoger scegliere
escolar scolastico
escolta (f) scorta
escollo (m) scoglio
escombros (m pl.) macerie; rottami
esconder nascondere
escondido nascosto
escondite (o escondrijo) (m) nascondiglio
escopeta (f) schioppo (m)
escoplo (m) scalpello
escoria (f) scoria
escote (m) scollatura; scotto
escotillón (m) botola (f)
escozor (m) bruciore
escribano (m) scrivano
escribiente (m) copista
escribir scrivere

escritor (m) scrittore
escritorio (m) scrittoio
escrúpulo (m) scrupolo
escrutar scrutinare
escuadra (f) squadra
escualidez (f) squallore (m)
escuálido squallido
escualo (m) squalo
escucha (f) sentinella
escuchar ascoltare
escudero (m) scudiere
escudilla (f) scodella
escudo (m) scudo
escudriñar scrutare
escuela (f) scuola
escueto schietto
esculpir scolpire
escultor (m) scultore
escupir sputare
escurrir sgocciolare
ese codesto
esencia (f) essenza
esfera (f) sfera
esforzar incoraggiare
esforzado coraggioso
esfinge (f) sfinge
esfuerzo (m) sforzo
esfumación (f) sfumatura
esgrima (f) scherma
esguazo (m) guado
eslabón (m) anello (di ferro); acciarino
esmaltar smaltare
esmalte (m) smalto
esmeradamente accuratamente
esmerado accurato; premuroso
esmeralda (f) smeraldo (m)
esmerilar smerigliare
esmero (m) accuratezza (f)
esnob snob
espacio (m) spazio
espaciosidad (f) spaziosità
espada (f) spada (m); torero
espadachín (m) spadaccino
espalda (f) schiena
espantadizo pauroso
espantajo (m) spauracchio
espantar spaventare

espanto (m) spavento
España Spagna
español spagnolo
esparcimiento (m) spargimento
esparcir spargere
espárrago (m) asparago
especial speciale
espasmo (m) spasimo
especialidad (f) specialità
especialización (f) specializzazione
especie (f) specie
especificación (f) specificazione
especimen (m) campione
espectáculo (m) spettacolo
espectador (m) spettatore
especulación (f) speculazione
espéculo (m) speculo
espejismo (m) miraggio
espejo (m) specchio
espeluznar scapigliare; far rizzare i capelli
espera (f) attesa
esperanza (f) speranza
esperanzar dar speranza
esperar attendere, aspettare, sperare
espesar render spesso
espeso spesso; fitto
espesor (m) spessore
espía (f) spia
espiar spiare
espiga (f) spiga
espigador (m) spigolatore
espín (m) porco spino
espina (f) spina
espinaca (f) spinacio (m)
espinazo (m) spina (dorsale) (f)
espinar pungere
espino (m) spino
espionaje (m) spionaggio
espiral spirale
espirar spirare; espirare
espíritu (m) spirito
espiritualizar spiritualizzare

espirituoso spiritoso
esplendoroso spendido
esplín (m) melanconia (f)
espolear spronare
espoleta (f) spoletta
espolón (m) sperone
espolvorear spolverare
esponja (f) spugna
esponjado (m) zuccherino
esponjoso spugnoso
esponsales (m pl.) sponsali
esportillo cesto
esposas (f pl) manette
esposo (m) sposo
espuela (f) sperone (m)
espuma (f) spuma
espumar spumare
espurio spurio
esquela (f) biglietto; annunzio
esqueleto (m) scheletro
esquila (f) campanaccio (m)
esquilar tosare
esquilón (m) campanaccio
esquina (f) angolo (m) (di strada)
esquinazo (m) cantonata (f)
esquirla (f) scheggia
esquivar schivare
esquivez (f) disdegno (m)
esquivo sdegnoso
establecer stabilire; fondare
establecimiento (m) stabilimento; istituzione
establo (m) stalla (f)
estaca (f) piolo (m)
estacada (f) stecconata; palizzata
estacazo (m) bastonata (f)
estación (f) stazione; stagione
estacionar stazionare
estada (f) fermata, soggiorno
estadía (f) sosta
estadio (m) stadio
estadizo stagnante
estado stato
estafa (f) frode
estafar truffare

estafermo (m) fantoccio
estafeta (f) staffetta
estajo (m) cottimo
estallar scoppiare
estallido (m) scoppio
estampa (f) stampa
estampar stampare
estampería (f) stamperia
estampero (m) venditore di stampe
estampilla (f) stampiglia
estancar monopolizzare
estancia (f) soggiorno (m)
estanco (m) monopolio, tabaccheria
estandarte (m) stendardo
estanque (m) stagno; serbatoio
estanquero (m) tabaccaio
estante (m) scaffale
estantería (f) scaffalatura
estaño (m) stagno
estar stare; essere
estatua (f) statua
estatuario (m) scultore
estatura (f) statura
estatuto (m) statuto
este (m) est
este questo, a
Esteban Stefano
estenógrafo (m) stenografo
estepa (f) steppa
estereotipia (f) stereotipia
estéril sterile
esterilidad (f) sterilità
estero (m) estuario
esterilizar sterilire
estertor (m) rantolo
estiércol (m) sterco
estigma (m) stigma
estigmatizar stigmatizzare
estilicidio (m) stillicidio
estilo (m) stile
estima (f) stima
estimable stimabile
estimación (f) estimazione
estimar stimare
estimulante stimolante

estimular stimolare
estímulo (m) stimolo
estío (m) estate (f)
estipendio (m) stipendio
estípite (m) stipite
estipulación (f) stipulazione
estipular stipulare
estiramiento (m) stiramento
estirpe (f) stirpe
estival estivo
estocada (f) stoccata
estofa (f) stoffa
estofado (m) stufato
estola (f) stola
estolidez (f) stolidezza
estopa (f) stoppa
estómago (m) stomaco
estoque (m) stocco
estorbar disturbare
estorbo (m) disturbo
estornino (m) stornello
estornudo (m) starnuto
estornudar starnutire
estrabismo (m) strabismo
estrafalario stravagante
estragamiento (m) sregolatezza (f)
estragar depravare
estrago (m) strage (f)
estrangular strangolare
estratagema (f) strattagemma
estrato (m) strato
estratosfera (f) stratosfera
estraza (f) straccio (m)
estrechar stringere
estrechez (f) strettezza
estrecho stretto
estregar fregare
estrella (f) stella
estrellado stellato
estremecerse tremare
estrenar inaugurare
estreno (m) prima rappresentazione (f)
estrépito (m) strepito
estribillo (m) ritornello
estribo (m) staffa (f)

estridente stridente
estrofa (f) strofa
estropajo (m) straccio
estropear sciupare
estructura (f) struttura
estruendo (m) strepito
estrujar spremere
estuche (m) astuccio
estudiante (m) studente
estudiar studiare
estudio (m) studio
estufa (f) stufa
estufilla (f) scaldino (m)
estulticia (f) stoltezza
estupendo stupendo
estupidez (f) stupidità
estúpido stupido
estupor (m) stupore
éter (m) etere
eternidad (f) eternità
eterno eterno
etiqueta (f) etichetta
evacuación (f) evaquazione
evadir evitare; evadere
evaluar valutare
evangelio (m) vangelo
evaporación (f) evaporazione
evaporar evaporare
evasión (f) evasione
evasiva (f) pretesto (m)
evento (m) evento
eventual eventuale
evidente evidente
evitar evitare
evocar evocare
evolución (f) evoluzione
exacción (f) esazione
exacerbar esacerbare
exacerbación (f) esacerbazione
exactitud (f) esattezza
exacto esatto
exactor (m) esattore
exageración (f) esagerazione
exaltación (f) esaltazione
exagerar esagerare
exaltado esaltato
examen (m) esame
examinar esaminare

exánime esanime
exasperación (f) esasperazione
exasperar esasperare
excavación (f) escavazione
excedente eccedente
exceder eccedere
excelencia (f) eccellenza
excelente eccellente
excelso eccelso
excéntrico eccentrico
excepción (f) eccezione
excepcional eccezionale
excepto eccetto
exceptuar eccettuare
excesivo eccessivo
exceso (m) eccesso
excitación (f) eccitazione
excitar eccitare
exclamación (f) esclamazione
excluir escludere
esclusivo esclusivo
excogitar escogitare
exculpación (f) discolpa
excursión (f) gita; passeggiata; escursione
excursionista (m) escursionista; gitante
excusa (f) scusa
excusar scusare
execrable esecrabile
execrar esecrare
exención (f) esenzione
exequias (f pl.) esequie
exhalación (f) esalazione
exhalar esalare
exhausto esausto
exheredación (f) diseredazione
exhibición (f) esibizione
exhibir esibire
exhortar esortare
exhumar esumare
exigencia (f) esigenza
exigir esigere
exiguo esiguo
eximir esimere
existencia (f) esistenza
existir esistere
éxito (m) esito

exófago (m) esofago
exoneración (f) esonero (m)
exonerar esonerare
exordio (m) esordio
exótico esotico
expansión (f) espansione
expansivo espansivo
expectación (f) aspettazione
expatriar espatriare
expectativa (f) aspettativa
expedición (f) spedizione
expediente (m) espediente
expedir spedire
expeditivo speditivo
expedito spedito; sollecito
expeler espellere
expendedor (m) venditore
expensas (f pl.) spese
experiencia (f) esperienza
experimental sperimentale
experimentar sperimentare
experimento (m) esperimento
experto esperto
expiar espiare
expiración (f) espirazione
expirar spirare; scadere
explanada (f) spiazzo (m)
explanar spianare
explayar dilatare
explicación (f) spiegazione
explicar spiegare
explícito esplicito
exploración (f) esplorazione
explorador (m) esploratore
explorar esplorare
explosión (f) esplosione
explosivo esplosivo
explotación (f) sfruttamento (m)
explotar sfruttare; coltivare
expoliación (f) spoliazione
expoliar spogliare
exponente esponente
exponer esporre
exportación (f) esportazione
exposición (f) esposizione
expósito (m) trovatello
expositor (m) espositore

expresar esprimere
expresión (f) espressione
expresivo espressivo
expreso espresso
exprimir spremere
expropiación (f) espropriazione
expropiar espropriare
expugnación (f) espugnazione
expugnar espugnare
expulsar espellere
expurgar espurgare
expurgo (m) spurgo
exquisito squisito
extemporáneo estemporaneo
extensión (f) estensione
extenuado estenuato
extenuar estenuare
exterior esteriore; estero
exterminar sterminare
externo esterno
extinción (f) estinzione
extinguir estinguere
extirpación (f) estirpazione
extirpar estirpare
extorsión (f) estorsione
extracción (f) estrazione
extracto (m) estratto
extradición (f) estradizione
extraer estrarre
extranjero straniero
extrañamiento (m) esilio
extrañar esiliare; meravigliare
extrañeza (f) stranezza
extraño bizzarro
extraordinario straordinario
extravagancia (f) stravaganza
extraviar traviare; smarrire
extravío (m) traviamento; disguido
extremado esagerato
extremar esagerare
extremidad (f) estremità
extremo estremo
extrínseco estrinseco
exuberancia (f) esuberanza
exultación (f) esultanza
exudar essudare
exudación (f) essudazione

F

fábrica (f) fabbrica
fabricante (m) fabbricante
fabricar fabbricare
fábula (f) favola
fabuloso favoloso
faca (f) roncola
facciones (f. pl.) lineamenti
fácil facile
facilidad (f) facilità
facilitar facilitare
facilitón facilone
fácilmente facilmente
facineroso facinoroso
factoría (f) fattoria
factura (f) fattura
facturar fatturare
facultad (f) facoltà
facultar autorizzare
facultativo facoltativo; (m) medico
fachada (f) facciata
fachenda (f) vanità
faena (f) faccenda; lavoro
faisán (m) fagiano
faja (f) fascia
fajar fasciare
fajo (m) mazzo
falacia (f) fallacia
falange (f) falange
falda (f) sottana; falda
falce (f) falce
falsario (m) falsario
falsear falsare
falsificar falsificare
falsificación (f) falsificazione
falsía (f) falsità
falsilla (f) falsariga
falso falso
falta (f) mancanza; errore (m)
faltar mancare
falto manchevole; privo

fallar mancare
fallecer morire
fallecimiento (m) morte
fallo (m) sentenza
fama (f) fama
familia (f) famiglia
familiar familiare
familiaridad (f) familiarità
familiarizarse familiarzzarsi
famoso famoso
fanal (m) fanale
fanatismo (m) fanatismo
fantasía (f) fantasia
fanfarrón (m) fanfarone
fantasear fantasticare
fantasía (f) fantasia
fantasma (f) fantasma
fantástico fantastico
fantoche (m) fantoccio
fardo (m) pacco; collo
farmacéutico (m) farmacista
farmacia (f) farmacia
faro (m) faro
farol (m) lampione
farsa (f) farsa
farsante (m) commediante
fascículo (m) fascicolo
fascinar affascinare
fase (f) fase
fastidiar infastidire; annoiare
fastidio (m) fastidio; noia
fastidioso noioso; fastidioso
fasto (m) fasto
fastuoso fastoso
fatal fatale
fatalidad (f) fatalità
fatiga (f) fatica
fatigar affaticare
fatuo fatuo
fausto fausto
fautor (m) fautore
favor (m) favore

favorable favorevole
favorecer favorire
favoritismo (m) favoritismo
favorito favorito
faz (f) faccia
fe (f) fede
fealdad (f) bruttezza
febrero (m) febbraio
febril febbrile
fecundar fecondare
fecundidad (f) fecondità
fecundo fecondo
fecha (f) data
fechar datare
fechoría (f) malefatta
federación (f) federazione
felicidad (f) felicità
felicitación (f) felicitazione
feligrés (m) parrocchiano
feligresía (f) parrocchia
feliz felice
felonía (f) fellonia
femenil femmineo
femenino femminile
fémur (m) femore
fenomenal fenomenale
feo brutto
fenómeno (m) fenomeno
feraz ferace
féretro (m) feretro
feria (f) fiera
fermentación (f) fermentazione
fermentar fermentare
fermento (m) fermento
ferocidad (f) ferocia
ferretería negozio di ferramenta
ferrocarril (m) ferrovia (f)
fértil fertile
fertilidad (f) fertilità
fertilizar fertilizzare
fervente fervente
fervor (m) fervore
festejar festeggiare
festejo (m) festeggiamento
festín (m) festino
festinación (f) fretta

festival (m) festival
festividad (f) festività
fetiche (m) feticcio
fetidez (f) fetore
fétido fetido
fiado fidato | **al - ** a credito
fiador (m) mallevadore
fiambre (m) rifreddo
fianza (f) cauzione; garanzia
fiar affidare, fidarsi
fibra (f) fibra
ficción (f) finzione
ficha (f) gettone (m)
ficticio fittizio
fidelidad (f) fedeltà
fideos (m pl.) spaghetti
fiebre (f) febbre
fiel fedele
fieltro (m) feltro
fiera (f) belva
fiereza (f) fierezza
fiesta (f) festa
figón (m) taverna (f)
figura (f) figura
figurante (m e f) comparsa
figurín (m) figurino
fijar fissare, fare attenzione
fijeza (f) fermezza
fijo fisso; stabile
fila (f) fila
filamento (m) filamento
filantropía (f) filantropia
filarmónico filarmonico
filatelia (f) filatelia
filete (m) filetto
filial filiale
filigrana (f) filigrana
filo (m) filo (di una lama)
filólogo (m) filologo
filón (m) filone
filósofo (m) filosofo
filtración (f) filtrazione
filtrar filtrare
filtro (m) filtro
fin (f) fine
final finale
finalidad (f) finalità
finalizar terminare

finca (f) podere (m)
fineza (f) finezza
fingir fingere
finiquito (m) quietanza (f)
fino fine
finura (f) finezza
firma (f) firma; ditta
firmamento (m) firmamento
firme fermo
firmeza (f) fermezza
fiscal fiscale
fisco (m) fisco
física (f) fisica
físico (m) fisico
fisonomía (f) fisonomia
fisura (f) fessura
fiaco magro; debole
fiacura (f) magrezza
fiamante fiammante
fiamenco zingaresco
fiauta (f) flauto (m)
fiecha (f) freccia
fiema (f) flemma
fietar noleggiare
fiete (m) noleggio
fiexible flessibile
fiojo floscio
fior (f) fiore (m)
fioración (f) fioritura
fiorear infiorare
fiorecer fiorire
fioreo (m) chiacchiera (f)
fiorera (f) fioraia
fiorero (m) fioraio; vaso da
    fiori
fiorete (m) fioretto
fiorido fiorito
fiote (m) galleggiamento
fiujo (m) flusso
fiuvial fluviale
foca (f) foca
foco (m) fuoco
fogón (m) focolare
fogonero (m) fuochista
folio (m) foglio
follaje (m) fogliame
folletín (m) appendice
folleto (m) opuscolo

fomentar fomentare
fomento (m) calore, fomento
fonda (f) locanda
fondear scandagliare
fondeo (f) scandagliamento
    (m)
fondo (m) fondo; sfondo
fonógrafo (m) fonografo
fontana (f) fontana
fontanal (m) sorgente (f)
fontanero (m) fontaniere
forastero (m) forestiere
forcejear sforzarsi
forja (f) fucina
forjar forgiare
formación (f) formazione
forma (f) forma
formal educato
formalidad (f) formalità;
    educazione
formar formare
formidable formidabile
fórmula (f) formula
formular formulare
formulario (m) formulario
fornido robusto
foro (m) foro
forraje (m) foraggio
forrajear foraggiare
forrar foderare
forro (m) fodera (f)
fortalecer fortificare
fortaleza (f) fortezza
fortificación (f) fortificazione
fortificar fortificare
fortuito fortuito
fortuna (f) fortuna
forzar forzare
forzoso forzoso
fosa (f) fossa
fosforera (f) scatola
    per fiammiferi
fósforo (m) fiammifero; fo-
    sforo
fosilización (f) fossilizzazione
foso (m) fosso
fotografía (f) fotografia
fotografiar fotografare

fotógrafo (m) fotografo
fracaso (m) insuccesso; disastro
fracasar fracassarsi; fallire
fracción (f) frazione
fractura (f) frattura
fragancia (f) fragranza
frágil fragile
fragilidad (f) fragilità
fragmento (m) frammento
fragosidad (f) scabrosità
fragua (f) fucina
fraguar forgiare; tramare
fraile (m) frate
frambuesa (f) lampone (m)
francachela (f) baldoria
francés francese
franco franco
franela (f) flanella
frangir frangere
franja (f) frangia
franquear affrancare
franqueo (m) affrancatura (f)
franqueza (f) franchezza
franquicia (f) franchigia
frasco (m) boccetta (f)
frase (f) frase
fraternal fraterno
fraternidad (f) fraternità
fraternizar fraternizzare
fraude (f) frode
frecuencia (f) frequenza
frecuentar frequentare
frecuente frequente
fregar fregare; lavare i piatti
freidura (f) frittura
freír friggere
frenesí (m) frenesia (f)
frenético frenetico
freno (m) freno
frente (f) fronte
fresa (f) fragola
fresco fresco; (m) affresco; sfacciato
frescura (f) frescura
friabilidad (f) friabilità
fricción (f) frizione
friccionar frizionare

friera (f) gelone (m)
frío (m) freddo
frioleria (f) inezia
friolero freddoloso
friso (m) fregio
frísol (m) fagiolo
frivolidad (f) frivolezza
frívolo frivolo
frondoso frondoso
frontera (f) frontiera
fronterizo confinario
frontispicio (m) frontespizio
frotación (f) sfregamento (m)
frotar sfregare
fructífero fruttifero
fructificar fruttificare
fructuoso fruttuoso
frugal frugale
fruición (f) godimento (m)
fruncir aggrottare
frustrar frustare
fruta (f) frutta
frutal (m) albero da frutto
frutería (f) bottega del fruttivendolo
frutero (m) fruttivendolo
fruto (m) frutto
fuego (m) fuoco
fuelle (m) soffietto
fuente (f) fonte
fuera fuori
fuero (m) statuto
fuerte forte
fuerza (f) forza
fuga (f) fuga
fugacidad (f) fugacità
fugada (f) raffica
fulano (m) Tizio
fulgor (m) fulgore
fulminante fulmineo
fulminar fulminare
fullero (m) imbroglione
fumador (m) fumatore
fumar fumare
fumigar affumicare
fumista (m) fumista
fumoso fumoso
función (f) funzione

funcionamiento (m) funzionamento
funda (f) federa
fundación (f) fondazione
fundador (m) fondatore
fundamental fondamentale
fundamento (m) fondamento
fundar fondare
fundería (f) fonderia
fundidor (m) fonditore
fundir fondere
fúnebre funebre
funeral (m) funerale
funeraria (f) impresa pompe funebri
funéreo funereo
funesto funesto
funicolar (f) funicolare
furgón (m) furgone

furia (f) furia
furibundo furibondo
furor (f) furore (m)
furtivo furtivo
fusil (m) fucile
fusilamiento (m) fucilazione (f)
fusilar fucilare
fusilazo (m) fucilata (f)
fusilería (f) fucileria
fusión (f) fusione
fusta (f) frustino (m)
fústan (m) fustagno
fuste (m) fusto
fustigar fustigare
fútil futile
futilidad (f) futilità
futura (f) fidanzata
futuro (m) fidanzato

G

gabán (m) pastrano
gabinete (m) studio
gacela (f) gazzella
gaceta (f) gazzetta
gacetilla (f) gazzettino; piccola cronaca
gacha (f) poltiglia
gafas (f pl.) occhiali (m pl.)
gaita (f) cornamusa
gaje (m) salario
gala (f) gala
galante galante
galanteo (m) corteggiamento
galantería (f) galanteria
galápago (m) testuggine (f)
galbana (f) pigrizia
galera (f) galera
galería (f) galleria
galgo (m) levriere
gallardete (m) gagliardetto
gallardo ardito
gallego galiziano

galleta (f) galletta; biscotto
gallina (f) gallina
gallinero (m) pollaio
galopar galoppare
galope (m) galoppo
gamo (m) daino
gamuza (f) camoscio (m)
gana (f) voglia; desiderio (m)
ganadería (f) bestiame
ganado (m) bestiame
ganancia (f) guadagno (m)
ganapán (m) facchino
ganar guadagnare
gancho (m) gancio
gangrena (f) cancrena
ganso (m) oca
gañán (m) garzone
gañín guaire; squittire
garabato (m) uncino; scarabocchio
garantía (f) garanzia
garantir garantire

garañón (m) stallone
garatusa (f) carezza
garba (f) covone (m)
garbanzo (m) cece
garbo (m) garbo
garduña (f) faina
garduño (m) ladro
garfa (f) artiglio (m)
garfio (m) graffio
gargajear sputare
garganta (f) gola
garganteo (m) gorgheggio
gàrgara (f) gargarismo (m)
gargarizar gargarizzare
garita (f) garitta
garito (m) trappola (f)
garra (f) artiglio (m)
garrafa (f) caraffa
garrapato (m) scarabocchio
garrocha (f) pertica
garrón (m) garetto
garrucha (f) carrucola
garza (f) airone (m)
gas (m) gas
gaseoso gassoso
gastador (m) spendaccione
gastar spendere
gasto (m) spesa (f)
gato (m) gatto
gaucho (m) della pampa
gavia (f) gabbia
gavilán (m) sparviero
gavilla (f) covone (m)
gaviota (f) gabbiano (m)
gazmoño (m) ipocrita
gaznate (m) gola (f)
gazpacho (m) zuppa (f)
gelatina (f) gelatina
gélido gelido
gemelo (m) gemello
gemelos (m pl.) bottoni da
  polsini; binoccolo
gemido (m) gemito
gemir gemere
genealogía (f) genealogia
generación (f) generazione
general generale
generalidad (f) generalità

generalizar generalizzare
género (m) genere
generosidad (f) generosità
generoso generoso
genial geniale
genialidad (f) genialità
genio (m) genio
gente (f) gente
gentileza (f) gentilezza
gentilhombre (m) gentiluomo
gentío (m) folla (f)
geranio (m) geranio
genuino genuino
gerente (m) gerente
germen (m) germe
germinar germogliare
gesticular gesticolare
gestión (f) gestione
gesto (m) gesto
giba (f) gobba
gestor (m) gestore
gigante (m) gigante
gigantesco gigantesco
gimnasio (m) ginnasio; palestra
gimnasia (f) ginnastica
girar girare; emettere
girasol (m) girasole
giro (m) giro; assegno
gitano (m) zingaro
glacial glaciale
glándula (f) glandola
globo (m) globo; palloncino
gloria (f) gloria
glorieta (f) piazzetta
glorificar glorificare
glorioso glorioso; beato
glosa (f) glossa
glosario (m) glossario
glotón (m) ghiottone
glucosa (f) glucosio (m)
gluten (m) glutine
gnomo (m) gnomo
gobernación (f) governo (m)
gobernador (m) governatore
gobernar governare
gobierno (m) governo
goce (m) godimento

golfo (m) golfo
golilla (f) collare (m)
golondrina (f) rondine
golondro (m) desiderio
golosina (f) ghiottoneria
goloso goloso
golpe (m) colpo
golpear colpire, battere
gollete (m) collare
goma (f) gomma
góndola (f) gondola
gonfalón (m) gonfalone
gordo grasso; grosso
gordura (f) grossezza
gorgorito (m) trillo
gorjeo (m) gorgheggio
gorra (f) berretto
gorrión (m) passero
gorro (m) berretto
gota (f) goccia
gotear gocciolare
gotera (f) gocciolamento (m)
gótico gotico
gozar godere
gozne (m) cardine
gozo (m) gioia; godimento
gozoso gioioso; felice
grabado (m) incisione; stampa
grabar incidere
gracejo (m) garbo, arguzia
gracia (f) grazia
gracioso grazioso
grada (f) gradino (m)
graduación (f) graduazione
graduar graduare
gráfico (m) grafico
grajo (m) cornacchia (f)
gramática (f) grammatica
gramófono (m) grammofono
granada (f) melagrana
granadilla (f) passiflora
granate (m) granata (f)
grande grande
grandeza (f) grandezza
grandiosidad (f) grandiosità
grandioso grandioso
granera (m) granaio

granizar grandinare
granizo (m) grandine (f)
granja (f) podere (m)
granjearse accattivarsi
grano (m) chicco
granzas (f pl.) scorie
grasa (f) grasso; unto
gratificación (f) gratificazione
gratis gratis
gratitud (f) gratitudine
grato gradito
gratulación (f) congratulazione
gratuito gratuito
grava (f) ghiaia
gravamen (m) gravame
grave grave
gravedad (f) gravità
gravitar gravitare
gravoso gravoso
graznar gracchiare
greda (f) argilla
gremio (m) corporazione (f)
greña (f) zazzera
gresca (f) chiasso (m)
griego greco
grieta (f) crepaccio (m)
grifo (m) rubinetto
grillo (m) grillo
grillos (m. pl) ceppi
grima (f) ripugnanza
gringo (m) forestiero
gris grigio
gritar gridare
gritería (f) gridio (m)
grito (m) grido
grosella (f) ribes (m)
grosería (f) scortesia
grosero grossolano
grotesco grottesco
grúa (f) gru
grueso grosso
grulla (f) gru
grumete (m) mozzo
gruñido (m) grugnito
gruñir grugnire
gruñón (m) brontolone
grupa (f) groppa

grupo (m) gruppo
gruta (f) grotta
guadaña (f) falce
guadañar falciare
guante (m) guanto
guapeza (f) eleganza
guapo bello
guarda (m) guardia (f)
guardabarros (m pl.) parafanghi
guardabosque (m) guardaboschi
guardalado (m) parapetto
guardameta (m) portiere
guardar conservare; custodire
guardia (m) guardia (f)
guardián (m) guardiano
guardilla (f) soffitta
guarida (f) tana
guarnecer guarnire
guarnición (f) guarnizione; guarnigione
guarro (m) maiale
guaya (f) lamento (m)
gubernamental governativo
güelfo guelfo
guerra (f) guerra
guerrero (m) guerriero

guerrilla (f) guerriglia
guerrillero (m) guerrigliero
guía (f) guida
guiar guidare
guijarro (m) ciottolo
guijo ghiaia
guillotina (f) ghigliottina
guinchar spronare
guinda (f) amarena
guiñapo (m) cencio
guiñar ammiccare
guiño (m) ghigno
guión (m) lineetta (f)
guirnalda (f) ghirlanda
guisa (f) guisa
guisado (m) umido
guisante (m) pisello
guisar cucinare
guita (f) spago (m)
guitarra (f) chitarra
guitón vagabondo
gula (f) gola
gúmena (f) gomena
gusano (m) verme; baco
gusto (m) gusto; piacere; diletto
gustoso gustoso
gutural gutturale

H

haba (f) fava
habanera (f) danza di Cuba
habanero avanese
habano (m) sigaro avana
haber avere
hábil abile
habilidad (f) abilità
habilitado (m) fiduciario
habilitar abilitare
habitación (f) camera
habitante (m) abitante
habitar abitare
habitual abituale

habituar abituare
habla (f) lingua
hablador (m) parlatore
hablar parlare
hacendado possidente
hacendista (m) finanziere
hacer fare
hacia verso
hacienda (f) fattoria
hacina (f) catasta
hacha (f) ascia; torcia
hachero (m) candelabro
hada (f) fata

hado (m) fato
halagar lusingare
halago (m) lusinga (f)
halagüeño lusinghiero
halcón (m) falcone
hálito (m) alito
hallar trovare
hallazgo (m) scoperta
hamaca (f) amaca
hámago (m) nausea (f)
hambre (f) fame
hambriento affamato
hampa (f) teppa
haragán (m) poltrone
harapiento pezzente
harapo (m) cencio
harina (f) farina
harmonía (f) armonia
hartar saziare
harto sazio
hasta fino a
hastío (m) ripugnanza; tedio
hatajo (m) branco
haya (f) faggio
haz (m) fascio
hazaña (f) impresa
hazmerreír (m) zimbello
hebilla (f) fibbia
hebreo (m) ebreo
hecatombe (f) ecatombe
hechicería (f) malìa
hechicero (m) incantatore
hechizar ammaliare
hechizo (m) sortilegio
hecho (m) fatto
hechura (f) fattura
heder puzzare
hediento puzzolente
hedor (m) puzzo
helada (f) gelata
helado gelato
heladura (f) screpolatura
helamiento (m) congelamento
helar gelare
hélice (f) elica
hembra (f) femmina
hemorragia (f) emorragia
hender spaccare

hendidura (f) fenditura
heno (m) fieno
heraldo (m) araldo
herbaje (m) erbaggio
herbario (m) botanico
herbívoro (m) erbivoro
herboso erboso
hercúleo erculeo
heredad (f) tenuta; possessio-
ne
heredar ereditare
heredero (m) erede
hereditario ereditario
hereje (m) eretico
herejía (f) eresia
herencia (f) eredità
herida (f) ferita
herido ferito
herir ferire
hermanar affratellare
hermandad (f) fratellanza
hermano (m) fratello
hermético ermetico
hermoso bello
hermosura (f) bellezza
hernia (f) ernia
héroe (m) eroe
heroíco eroico
heroína (f) eroina
heroísmo (m) eroismo
herrador (m) maniscalco
herradura (f) ferro di cavallo (m)
herramienta (f) utensili (m
pl.)
herrar ferrare
herrería (f) fucina
herrero (m) fabbro
herrín (m) ruggine (f)
hervir bollire
hervor (m) bollore
heterogéneo eterogeneo
hez (f) feccia
hidalgo (m) nobile; gentiluomo
hidrofobía (f) idrofobia
hidroterapia (f) idroterapia
hiedra (f) edera

hiel (f) fiele (m)
hielo (m) gelo; ghiaccio
hierba (f) erba
hierbabuena (f) menta
hiena (f) iena
hierro (m) ferro
higiene (f) igiene
higiénico igienico
higo (m) fico
higuera (f) ficaia
hijastro (m) figliastro
hijo (m) figlio
hila (f) fila
hilar filare
hilaridad (f) ilarità
hilera (f) filare (m)
hilo (m) filo
hilván (m) imbastitura (f)
hilvanar imbastire
hinca (f) inimicizia
hincar conficcare
hinchar gonfiare
hinchazón (f) gonfiore (m)
hínojo (m) finocchio
hiperbólico iperbolico
hipnotizar ipnotizzare
hipo (m) singhiozzo
hipocampo (m) cavalluccio
di mare
hipocresía (f) ipocondria
hipocresía (f) ipocrisia
hipócrita (m) ipocrita
hipódromo (m) ippodromo
hipopótamo (m) ippopotamo
hipotecario (m) ipotecario
hipótesis (f) ipotesi
hisopo (m) issopo
histerismo (m) isterismo
historia (f) storia
historiador (m) storiografo
histórico storico
histrión (m) istrione
hito (m) scopo
hocico (m) muso
hogaño quest'anno (avv.)
hogar (m) focolare
hagaza (f) focaccia
hoguera (f) falò (m)

hoja (f) foglia; foglio
hojalata (f) latta
hojarasca (f) fogliame (m)
hojear sfogliare
holandés olandese
holganza (f) riposo; ozio (m)
holgar riposare; oziare
holgazán (m) fannullone
holgazanear oziare
holocausto (m) olocausto
hollar calpestare
hollín (m) fuliggine (f)
hombre (m) uomo
hombro (m) spalla (f)
hombruno virile
homenaje (m) omaggio
homicida (m) omicida
homogéneo omogeneo
hondo profondo
hondura (f) profondità
honestidad (f) onestà, decoro
honesto onesto
hongo (m fungo
honor (m) onore
honorable onorevole
honorario (m) onorario
honorífico onorifico
honra (f) onore (m)
honradez (f) onorabilità
honrado onorato
honrar onorare
hopa (f) tunica
hora (f) ora
horario (m) orario
horca (f) forca
horchata (f) orzata
horda (f) orda
horizonte (m) orizzonte
horma (f) forma
hormiga (f) formica
hormigón (m) calcestruzzo
hormiguear formicolare
hornero (m) fornaio
hornilla (f) fornello (m)
horno (m) forno
horquilla (f) forcella
horrible orribile
horror (m) orrore

horrorizar spaventare
horroroso orrendo
horrura (f) scoria
hortaliza (f) ortaggio (m)
hortelano (m) ortolano
hosco fosco
hospedaje (m) ospitalità (f)
hospedar ospitare
hospicio (m) ospizio
hospital (m) ospedale
hospitalario ospitale
hospitalidad (f) ospitalità
hostelero (m) oste
hostia (f) ostia
hostil ostile
hostilidad (f) ostilità
hotel (m) hotel
hoy (m) oggi
hoya (m) fossa (f)
huca (m) salvadanaro
hueco vuoto
huelga (f) sciopero (m)
huelguista (m) scioperante
huérfano (m) orfano
huero vuoto; vano
huerta (f) orto (m)
hueso (m) osso
huésped (m) ospite
hueste (f) esercito, truppa
huevo (m) uovo
huida (f) fuga
huir fuggire
hule (m) gomma elastica (f)

hulla (f) carbon fossile (m)
humanidad (f) umanità
humanitario umanitario
humareda (f) fumata
humear fumare
humedad (f) umidità
humedecer inumidire
húmedo umido
humildad (f) umiltà
humilde umile
humillación (f) umiliazione
humillar umiliare
humo (m) fumo
humor (m) umore
humorada (f) facezia
humoso fumoso
hundimiento (m) sprofonda-
mento
hundir sprofondare
húngaro ungherese
Hunghia Ungheria
huracán (m) uragano
huraño scontroso
hurgar frugare
hurtadillas | a- di soppiatto
hurtar rubare
hurto (m) furto
húsar (m) ussaro
husma (f) fiuto
husmear fiutare
husmeo (m) fiuto
husmo (m) puzzo
huso (m) fuso

I

ibérico iberico
iconografía (f) iconografia
ictericia (f) itterizia
ida (f) andata
idea (f) idea
ideal (m) ideale
idealidad (f) idealità
idealismo (m) idealismo

idealista (m) idealista
idealizar idealizzare
idear ideare
idéntico identico
identidad (f) identità
identificación (f) identificazione
identificar identificare

ideología (f) ideologia
idilio (m) idillio
idioma (m) idioma
idiota (m) idiota
idólatra (m) idolatra
idolatría (f) idolatria
ídolo (m) idolo
idóneo idoneo
iglesia (f) chiesa
ignaro ignaro
ignavia (f) ignavia
ignorancia (f) ignoranza
ignoto ignoto
igual uguale
igualación (f) uguagliamento (m)
igualar uguagliare
igualdad (f) uguaglianza
ilación (f) illazione
ilegal illegale
ilegalidad (f) illegalità
ilegible illeggibile
ilegítimo illegittimo
íleon (m) osso iliaco
ileso illeso
ilícito illecito
ilimitado illimitato
ilógico illogico
iluminación (f) illuminazione
iluminar illuminare
ilusión (f) illusione
ilusionista (m) illusionista
iluso illuso
ilusorio illusorio
ilustración (f) illustrazione
ilustrado illustrato
ilustrar illustrare
ilustre illustre
imagen (f) immagine
imaginable immaginabile
imaginación (f) immaginazione
imaginar immaginare
imaginario immaginario
imaginativa (f) inventiva
imán (m) calamita (f)
imbécil imbecille
imbecilidad (f) imbecillità

imberbe imberbe
imitación (f) imitazione
imitador (m) imitatore
imitar imitare
impaciencia (f) impazienza
impacientarse impazientirsi
impaciente impaziente
impalpable impalpabile
impar impari
imparcial imparziale
impasible impassibile
impagable impagabile
impávido impavido
impecable impeccabile
impedido impedito; invalido
impedimento (m) impedimento
impedir impedire
impelente impellente
impenetrable impenetrabile
impenitente impenitente
impensado impensato
imperar imperare
imperativo (m) imperativo
imperceptible impercettibile
imperdonable imperdonabile
imperfección (f) imperfezione
imperfecto imperfetto
imperial imperiale
impericia (f) imperizia
imperio (m) impero
imperioso imperioso
impermeabilidad (f) impermeabilità
impermeable impermeabile
imperscrutable imperscrutabile
impertinencia (f) impertinenza
imperturbable imperturbabile
impetración (f) supplica
impetrar impetrare
ímpetu (m) impeto
impetuosamente impetuosamente
impetuoso impetuoso
impiedad (f) empietà
impío empio
implacable implacabile

implantación (f) istituzione
implantar impiantare
implicar implicare
implícito implicito
imploración (f) implorazione
implorar implorare
impolítico impolitico
imponderable imponderabile
imponente imponente
imponer imporre
impopular impopolare
impopularidad (f) impopolarità
importación (f) importazione
importancia (f) importanza
importante importante
importe (m) importo
importunar importunare
importuno importuno
imposibilidad (f) impossibilità
imposible impossibile
imposición (f) imposizione
impostor impostore
impostura (f) impostura
impotencia (f) impotenza
impotente impotente
impracticable impraticabile
imprecación (f) imprecazione
impregnar impregnare
imprenta (f) stampa
imprescindible imprescindibile
impresión (f) impressione; stampa
impresionable impressionabile
impresionar impressionare
impreso impresso; stampato
impresor (m) stampatore
imprevisión (f) imprevidenza
imprevisto imprevisto
imprimir imprimere; stampare
improbable improbabile
improbar disapprovare
ímprobo improbo
improcedencia (f) infondatezza
impronunciable impronunciabile

improperio (m) improperio
impropiedad (f) improprietà
impropio improprio
improporción (f) sproporzione
improrrogable improrogabile
improvisar improvvisare
improviso improvviso
imprudencia (f) imprudenza
imprudente imprudente
impudente impudente
impudencia (f) impudenza
impúdico impudico
impuesto (m) tassa (f)
impugnar impugnare
impulsar spingere
impulsión (f) spinta
impulso (m) impulso
impune impune
impunidad (f) impunità
impuro impuro
imputable imputabile
imputar imputare
inaccesible inaccessibile
inaceptable inaccettabile
inactividad (f) inattività
inadecuado inadeguato
inadmisible inammissibile
inadvertencia (f) inavvertenza
inagotable inesauribile
inalienable inalienabile
inalterabilidad (f) inalterabilità
inalterable inalterabile
inamovible inamovibile
inanimado inanimato
inapagable inestinguibile
inapelable inappellabile
inapetencia (f) inappetenza
inaplazable improrogabile
inaplicable inapplicabile
inatacable inattaccabile
inaudito inaudito
inauguración (f) inaugurazione
inaugurar inaugurare
incalculable incalcolabile
incalificable inqualificabile

incandescencia (f) incandescenza

incandescente incandescente

incansable instancabile

incapacidad (f) incapacità

incapaz incapace

incauto incauto

incendiar incendiare

incendio (m) incendio

incensar incensare

incensurable incensurabile

incertidumbre (f) incertezza

incesante incessante

incesto (m) incesto

incidental incidentale

incidente (m) incidente

incienso (m) incenso

incierto incerto

incineración (f) cremazione

incipiente incipiente

incisión (f) incisione

incitamento (m) incitamento

incitar incitare

incivil incivile

inclemencia (f) inclemenza

inclinación (f) inclinazione

inclinado inclinato

incluir includere

inclusa (f) brefotrofio (m)

incógnito incognito

incoherencia (f) incoerenza

incoloro incolore

incólume incolume

incombustible incombustibile

incomible immangiabile

incomparable incomparabile

incompatibilidad (f) incompabatibilità

incompetencia (f) incompetenza

incompleto incompleto

incomprensible incomprensibile

incomunicar isolare

inconcebible inconcepibile

inconciencia (f) incoscienza

inconexo sconesso

inconfidencia (f) sfiducia

inconfundible inconfondibile

incongruencia (f) incongruenza

inconmensurable incommensurabile

inconmutable immutabile

inconsideración (f) sconsideratezza

inconsiderado sconsiderato

inconsistente inconsistente

inconsolable inconsolabile

inconstancia (f) incostanza

incostante incostante

incontenible incontenibile

incontinencia (f) incontinenza

incontinente incontinente

inconveniencia (f) sconvenienza

inconveniente (m) inconveniente

incordio (m) tumore

incorporar incorporare

incorpóreo incorporeo

incorrección (f) scorrettezza

incorrecto scorretto

incorregible incorreggibile

incorruptible incorruttibile

incredulidad (f) incredulità

incrédulo incredulo

increíble incredibile

incremento (m) incremento

incriminar incriminare

incruento incruento

incrustación (f) incrostazione

incubadora (f) incubatrice

íncubo (m) incubo

inculcar inculcare

inculpable incolpabile

inculpación (f) accusa

inculpado innocente

inculto incolto

incumbencia (f) incombenza

incumplimiento (m) inadempienza (f)

incunable (m) incunabulo

incurable incurabile

incuria (f) incuria

incurrir incorrere

incursión (f) incursione
indagación (f) indagine
indagar indagare
indecencia (f) indecenza
indecente indecente
indecisión (f) indecisione
indeciso indeciso
indefenso indifeso
indefinido indefinito
indeleble indelebile
indemne indenne
indemnidad (f) indennità
indemnización (f) indennizzo (m)
indemnizar indennizzare
independencia (f) indipendenza
independiente indipendente
indecifrable indecifrabile
indescriptible indescrivibile
indestructible indistruttibile
indeterminado indeterminato
indiano indiano; americano
indicación (f) indicazione
índice (m) indice
indicio (m) indizio
indiferencia (f) indifferenza
indígena indigeno
indigente indegente
indigestión (f) indigestione
indignación (f) indignazione
indignar indignare
indignidad (f) indegnità
indigno indegno
indirecta (f) allusione
indio indio
indirecto indiretto
indisciplina (f) indisciplina
indiscreción (f) indiscrezione
indiscreto indiscreto
indisolubilidad (f) indissolubilità
indisoluble indissolubile
indispensable indispensabile
indisponer indisporre
indisposición (f) indisposizione
indispuesto indisposto
indistinto indistinto

individual individuale
individualidad (f) individualità
individuar individuare
individuo (m) individuo
indivisible indivisibile
indócil indocile
indocto ignorante
índole (f) indole
índolente indolente
indómito indomito
inducción (f) induzione
inducia (f) tregua
inducir indurre
indudable indubitabile
indulgencia (f) indulgenza
indulto (m) indulto
indumento (m) indumento
industria (f) industria
inédito inedito
inefable ineffabile
ineficaz inefficace
inelegancia (f) ineleganza
inepcia (f) sciocchezza
ineptitud (f) inettitudine
inepto inetto
inercia (f) inerzia
inerme inerme
inerte inerte
inestable instabile
inevitable inevitabile
inexactitud (f) inesattezza
inexacto inesatto
inexistente inesistente
inexorable inesorabile
inexperto inesperto
inexpresivo inespressivo
inextinguible inestinguibile
infalible infallibile
infamación (f) diffamazione
infamante infamante
infamar infamare
infame infame
infamia (f) infamia
infancia (f) infanzia
infanta (f) principessa
infante (m) infante; principe

infantil infantile

infanzón (m) signorotto

infatuación (f) infatuazione

infausto infausto

infección (f) infezione

infectivo infettivo

infecundo infecondo

infelicidad (f) infelicità

infeliz infelice

inferior inferiore

infernal infernale

infernar dannare

infidelidad (f) infedeltà

infidencia (f) slealtà, sfiducia

infiel infedele

infierno (m) inferno

infiltración (f) infiltrazione

ínfimo infimo

infinitivo (m) infinito

infinito infinito

inflamable infiammabile

inflamación (f) infiammazione

inflamar infiammare

inflar gonfiare

inflexible inflessibile

inflexión (f) inflessione

infligir infliggere

influencia (f) influenza

influjo (m) influsso

información (f) informazione

informar informare

infortunio (m) infortunio

infracción (f) infrazione

infrangible infrangibile

infrascrito sottoscritto

infructuoso infruttuoso

infundir infondere

infusión (f) infuso (m)

ingeniero (m) ingegnere

ingenio (m) ingegno

ingenuo ingenuo

ingente ingente

ingerencia (f) ingerenza

ingerir ingerire

Inglaterra Inghilterra

inglés inglese

ingratitud (f) ingratitudine

ingrato ingrato

ingrediente (m) ingrediente

ingresar entrare

ingreso (m) ingresso

inhábil inabile

inhalación (f) inalazione

inhalar inalare

inherencia (f) inerenza

inherente inerente

inhibir inibire

inhumano inumano

inicial iniziale

iniciar iniziare

iniciativa (f) iniziativa

inicuo iniquo

inimitable inimitabile

iniquidad (f) iniquità

injerencia (f) ingerenza

injertar innestare

injerto (m) innesto

injuria (f) ingiuria

injusticia (f) ingiustizia

injusto ingiusto

inmaculado immacolato

inmaturo immaturo

inmediato immediato

inmemorable immemorabile

inmensidad (f) immensità

inmenso immenso

inmergir immergere

inmersión (f) immersione

inmigración (f) immigrazione

inmigrar immigrare

inminente imminente

inmoble immobile

inmoderación (f) smoderatez-
za

inmodestia (f) immodestia

inmolar immolare

inmoral immorale

inmoralidad (f) immoralità

inmortalizar immortalare

inmóvil immobile

inmovilidad (f) immobilità

inmueble (m) immobile

inmundicia (f) immondizia

inmunizar immunizzare

inmutabilidad (f) immutabi-
lità

inmutable immutabile
innato innato
innegable innegabile
innoble ignobile
innocuo innocuo
innovación (f) innovazione
innovar innovare
innumerable innumerevole
inobediencia (f) disobbedienza
inocencia (f) innocenza
inocentada (f) scherzo (m)
inocente innocente
inoculación (f) inoculazione
inolvidable indimenticabile
inoportunidad (f) inopportunità
inoportuno inopportuno
inquebrantable incrollabile
inquietante inquietante
inquieto inquieto
inquietud (f) inquietudine
inquinar inquinare
inquirir inquisire
inquisición (f) inquisizione; indagine
inquisidor (m) inquisitore
insaciable insaziabile
insalubre insalubre
inscribir inscrivere
inscripción (f) iscrizione
insecto (m) insetto
inseguro incerto
insensatez (f) insensatezza
insensato insensato
insensible insensibile
inseparable inseparabile
insepulto insepolto
inserción (f) inserzione
inserir inserire
insertar accludere
insidia (f) insidia
insigne insigne
insignia (f) insegna; bandiera
insignificante insignificante
insinuación (f) insinuazione
insinuar insinuare

insípido insipido
insistencia (f) insistenza
insistente insistente
insistir insistere
insito insito
insociable insocievole
insolación (f) insolazione
insolencia (f) insolenza
insolentar insolentire
insolente insolente
insólito insolito
insoluble insolubile
insoluto insoluto
insolvencia (f) insolvenza
insolvente insolvente
insoluble insolubile
insomnio (m) insonnia (f)
inspección (f) ispezione
inspector (m) ispettore
inspiración (f) ispirazione
inspirar ispirare
instabilidad (f) instabilità
instable instabile
instalar installare
instancia (f) domanda
instantáneo istantaneo
instante istante
instaurar instaurare
instigación (f) istigazione
instigar istigare
instintivo istintivo
instinto (m) istinto
institución (f) istituzione
instituir istituire
instituto istituto
instrucción (f) istruzione
instruir istruire
instrumento (m) strumento
insubordinación (f) insubordinazione
insubsistente insussistente
insuficiencia (f) insufficienza
insuficiente insufficiente
insular insulare
insulsez (f) insulsaggine
insulso insulso
insultar insultare
insulto (m) insulto

insuperable insuperabile
insurgente insorto
insurrección (f) insurrezione
insustituible insostituibile
intacto intatto
intachable incensurabile
intangible intangibile
integral integrale
integrante integrante
íntegro integro
intelectivo intellettivo
intelecto (m) intelletto
inteligencia (f) intelligenza
inteligente intelligente
intemperancia (f) intemperanza
intemperie (f) intemperie
intención (f) intenzione
intencional intenzionale
intendencia (f) intendenza
intensidad (f) intensità
intensificar intensificare
intenso intenso
intentar tentare; provare
intento (m) intento
intercadente intermittente
intercalar intercalare
intercambio (m) scambio
interceder intercedere
interceptación (f) intercettazione
intercesor (m) intercessore
interdecir interdire
interés (m) interesse
interesante interessante
interesar interessare
interior interiore
interjección (f) interiezione
interlocutor (m) interlocutore
intermediario (m) intermediario
interminable interminabile
internacional internazionale
internar internare
interno interno
interpelación (f) interpellanza
interpelar interpellare

interpolación (f) interpolazione
interponer interporre
interposición (f) interposizione
interpretación (f) interpretazione
interpretar interpretare
intérprete (m) interprete
interrogación (f) interrogazione
interrogar interrogare
interrogatorio (m) interrogatorio
interrumpir interrompere
interrupción (f) interruzione
intersección (f) intersezione
intersticio (m) interstizio
intervalo (m) intervallo
intervenir intervenire
interviú (m) intervista (f)
intestino (m) intestino
intimación (f) intimazione
intimidad (f) intimità
intimidar intimorire
íntimo intimo
intolerancia (f) intolleranza
intolerante intollerante
intoxicación (f) intossicazione
intramuscolar intramuscolare
intransigencia (f) intransigenza
intransigente intransigente
intratable intrattabile
intrépido intrepido
intriga (f) intrigo (m)
intrigar intrigare
introducción (f) introduzione
introducir introdurre
introito (m) introito
intromisión (f) intromissione
intrusión (f) intrusione
intuir intuire
intuitivo intuitivo
inundación (f) inondazione
inusitado inusitato
inútil inutile
inutilidad (f) inutilità

inutilizar inutilizzare
invadir invadere
invalidar invalidare
invalidez (f) invalidità
inválido invalido
invariabilidad (f) invariabilità
invariable invariabile
invasión (f) invasione
invectiva (f) invettiva
invencible invincibile
invención (f) invenzione
inventar inventare
inventario (m) inventario
inventivo inventivo
inventor (m) inventore
inverosímil inverosimile
inverosimilitud (f) inverosimiglianza
invernada (f) invernata
invernal invernale
invernar svernare
inversión (f) inversione
invertir invertire
investigación (f) investigazione
investigar investigare
investir investire
invicto invitto
invierno (m) inverno
invisible invisibile
invitación (f) invito
invitar invitare
invocación (f) invocazione
invocar invocare
invulnerable invulnerabile
inyección (f) iniezione
inyectar iniettare
ir andare
ira (f) ira
iris (m) iride
irisación (f) iridescenza

ironía (f) ironia
irónico ironico
irracional irrazionale
irreal irreale
irrealizable irrealizzabile
irrebatible inconfutabile
irreducible irriducibile
irreflexión (f) irriflessione
irrefutable irrefutabile
irregular irregolare
irregularidad (f) irregolarità
irremediable irrimediabile
irreparable irreparabile
irresistible irresistibile
irresolución (f) irresoluzione
irrespetuoso irrispettoso
irresuelto irresoluto
irreverencia (f) irriverenza
irrevocable irrevocabile
irrigación (f) irrigazione
irrigar irrigare
irrisión (f) irrisione
irrisorio irrisoro
irritabilidad (f) irritabilità
irritación (f) irritazione
irrumpir irrompere
irrupción (f) irruzione
irse andarsene
ísla (f) isola
islamismo (m) islamismo
islandés islandese
isleño isolano
islote (m) isolotto
isósceles isoscele
israelita israelita
istmo (m) istmo
italianizar italianizzare
itálico italico
itinerario (m) itinerario
izar issare
izquierdo sinistro

J

jabalí (m) cinghiale
jabardo (m) sciame
jabón (m) sapone
jabonado (m) saponata (f)
jabonar insaponare
jaboncillo (m) saponetta (f)
jabonera (f) portasapone (m)
jaca (f) cavallino (m)
jacilla (f) orma
jacinto (m) giacinto
jadeante ansimante
jadear ansimare
jaguar (m) giaguaro
jalbegue (m) calcina (f)
jaleo (m) chiassata
jamás giammai
jamón (m) prosciutto
japonés giapponese
jaqueca (f) emicrania
jarcia (f) sartía
jardín (m) giardino
jardinero (m) giardiniere
jarra (f) brocca
jarretera (f) giarrettiera
jaula (f) gabbia
jazmín (m) gelsomino
jefatura (f) direzione, comando
jefe (m) capo
jeringa (f) siringa
jesuita (m) gesuita
jibia (f) seppia
jícara (f) chicchera
jilguero (m) cardellino
jinete (m) cavaliere
jirafa (f) giraffa
jocoso giocoso
jocundo giocondo
Jorge Giorgio
jornada (f) giornata
joroba (f) gobba
jorobado gobbo

José Giuseppe
jovialidad (f) giovalità
joya (f) gioiello (m)
joyero (m) gioielliere
Juan Giovanni
jubileo (m) giubileo
judería (f) ghetto (m)
judicial giudiziale
judiciario (m) giudizziario
judío ebreo
juego (m) gioco
juerga (f) baldoria
jueves (m) giovedì
juez (m) giudice
jugador (m) giocatore
jugar giocare
juglar (m) giullare
juglaresco giullaresco
jugo (m) succo
juguete (m) giocattolo
juguetón scherzevole
juicio (m) giudizio
juicioso giudizioso
julio (m) luglio
jumera (f) sbornia
junco (m) giunco
junio (m) giugno
junípero (m) ginepro
junquera (f) giunco
junquillo (m) giunchiglia (f)
junta (f) comitato, giunta
juntar unire
junto unito; insieme; presso
jura (f) giuramento (m)
jurado (m) giuria
jurar giurare
jurídico giuridico
jurisdicción (f) giurisdizione
jurisprudencia (f) giurisprudenza
jurista (m) giurista
justa (f) giostra

justicia (f) giustizia
justificación (f) giustificazione
justificar giustificare
justillo (m) panciotto
justiprecio (m) valutazione; stima (f)

justo giusto
juvenil giovanile
juventud (f) giovinezza
juzgado (m) tribunale
juzgamundos (m e f) maldicente
juzgar giudicare

K

kilo (m) chilo
kilogramo (m) chilogrammo
kilómetro (m) chilometro

kilovatio (m) chilowatt
kimono (m) chimono
kiosco (m) chiosco

L

lábaro (m) labaro
laberinto (m) labirinto
labia (f) parlantina
labial labiale
lábil labile
labio (m) labbro
labor (f) lavoro (m)
laboratorio (m) laboratorio
laboriosidad (f) laboriosità
laborioso laborioso
labrado lavorato
labrador (m) lavoratore
labriego (m) contadino
lacerar lacerare
laceria (f) miseria
laconico laconico
lacre (m) ceralacca (f)
lacrimoso lacrimoso
lactante lattante
lactar allattare
lácteo latteo
ladera (f) pendio (m)
lado (m) lato
ladrar latrare

ladrido (m) latrato
ladrillo (m) mattone
ladrón (m) ladro
ladronera (f) latrocinio (m)
lagar (m) tino
lagartija (f) lucertola
lagarto (m) ramarro
lago (m) lago
lágrima (f) lagrima
lagrimar lagrimare
laguna (f) laguna
laico laico
lama (f) limo (m)
lamentación (f) lamento (m)
lamentar lamentare
lamento (m) lamento
lamer leccare
lamerón ghiottone
lámina (f) lamina
lamoso limaccioso
lámpara (f) lampada
lamparilla (f) lumino (m)
lampiño imberbe
lana lana

lanado lanoso
lance (m) lancio; momento critico
lancero (m) lanciere
lancha (f) battello (m)
landa (f) landa
langosta (f) aragosta; cavalletta
langostín (m) gamberetto
languidez (f) languidezza
lánguido languido
lanza (f) lancia
lanzamiento (m) lancio; varo; sfratto
lanzar lanciare; varare; sfrattare
lapicero (m) matita (f)
lápida (f) lapide
lapidación (f) lapidazione
lápiz (m) matita (f)
lardo (m) lardo
lares (m pl.) lari
largor (m) lunghezza (f)
largo lungo
largar allentare
largueza o **largura** (f) lunghezza
lárice (m) larice
laringe (f) laringe
larva (f) larva
lasca (f) scheggia
lascivia (f) lascivia
lasitud (f) stanchezza
lástima (f) compassione; pena
lastimar ferire; far soffrire
lastimoso commovente
lata (f) recipiente di latta; seccatura
lateral laterale
latido (m) palpito
latigazo (m) frustata (f)
látigo (m) frusta (f)
latín (m) latino
latino latino
latir palpitare
latitud (f) latitudine
latón (m) ottone

laúd (m) liuto
launa (f) lamina
laurel (m) alloro
Lausana Losanna
lavajo (m) pozza (f)
lavandera (f) lavandaia
lavar lavare
laxación (f) rilassatezza
laxante lassativo
layar vangare
lazarillo (m) guida di ciechi
lazo (m) laccio; nastro
leal leale
lealtad (f) lealtà
lección (f) lezione
lebrel (m) levriere
lectura (f) lettura
leche (f) latte (m)
lechería (f) latteria
lechero (m) lattaio
lecho (m) letto
lechuga (f) lattuga
lechuza (f) civetta
leer leggere
legacía (f) legazione
legajo (m) fascicolo
legal legale
legalizar legalizzare
legar legare
legión (f) legione
legionario (m) legionario
legislación (f) legislazione
legislativo legislativo
legitimar legittimare
legítimo legittimo
lego (m) laico
legrar raschiare
legua (f) lega
legumbre (m) legume
leíble leggibile
lejanía (f) lontananza
lejano lontano
lejía (f) lisciva
lejos lontano da...
lengua (f) lingua
lenguado (m) sogliola (f)
lenguaje (m) linguaggio
lengüeta (f) linguetta

lengüilargo linguacciuto
lenidad (f) mitezza
lentamente lentamente
lente (f) lente
lenteja (f) lenticchia
lentitud (f) lentezza
leña (f) legna
leñador (m) legnaiolo
leñame (m) legname
leñera (f) legnaia
leño (m) legno
león (m) leone
leopardo (m) leopardo
leona (f) leonessa
lepra (f) lebbra
lesión (f) lesione
letal letale
letame (m) letame
letanía (f) litania
letra (f) lettera; parole per musica; cambiale
letrado (m) dotto
letrero (m) cartello
leudar lievitare
levadura (f) lievito (m)
levantar alzare
levante (m) levante
levar salpare
leve lieve
levedad (f) lievità
léxico (m) lessico
ley (f) legge
leyenda (f) leggenda
lia (f) corda
liar legare
libación (f) libazione
libar libare
libélula (f) libellula
libertad (f) libertà
liberal liberale
libertador (m) liberatore
libertar liberare
libertino (m) libertino
libra (f) libbra
libranza (f) ordine di pagamento; tratta
librar trarre; emettere; rilasciare; spiccare

libre libero
librea (f) livrea
librería (f) libreria
librero (m) libraio
licencia (f) licenza
licenciado laureato
licenciamiento (m) congedo
licenciar licenziare
licencioso licenzioso
liceo (m) liceo
lícito lecito
licor (m) liquore
licuación (f) liquefazione
lid (f) lite; gara
lidia (f) combattimento (m)
lienzo (m) tela di lino (f)
ligadura (f) legatura
liebre (f) lepre
lidiar combattere
liga (f) giarrettiera; benda
ligamaza (f) viscosità
ligar legare
ligero leggero
lignito (m) lignite (f)
lila (f) lilla
limar limare
lima (f) lima
limeta (f) aletta
limitación (f) limitazione
limite (m) limite
limo (m) limo
limón (m) limone
limonada (f) limonata
limonero (m) limonaio; albero di limone
limosna (f) elemosina
limpiabotas (m) lustrascarpe
limpiar pulire
limpieza (f) pulizia
limpio pulito
linaje (m) lignaggio
lince (f) lince
linchamiento (m) linciaggio
lindar confinare
linde (m e f) limite; confine
lindeza (f) bellezza
lindo bello

línea (f) linea
lingote (m) lingotto
linfa (f) linfa
lingüista (m) linguista
linimento (m) linimento
lino (m) lino
lintel (m) architrave
linterna (f) lanterna
lío (m) fardello; imbroglio
Liorna Livorno
liquen (m) lichene
liquidación (f) liquidazione
líquido liquido
liquidar liquidare
lira (f) lira
lirio (m) giglio
lirón (m) ghiro
lis (f) giaggiolo (m)
Lisboa Lisbona
lisiado invalido
lisiar ferire; storpiare
lisonja (f) lusinga
lisonjear lusingare
lista (f) lista; striscia; nota; appello
listar arruolare
listel (m) listello
listo furbo; svelto; pronto
lite (f) causa; lite
literado letterato
litera (f) lettiga
litigante litigante
litigar litigare
litigio (m) litigio
litoral (m) litorale
litro (m) litro
liturgia (f) liturgia
liviandad (f) leggerezza
liviano leggero; lascivo
lívido livido
livor (m) livore
liza (f) lizza
loba (f) lupa
lobo (m) lupo
lóbrego lugubre
lobreguez (f) oscurità
local locale
localidad (f) località

localizar localizzare
loción (f) lozione
loco pazzo; matto
locomotora (f) locomotiva
locuaz loquace
locución (f) locuzione
locura (f) follia
lodo (m) fango
lodoso fangoso
lógico logico
lograr ottenere; conseguire
logrero (m) usuraio
logro (m) conseguimento; lucro
lombriz (f) lombrico
lomo (m) groppa; costa; fianco
lona (f) tela
loncha (f) lastra
Londres Londra
longaniza (f) salsiccia
longevidad (f) longevidad
longevo longevo
longitud (f) longitudine
lonja (f) fetta; atrio
loquear folleggiare
loro (m) pappagallo
lote (m) lotto
lotería (f) lotteria
loto (m) loto
loza (f) maiolica
lozanía (f) rigoglio (m)
lúcido lucido
lucido brillante
lucir splendere; sfoggiare
lucro (m) lucro
lucubrar elucubrare
lucha (f) lotta
luchar lottare
lúe (f) lue
luego poi; dunque
lugar luogo
lugarteniente (m) luogotenente
Luis Luigi
lujación (f) lussazione
lujo (m) lusso

lujuriante lussureggiante
lumbago (m) lombaggine (f)
lumbrada (f) falò (m)
lumbre (f) lume; fuoco; luce
lumbrera (f) lucernaio (m)
luminaria (f) luminaria
luminoso luminoso
luna (f) luna

lunar lunare/sm. neo
lunario (m) lunario
lunes (m) lunedì
luneta (f) lunetta
lustración (f) purificazione
lustre (m) lustro
luto (m) lutto
luz (f) luce

LL

llaga (f) piaga
llama (f) fiamma; lama
llamada (f) chiamata
llamar chiamare
llamarada (f) fiammata
llanada (f) spianata
llaneza (f) semplicità
llano (m) piano
llano piano; liscio
llanto (m) pianto
llanura (f) pianura
llave (f) chiave
llegada (f) arrivo; venuta
llegar arrivare
llena (f) piena

llenar riempire
lleno pieno
llevar portare
lloradera (f) piagnisteo (m)
llorar piangere
lloriquear piagnucolare
lloriqueo (m) piagnisteo
lloro (m) pianto
lloroso piagnucoloso
llover piovere
llovizna (f) pioggerella
lloviznar piovigginare
lluvia (f) pioggia
lluvioso piovoso

M

maca (f) ammaccatura
macabro macabro
macarrones (m. pl.) maccheroni
maceración (f) macerazione
maceta (f) vaso da fiori (m)
macilento macilento
macizo massiccio
macula (f) macchia
machacar ammaccare
machado (m) accetta (f)

macho (m) maschio
madeja (f) matassa
madera (f) legno (m)
madrastra (f) matrigna
madre (f) madre
madreperla (f) madreperla
madreselva (f) madreselva; caprifoglio
madrigal (m) madrigale
madriguera (f) tana
madrina (f) madrina

madurar maturare
madurez (f) maturità
maduro maturo
maestra (f) maestra
maestría (f) maestría
maestro (m) maestro
magía (f) magía
mágico magico
magisterio (m) magistero
magistrado (m) magistrato
magistratura (f) magistratura
magnánimo magnanimo
magnate (m) magnate
magnesia (f) magnesia
magnético magnetico
magnífico magnifico
magullar ammaccare
maíz (m) mais
majada (f) ovile (m)
majadería (f) sciocchezza
majadero sciocco
majadura (f) pestatura
majestad (f) maestà
majestuoso maestoso
majeza (f) spavalderia
majo elegantone; bello
mal (m) male
malaventura (f) sfortuna
malcasado malmaritato
malcontento scontento
malcriado malcreato
maldad (f) cattiveria; malvagità
maldecir maledire
maldición (f) maledizione
maldito maledetto
malear corrompere
maledicencia (f) maldicenza
maleficio (m) maleficio
maléfico malefico
maletín (m) valigetta (f)
malevolencia (f) malevolenza
maleza (f) sterpeto (m)
malgastar dissipare
malhecho malfatto
malhechor (m) malfattore
malhumorado di cattivo umore

malicia (f) malizia
maliciar maliziare; sospettare
malicioso malizioso
malignidad (f) malignità
maligno maligno
malo cattivo
malogramiento (m) insuccesso
malogro (m) insuccesso
malquerencia (f) malvolere
(m)
malquistar inimicare
malsano malsano
maltratar maltrattare
malva (f) malva
malvado malvagio
malvender svendere
malversación (f) malversazio-
ne
malla (f) maglia
mamá (f) mamma
mamar poppare
mamarracho (m) sgorbio
mamífero mammifero
mamila (f) mammella
mampara (f) paravento (m)
mampostería (f) muratura
mampostero (m) muratore
mampuesto (m) parapetto
manada (f) mandria
manantial (m) sorgente (f)
manar sgorgare
mancebo (m) giovane
mancilla (f) macchia
mancillar macchiare
manco monco
mancha (f) macchia
manda (f) lascito (m)
mandamiento (m) comanda-
mento
mandar comandare
mandarina (f) mandarino (m)
mandatario (m) mandatario
mandato (m) mandato
mandíbula (f) mandibola
mandil (m) grembiule
mando (m) potere
manejable maneggevole
manejar maneggiare

manera (f) maniera
manga (f) manica
mango (m) manico
manía (f) mania
maniático maniaco
manicomio (m) manicomio
manifestación (f) manifestazione
manifestar manifestare
manifiesto manifesto
manija (f) manico (m)
manilla (f) maniglia; manetta
maniobra (f) manovra
maniobrar manovrare
manipulación (f) manipola-
zione
manipular manipolare
manípulo (m) manipolo
maniquí (m) manichino
manivela (f) manovella
manjar (m) vivanda (f)
mano (f) mano
manojo (m) mazzo
manopla (f) manopola
manosear palpare
manotear picchiare; gesticolare
mansedumbre (f) mansuetu-
dine
mansión (f) soggiorno (m)
manso mansueto
manta (f) coperta
manteca (f) burro (m)
mantecada (f) focaccia
mantel (m) tovaglia (f)
mantener mantenere
mantenimiento (m) mante-
nimento
mantequilla (f) burro (m)
mantilla (f) mantiglia
manto (m) manto
manual manuale
manubrio (m) manovella
Manuel Emanuele
manufactura (f) manifattura
manuscrito (m) manoscritto
manutención (f) manutenzione

manzana (f) mela
manzanilla (f) camomilla; vino andaluso
manzano (m) melo
maña (f) abilità
mañana (f) mattina |avv.
domani
maña (f) abilità
mañoso ingegnoso
mapa (m) carta geografica (f)
mapamundi (m) mappamon-
do
máquina (f) macchina
maquinación (f) macchina-
zione
maquinar macchinare
maquinista (m) macchinista
mar (m) mare
maravilla (f) meraviglia
maravilloso meraviglioso
marbete (m) etichetta (f)
marca (f) marca; marchio
marcar marcare
marcial marziale
marco (m) cornice
marcha (f) marcia
marchar marciare
marcharse andarsene
marchitar appassire
marchito appassito
marea (f) marea
marejada (f) mareggiata
mareo (m) nausea
marfil (m) avorio
margarita (f) margherita
margen (m. e f.) margine
marica (f) uomo effeminato
maricón pederasta
maritaje (m) unione (f)
marido (m) marito
marimanta (f) spauracchio
(m)
marina (f) marina
marinero (m) marinaio
marino marino
mariposa (f) farfalla; (m)
che ama più donne
mariquita (m) effeminato

mariscal (m) maresciallo
marítimo marittimo
marisma (f) palude
marmita (f) marmitta
mármol (m) marmo
marmota (f) marmotta
marqués (m) marchese
marquesina (f) tettoia
marrano (m) maiale
Marruecos (m. pl.) Marocco
marrullero scaltro
Marsella Marsiglia
marta (f) martora
martes (m) martedì
martillar martellare
martilleo (m) martellamento
martillo (m) martello
mártir (m) martire
martirio (m) martirio
martirizar martirizzare
marzo (m) marzo
mas ma
más più
masa (f) massa
mascar masticare
máscara (f) maschera
mascarada (f) mascherata
masculino mascolino
masera (f) madia
masón (m) massone
mástil (m) albero di nave
mastín (m) mastino
mata (f) cespuglio (m)
matadero (m) macello
matador (m) torero (uccisore)
matafuego (m) estintore
matamoros (m) spaccone
matanza (f) carneficina
matapolvo (m) pioggerella (f)
matar uccidere
matasellos (m) timbro postale
mate (m) te del Paraguay
matemática (f) matematica
materia (f) materia
material materiale
materialismo (m) materialismo

maternal materno
maternidad (f) maternità
matinal mattutino
matiz (m) gradazione di colori; sfumatura
matraca (f) raganella
matrícula (f) matricola; targa
matricular immatricolare
matrimonial matrimoniale
matrimonio (m) matrimonio; coppia
matriz (f) matrice
matritense madrileno
matrona (f) matrona
matute (m) contrabbando
matutino mattutino
maula (f) rifiuto (m)
maullar miagolare
maullido (m) miagolio
máxima (f) massima
máximo massimo
mayo (m) maggio
mayor maggiore
mayorazgo (m) maggiorasco
mayordomo (m) maggiordomo
mayoría (f) maggioranza
mayuscula maiuscola
maza (f) mazza
mazacote (m) calcestruzzo; vivanda secca
mazapán (m) marzapane
mazo (m) maglio
mazurca (f) mazurca
mecánica (f) meccanica
mecanico meccanico
mecedora (f) poltrona a dondolo
mecer cullare
mecha (f) miccia
mechero (m) stoppino
mechón (m) ciuffo; ciocca
medalla (f) medaglia
medallón (m) medaglione
media (f) calza
mediacaña (f) modanatura
mediación (f) mediazione
mediador (m) mediatore

mediano mediocre
medianoche (f) mezzanotte
mediante mediante
mediar mediare
medicación (f) medicazione
medicamento (m) medicamento
medicina (f) medicina
médico (m) medico
medida (f) misura
medio (m) mezzo
mediocridad (f) mediocrità
mediodía (m) mezzogiorno
medir misurare
meditación (f) meditazione
meditar meditare
mediterráneo (m) mediterraneo
medroso pauroso
médula (f) midolla
medusa (f) medusa
mejilla (f) guancia
mejor migliore
mejorar migliorare
mejoría (f) miglioramento
melancolía (f) malinconia
melancólico malinconico
melaza (f) melassa
melena (f) chioma
melifluo mellifluo
melindre (m) frittella; moina (f)
melindroso lezioso
melocotón (m) pesca
melodía (f) melodia
melón (m) melone
mellar intaccare
membrana (f) membrana
membrete (m) intestazione; titolo
membrillo (m) cotogna (f)
membrudo robusto
memorable memorabile
memorandum (m) memorandum
memoria (f) memoria
memorial (m) memoriale
menaje (m) suppellettili

mención (f) menzione
mencionar menzionare
mendicidad (f) mendicità
mendigar mendicare
mendigo (m) mendico
mendiguez (f) mendicità
menear dondolare; dimenare
menester (m) bisogno
menesteroso bisognoso
menestral (m) manovale
mengano (m) tizio
mengua (f) scarsità
menguante calante
menguar calare
menina (f) dama di corte
meninge (f) meninge
menor minore
menoría (f) minorità
menoscabar deteriorare; diminuire
menoscabo (m) scapito; danno
menospreciar disprezzare
menosprecio (m) disprezzo
mensaje (m) messaggio
mensajería (f) corriera
mensajero (m) messaggiero
menstruo (m) mestruo
mensual mensile
mensualidad (f) mensilità
mensurable misurabile
menta (f) menta
mentar menzionare
mente (f) mente
mentecatería (f) idiozia
mentir mentire
mentira (f) bugia
mentiroso bugiardo
menudo (m) minuto
meollo (m) midollo
meramente meramente
mercader (m) mercante
mercadería (f) merce
mercado (m) mercato
mercancía (f) merce
mercantil mercantile
merced (f) mercede
mercenario (m) mercenario
mercería (f) merceria

mercurio (m) mercurio
merecer meritare
merecido meritato
merecimiento (m) merito
merengue (m) meringa; ballo americano
meridiano (m) meridiano
merienda (f) merenda
mérito (m) merito
meritorio meritorio
merluza (f) merluzzo; sbornia
merma (f) calo (m)
mermelada (f) marmellata
mero puro; mero
mes (m) mese
mesa (f) tavola
meseta (f) altopiano (m)
mesón (m) locanda (f)
mesonero (m) locandiere
mestizo (m) meticcio
mesura (f) moderazione
mesurar moderare
meta (f) meta; traguardo
metal (m) metallo
meteduría (f) contrabbando (m)
meter mettere
meticuloso meticoloso
metódico metodico
metralla (f) mitraglia
metro (m) metro
mezcla (f) mescolanza
mezclar mescolare
mezcolanza (f) miscuglio (m)
mezquindad (f) meschinità
mezquino meschino
mezquita (f) moschea
mi mio; mia
miaja (f) briciola
miedo (m) paura
miedoso pauroso
miel (f) miele
miembro (m) membro
mientras mentre
miércoles (m) mercoledì
mies (f) messe
miga (f) mollica
migaja (f) briciola

migración (f) migrazione
mijo (m) miglio
mil mille
milagro (m) miracolo
milagroso miracoloso
Milán Milano
milicia (f) milizia
militar militare
millar (m) migliaio
mimar viziare; vezzeggiare
mimbre (m) giunco
mímica (f) mimica
mimo (m) mimo; moina
mimosa (f) mimosa
mimoso viziato
mina (f) miniera; mina
minar minare
minero (m) minatore
minerva (f) intelligenza
miniar miniare
miniatura (f) miniatura
mínimo minimo
ministerial ministeriale
ministerio (m) ministero
ministro (m) ministro
minoría (f) minoranza
minoridad (f) minorità
minucioso minuzioso
minúscula minuscola
minuta (f) minuta
minuto (m) minuto
miope miope
mira (f) mira; mirino
mirada (f) sguardo; occhiata
miradero (m) osservatorio
mirador (m) balcone a vetri
mirar guardare
mirasol (m) girasole
mirlo (m) merlo
mirto (m) mirto
misa (f) messa
misal (m) messale
misántropo (m) misantropo
miscelánea (f) miscellanea
miserable miserabile
miseria (f) miseria
misericordia (f) misericordia
mísero misero

misión (f) missione
misionero (m) missionario
misiva (f) missiva
mismo stesso
misterio (m) mistero
misterioso misterioso
mitad (f) metà
mitigar mitigare
mito (m) mito
mixtión (f) mistura, miscela
mixto misto
mixtura (f) mistura
mocedad (f) gioventù
mocetón (m) giovanotto
moción (f) mozione
moco (m) muco
mochar mozzare
mochila (f) zaino (m)
mochuelo (m) barbagianni
moda (f) moda
modales (m. pl.) modi
modelar modellare
modelo (m) modello
moderación (f) moderazione
moderar moderare
moderno moderno
modestia (f) modestia
módico modico
modificación (f) modificazione
modificar modificare
modismo (m) modo di dire
modista (f) sarta
modo (m) modo
modorra (f) sopore (m)
modular modulare
mofa (f) burla
mofar burlare
mohín (m) smorfia, moina (f)
moho (m) muffa
mojadura (f) bagnata
mojar bagnare
mojigato ipocrita
mojón (m) cippo; mucchio
molde (m) forma; stampo
moldura (f) forma
mole (f) mole

moler macinare
molestar molestare
molimiento (m) macinatura (f)
molestia (f) molestia
molinero (m) mugnaio
molinillo (m) macinino
molino (m) mulino
molledo (m) polpa (f); mollica
mollera (f) cocuzzolo (m)
momento (m) momento
momia (f) mummia
mona (f) scimmia
monacal monacale
monada (f) sciocchezza
monarca (m) monarca
monasterio (m) monastero
mondar mondare
moneda (f) moneta
monetario monetario
monición (f) ammonizione
monigote (m) fantoccio
monja (f) suora
monje (m) monaco
mono carino; grazioso
monóculo (m) monocolo
monopolio (m) monopolio
monotonía (f) monotonia
monótono monotono
monstruo (m) mostro
monstruoso mostruoso
monta (f) totale; importanza
montadura (f) montatura
montanero (m) guardaboschi
montaña (f) montagna
montañés montanaro
montañoso montagnoso
montar montare; salire
monte (m) monte
montés montanaro
montón (m) mucchio
montuoso montuoso
montura (f) finimenti; montaggio
monumento m) monumento
mora (f) mora
morada (f) soggiorno (m)

morado paonazzo
moral (f) morale; (m) gelso
moralidad (f) moralità
morar soggiornare
morbidez (f) morbidezza
mórbido morbido
mordaz mordace
mordaza (f) bavaglio (m)
mordíente mordente
mordisco (m) morso
moreno bruno
morena (f) gelso
morigerado morigerato
morir morire
moro moro
moroso moroso
morral (m) bisaccia (f)
morrillo (m) ciottolo
mortaja (f) sudario (m)
mortal mortale
mortalidad (f) mortalità
mortandad (f) moria
mortero (m) mortaio
mortífero mortifero
mortificación (f) mortificazione
mortificar mortificare
mortuorio mortuario
mosaico (m) mosaico
mosca (f) mosca
moscatel (m) moscatello
moscón (m) moscone
mosquete (m) moschetto
mosquetón (m) carabina (f)
mosquitero (m) zanzariera (f)
mosquito (m) zanzara (f)
mostacho (m) mustacchio
mosto (m) mosto
mostrador (m) banco di un esercizio pubblico
mostrar mostrare; dimostrare
mote (m) motto; soprannome
motejar motteggiare
moteje (m) motteggio
motín (m) ammutinamento
motivo (m) motivo
motocicleta (f) motocicletta

motor (m) motore
mover muovere
movible movibile
móvil mobile
movilización (f) mobilitazione
movimiento (m) movimento
moza (f) ragazza; serva
mozo (m) giovane; servo
muchacho (f) ragazzo (m)
muchedumbre (f) moltitudine
mucho molto
muda (f) muda; mutamento
mudable mutabile
mudanza (f) volubilità; trasloco
mudar mutare
mudez (f) mutismo (m)
mudo muto
mueblaje (m) mobilio
mueble (m) mobile
mueca (f) smorfia
muela (f) macina; dente molare
muelle (m) molla; molo
muerte (f) morte
muerto morto
muestra (f) mostra; campione
muestrario (m) campionario
mugido (m) muggito
mugir muggire
mugre (f) untume
mujer (f) moglie; donna
mujeril muliebre
mula (f) mula
muladar (m) letamaio
mulato (m) mulatto
muleta (f) gruccia; drappo rosso (corrida)
muletero (m) mulattiere
muletilla (f) ritornello (m)
mulo (m) mulo
multa (f) multa
multar multare
multicolor multicolore
multiplicación (f) moltiplicazione
multitud (f) moltitudine
mullir ammorbidire

mundanal mondano
mundano mondano
mundial mondiale
mundicia (f) pulizia
mundo (m) mondo
munición (f) munizione
municipal municipale
municipalidad (f) municipalità
municipio (m) municipio
munificencia (f) munificenza
muñeca (f) polso; bambola
muñeco (m) burattino; fantoccio
muñón (m) moncone
muralla (f) muraglia
murciélago (m) pipistrello
murena (f) murena
murmullo (m) mormorio
murmuración (f) mormorazione

murmurar mormorare
murmureo (m) mormorio
muro (m) muro
murria (f) tristezza
musa (f) musa
muscular muscolare
músculo (m) muscolo
musculoso muscoloso
muselina (f) mussola
museo (m) museo
músico (m) musicista
música (f) musica
muslo (m) coscia (f)
mustio triste; avvizzito
mutación (f) mutamento (m)
mutilar mutilare
mutismo (m) mutismo
mutuo mutuo
muy molto

N

naba (f) rapa
nabab (m) nababbo
nácar (m) madreperla (f)
nacer nascere
nacido nato
nacimiento (m) nascita (f)
nación (f) nazione
nacionalidad (f) nazionalità
nada niente; nulla
nadadera (f) salvagente (m)
nadador (m) nuotatore
nadar nuotare
nadie nessuno
naipe (m) carta (da giuoco) (f)
nana (f) ninnananna
Nápoles Napoli
naranja (f) arancio (m)
naranjada (f) aranciata
naranjal (m) aranceto
narcótico (m) narcotico

nariz (f) naso (m)
narración (f) narrazione
nata (f) panna
natación (f) nuoto (m)
natividad (f) natività
natura (f) natura
natural naturale; nativo
naturaleza (f) natura
naturalidad (f) naturalezza
naturalizar naturalizzare
naufragio (m) naufragio
navaja (f) rasoio; coltello (m)
navegable navigabile
navegación (f) navigazione
navegador (m) navigatore
navegar navigare
navidad (f) natale (m)
navío (m) imbarcazione (f)
neblina (f) nebbione (m)
necedad (f) sciocchezza
necesario necessario

necesidad (f) necessità
necesitado bisognoso
necesitar abbisognare
necio sciocco
néctar (m) nettare
negación (f) negazione
negado negato; rinnegato
negar negare
negarse rifiutarsi
negativa (f) rifiuto
negligencia (f) negligenza
negociar negoziare
negocio (m) affare; faccenda
negrecer annerire
negro nero / (m) negro
negruzco nerastro
neguijón (m) carie dentaria (f)
nervio (m) nervo
nerviosidad (f) nervosità
nervudo nerboruto
neto netto
neumático (m) pneumatico
neuralgia (f) nevralgia
neutral neutrale
nevada (f) nevicata
nevar nevicare
nevasca (f) nevicata
nevera (f) ghiacciaia
nevero (m) nevaio
ni nè
nicho (m) nicchia (f)
nidada (f) nidiata
niebla (f) nebbia
nido (m) nido
nieto (m) nipote
nieve (f) neve
nigromante (m) negromante
nihilista (f) nichilista
nimbo (m) nimbo; nembo
nimiedad (f) prolissità
nimio prolisso
ninguno nessuno
niña (f) bimba; ragazza
niñera (f) bambinaia
niñez (f) infanzia
niño (m) bambino
níquel (m) nichel

nitidez (f) nitidezza
nítido nitido
nivel (m) livello
nivelación (f) livellazione
nivelar livellare
noble nobile
nobleza (f) nobiltà
noción (f) nozione
nocturno notturno
noche (f) notte
nochebuena (f) notte di Natale
nocherniego nottambulo
nodriza (f) nutrice
nogal (m) noce (albero)
nombradía (f) rinomanza
nombrado rinomato
nombramiento (m) nomina (f)
nombrar nominare
nombre (m) nome
nomeolvides (m) non - ti - scordar - di - me
nómina (f) lista, elenco
nominación (f) nomina
nominar nominare
nonada (f) inezia
norma (f) norma
normal normale
norte nord
norteño nordico
Noruega Norvegia
nosotros noi
nostalgia (f) nostalgia
nota (f) nota
notable notevole
notación (f) notazione
notaría (f) ufficio di notaio (m)
notario (m) notaio
noticia (f) notizia
noticiero (m) gazzettino
noticiar notificare
notificar notificare
notorio notorio
novato (m) novellino
novedad (f) novità
novela (f) romanzo (m)
novelista (m) romanziere

noventa novanta
novia (f) fidanzata
noviazgo (m) fidanzamento
novicio (m) novizio
noviembre (m) novembre
novillo (m) torello
novio (m) fidanzato
nubada (f) acquazzone (m)
nubarrón (m) nuvolone
nube (f) nube; nuvola
nublado nuvoloso
nudo (m) nodo
nuca (f) nuca
nuera (f) nuora
nueva (f) notizia
nuevo nuovo

nuez (f) noce
nulidad (f) nullità
nulo nullo
numeración (f) numerazione
numerar numerare
número (m) numero
numerosidad (f) abbondanza
nunca mai
nuncio (m) nunzio
nupcial nuziale
nupcias (f pl.) nozze
nutria (f) lontra
nutrición (f) nutrizione
nutrido nutrito
nutrir nutrire

Ñ

ñoñería (f) stupidaggine | **ñoño** istupidito; sciocco

O

oasis (f) oasi
obcecación (f) offuscamento; accecamento (m)
obcecar abbagliare
obedecer obbedire
obediencia (f) ubbidienza
obediente ubbidiente
obertura (f) sinfonia
obesidad (f) obesità
obeso obeso
obispado (m) vescovado
obispo (m) vescovo
objeción (f) obiezione
objetar obiettare
objetivo obiettivo
objeto (m) oggetto; scopo
oblación (f) oblazione
oblada (f) offerta
oblea (f) ostia

oblicuo obliquo
obligación (f) obbligazione; obbligo
obligado (m) fornitore
obligar obbligare
oblongo oblungo
obra (f) opera
obrador (m) operatore
obraje (m) fabbrica (f)
obrero (m) operaio
obsceno osceno
obscuración (f) oscuramento (m)
obscurecer oscurare
obscuridad (f) oscurità; buio
obsequiar ossequiare
obsequiosidad (f) deferenza
observación (f) osservazione
observar osservare

obsesión (f) ossessione
obseso ossesso
obstar ostare; impedire
obstinarse ostinarsi
obstrucción (f) ostruzione
obstruccionista (m) ostruzionista
obstruir ostruire
obtener ottenere
obtención (f) ottenimento (m)
obturador (m) otturatore
obtuso ottuso
obús (m) obice
obviar ovviare
oca (f) oca
ocasión (f) occasione
ocasionar causare
ocaso (m) tramonto
occidental occidentale
océano (m) oceano
ociar oziare
ocio (m) ozio
ocluir occludere
oclusión (f) occlusione
octava (f) ottava
octogenario (m) ottuagenario
octubre (m) ottobre
ocultación (f) occultamento (m)
oculto occulto
ocupación (f) occupazione
ocupar occupare
ocurrencia (f) pensata; arguzia; occasione
ocurrir accadere; capitare; venir in mente
ocho otto
oda (f) ode
odalisca (f) odalisca
odiar odiare
odio (m) odio
oeste ovest
ofendedor (m) offensore
ofender offendere
ofensa (f) offesa
ofensión (f) danno (m)
ofensivo offensivo

oficial ufficiale; lavorante
oficiar officiare
oficina (f) ufficio (m)
oficinesco burocratico
oficio (m) professione; carica; lettera ufficiale (f)
oficiosamente ufficiosamente
oficiosidad (f) ufficiosità
ofrecedor (m) offerente
ofrecer offrire
ofrecimiento (m) offerta (m)
ofrenda (f) obolo (m)
ofuscación (f) offuscamento (m)
ogro (m) orco
oíble udibile
oído (m) udito
oír udire
ojal (m) occhiello
ojalá! magari!; oh se...!
ojeada (f) occhiata
ojear scrutare; scovare
ojera (f) occhiaia
ojeriza (f) astio (m)
ojiva (f) ogiva
ojo (m) occhio; cruna
ola (f) onda
oleada (f) ondata
oleaje (m) mareggio
olear dar l'estrema unzione
oleoducto (m) oleodotto
oler odorare; olezzare
olfatear annusare
olivar (m) oliveto
olivo (m) olivo
olmeda (f) olmeto (m)
olor (m) odore
oloroso odoroso
olvidadizo dimentico
olvidado dimenticato
olvidar dimenticare
olvido (m) oblio
olla (f) pentola
ombligo (m) ombelico
omisión (f) omissione
omiso trascurato
omitir omettere
omitido omesso

omnipotente onnipotente
once undici
onda (f) onda
ondear ondeggiare
ondulación (f) ondulazione
ónix (f) onice
onza (f) oncia
opacidad (f) opacità
opción (f) opzione
ópera (f) opera
operación (f) operazione
operador (m) operatore
opinión (f) opinione
opio (m) oppio
opíparo luculliano
oponer opporre
oportunidad (f) opportunità
oposición (f) opposizione; concorso
opresión (f) oppressione
oprimir opprimere
oprobio (m) obbrobrio
optar optare
óptimo ottimo
opuesto opposto
opulencia (f) opulenza
opúsculo (m) opuscolo
oquedad (f) vuoto (m)
oración (f) orazione; discorso
orador (m) oratore
orar arringare
orbe (m) orbe
orden (m) ordine (architettonico) | (f) ordinazione; commissione; ordine
ordenación (f) disposizione
ordenar ordinare
ordeñar mungere
ordinario comune; grossolano | (m) corriere
orear ventilare; arieggiare
oreja (f) orecchio
oreo (m) zeffiro
orfandad (f) orfanità

orfebre (m) orefice
orfeón (m) società corale (f)
organizar organizzare
orgullo (m) orgoglioso
orientación (f) orientamento
orificio (m) orifizio
origen (m) origine (f)
orilla (f) sponda
original originale
orilla (f) sponda
orillar orlare
orín (m) ruggine (f)
orla (f) bordo; frangia
ornamentación (f) ornamentazione
oro (m) oro
oropel (m) similoro
orquesta (f) orchestra
oruga (f) bruco (m)
osadía (f) audacia
osado audace
osamenta (f) ossame (m)
osar osare
oscilar oscillare
oscurecer oscurare
oscuridad (f) buio (m)
oso (m) orso
ostentar ostentare
ostra (f) ostrica
otear scrutare
otoño (m) autunno
otorgamiento (m) consenso
otorgar concedere; rilasciare; conferire; stipulare
ovación (f) ovazione
ovalado ovale
oveja (f) pecora
ovejuno ovino; pecorino
ovillar aggomitolare
ovillo (m) gomitolo
oxalme (m) salamoia (f)
oxígeno (m) ossigeno
oyente (m) ascoltatore

P

pabellón (m) padiglione; baldacchino
Pablo Paolo
pábulo (m) pasto; esca
pacer pascere
paciencia (f) pazienza
paciente paziente
pacificar pacificare
pactar pattuire
pacto (m) patto
pachorra (f) fiemma
padecer soffrire; patire
padecimiento (m) patimento
padrastro (m) patrigno
padre (m) padre
padrón (m) ruolo
Padua Padova
paga (f) paga
pagadero pagabile
paganismo (m) paganesimo
paila (f) catinella
pagar pagare
pagaré (m) pagherò
página (f) pagina
pago (m) pagamento
país (m) paese (nazione),
paisaje (m) paesaggio
paisajista (m) paesaggista
paja (f) paglia
Paises Bajos Paesi Bassi
pajar (m) pagliaio
pajarera (f) uccelliera
pájaro (m) uccello
paje (m) paggio
pajizo paglierino
pajón (m) canna; stoppia (f)
pala (f) pala
palabra (f) parola
palacio (m) palazzo
paladar (m) palato
paladear assaggiare
paladín (m) paladino

palanca (f) leva; stanga
palanzana (f) catino (m)
palanquín (m) palanchino
palestra (f) palestra
palco (m) palco
paleta (f) tavolozza; cazzuola
palidecer impallidire
palidez (f) pallore (m)
palillo (m) stuzzicadente
palio (m) palio; baldacchino
paliza (f) bastonatura
palizada (f) palizzata
palma (f) palma
palmada (f) manata
palmera (f) palma (albero)
palmoteo (m) battimani
palo (m) bastone
paloma (f) colomba
palomar (m) colombaia (f)
palomo (m) piccione
palote (m) bacchetta (f)
palpable palpabile
palpitación (f) palpitazione
paludismo (m) malaria
pamporcino (m) ciclamino
pan (m) pane
panadero (m) panettiere
panal (m) favo (del miele)
pandereta (f) tamburello, cembalo (m)
otro altro
pandilla (f) combriccola
pánico (e panizo) (m) panico
pantalón (m) pantaloni
pantalla (f) paralume; schermo (cinema)
pantano (m) stagno
pantorilla (f) polpaccio (m)
panza (f) pancia
paño (m) panno
pañuelo (m) fazzoletto
papa (m) papa

papado (m) papato
papagayo (m) pappagallo
papel (m) carta (f)
papelería (f) cartoleria
papeleta (f) scheda
paquete (m) pacchetto
par (m) paio
para per
parabién (m) rallegramento
parabrisas (m) parabrezza
parada (f) fermata
paradero (m) fermata; recapito
paraguas (m) ombrello
paraíso (m) paradiso; loggione
paraje (m) paraggio
paralelo (m) parallelo
paralizar paralizzare
paramento (m) paramento
páramo (m) landa (f)
pararrayos (m) parafulmine
parásito (m) parassita
parcela (f) appezzamento (m)
parcial parziale
parco parco; moderato
parche (m) cerotto; impiastro
pardo grigio bruno
parecer sembrare
parecerse assomigliarsi
parecido (m) somiglianza (f)
pared (f) parete; muro
pareja (f) coppia
parida (f) puerpera
paridad (f) parità
pariente parente
parir partorire
parlamento (m) parlamento
parlería (f) parlantina
paro (m) sospensione (f)
parola (f) parlantina
párpado (m) palpebra (f)
parque (m) parco
porquedad (f) moderazione
parra (f) pergola
párrafo (m) paragrafo
parranda (f) baldoria

parrilla (f) graticola
parroquia (f) clientela; parrocchia
parroquiano (m) cliente; parrocchiano
parte (f) parte | (m) dispaccio
partera (f) ostetrica
partición (f) spartizione
participación (f) partecipazione
participar partecipare
particular particolare | (m) privato
partida (f) partenza
partidario (m) partigiano
partido (m) partito; partita (sportiva)
partimento (m) ripartizione (f)
partir partire; dividere
partitura (f) spartito (m)
parto (m) parto
pasa (f) uva passa
pasada (f) passaggio (m)
pasadera (f) passarella
pasador (m) colabrodo; spillone
pasaje (m) passaggio
pasajero (m) passeggero
pasamano (m) ringhiera (f)
pasaporte (m) passaporto
pasar passare; succedere; capitare
pasatiempo (m) passatempo
pase (m) lasciapassare
pasear passeggiare
paseo (m) passeggio
pasillo (m) corridoio
pasión (f) passione
pasionaria (f) passiflora
pasmado stupefatto
pasmar stupefare; intirizzire
pasmo (m) crampo
pasmoso sorprendente
paso (m) passo
pastar pascolare

pastel (m) pasticcino
pastilla (f) pastiglia
pasto (m) pascolo
pastor (m) pastore
pata (f) zampa; piede
patada (f) calcio; orma
patán grossolano
patata (f) patata
pateadura (f) calpestío (m)
patente (f) patente; brevetto
paterno paterno
patín (m) pattino
patio (m) cortile (interno, della casa); platea
pato (m) anitra (f)
patochada (f) sproposito (m)
patraña (f) fandonia
patria (f) patria
patricio (m) patrizio
patrimonio (m) patrimonio
patrón (m) patrono; modello
patrono (m) protettore
patrulla (f) pattuglia
Paula Paola
pausado lento
pauta (f) norma; falsariga
pava (f) tacchina
pavo (m) tacchino
pavor (m) terrore
payaso (m) pagliaccio
paz (f) pace
pea (f) sbornia
peaje (m) pedaggio
peana (f) piedistallo (m)
peatón (m) pedone
pebre (m) salsa verde (f)
peca (f) lentiggine
pecado (m) peccato
peculiar peculiare
pecho (m) petto; seno
pedal (m) pedale
pedazo (m) pezzo
pedido (m) ordinazione, richiesta (f)
pedigüeño importuno; accattone
pedimento (m) petizione (f)
pedir chiedere

pedrada (f) sassata
pedrisco (m) grandine; pietrame
pegajoso (e pegadizo) appiccicaticcio; contagioso
pegar attaccare; incollare; picchiare
peinado (m) pettinatura (f)
peinar pettinare
peine (m) pettine
peladilla (f) confetto (m)
pelar pelare
peldaño (m) gradino
pelea (f) lotta
pelear lottare; combattere
pelele (m) fantoccio
peletería (f) pelliccería
peletero (m) pellicciaio
película (f) pellicola
peligro (m) pericolo
peligroso pericoloso
pelo (m) pelo; capelli
pelota (f) palla; pallone
pelotón (m) plotone
peluca (f) parrucca
peluquero (m) parrucchiere
pelusa (f) peluria; lanuggine
pelleja (f) e pellejo (m) pelle
pelliza (f) pelliccia
pellizco (m) pizzicotto
pena (f) pena
penacho (m) pennacchio
penalidad (f) penalità, pena
penar penare
pendencia (f) pendenza; alterco
pendiente (m) orecchino; pendio
pendón (m) vessillo
penetrar penetrare
península (f) penisola
penitencia (f) penitenza
pensamiento (m) pensiero
pensar pensare
pensativo pensieroso
pensión (f) pensione
penumbra (f) penombra
penuria (f) penuria

peña (f) rupe; circolo cittadino

peñasco (m) rupe; scoglio

peñon (m) grossa rupe (f)

peón (m) pedina (scacchi); bracciante

peonza (f) trottola

peor peggiore, peggio

pepino (m) cetriolo

pepita (f) pipita; acino

pequeñez (f) piccolezza

pequeño piccolo

pera (f) pera; barba a pizzo

percance (m) contrattempo; danno

percatarse accorgersi

percepción (f) percezione

percibir percepire

percha (f) attaccapanni (m)

perder perdere

pérdida (f) perdita

perdigón (m) perniciotto; pallino da caccia

perdimiento (m) perdita (f)

perdiz (f) pernice

perdón (m) perdono

perdonar perdonare

perecer perire

peregrinación (f) peregrinazione

peregrinaje (m) pellegrinaggio

peregrinar peregrinare

perejil (m) prezzemolo

perengano (m) tizio; sempronio

pereza (f) pigrizia

perezoso pigro

perfección (f) perfezione

perfidia (f) perfidia

perfil (m) profilo

perfilar profilare

perfume (m) profumo

perfumista (f) profumiere

pergamino (m) pergamena; (f)

pericia (f) perizia

perilla (f) pizzo (m) (barba)

periódico (m) periodico (giornale)

periodista (m) giornalista

período (m) periodo

peripecia (f) peripezia

perito perito

perjudicar pregiudicare; danneggiare

perjuicio (m) pregiudizio; danno

perjurar spergiurare

perjuro (m) spergiuro

perla (f) perla

permanecer rimanere

permanencia (f) permanenza

permiso (m) permesso

permitir permettere

permutación (f) permuta

pernio (m) cardine

pero però

peroración (f) perorazione

perpetuo (agg.) perpetuo

perplejo perplesso

perra (f) cagna; sbornia | - chica soldo

perrera (f) canile (m)

perro (m) cane

persa (m) persiano

perseguir perseguitare; perseguire

perseverar perseverare

persistir persistere

personaje (m) personaggio

perspectiva (f) prospettiva

perspicacia (f) perspicacia

perspicaz perspicace

persuadir persuadere

pertenecer appartenere

pertenencia (f) appartenenza; pertinenza

pertrechos (m pl.) attrezzi; munizioni

perturbar disturbare; perturbare

peruano peruviano

perversidad (f) perversità

pervertir pervertire

pesa (f) peso (m)

pesadez (f) pesantezza

pesadilla (f) incubo (m)

pesado pesante; noioso

pesadumbre (f) affanno (m)

pésame (m) condoglianza (f)

pesar (m) pena; dolore | v. pesare

pesca (f) pesca

pescado (m) pesce (da tavola)

pescar pescare

pescuezo (m) collo

pesebre (m) presepio; mangiatoia

peseta (f) peseta

peso (m) peso

pesquisa (f) ricerca

peste (f) peste

pestillo (m) chiavistello

petaca (f) portasigarette (m)

petardista (m) scroccone

petardo (m) petardo

petición (m) petizione; domanda

petróleo (m) petrolio

petroso pietroso

pez (m) pesce; (f) pece

pezón (m) capezzolo

Piamonte Piemonte

piano (m) pianoforte

piar pigolare

picacho (m) vetta, picco

picador (m) torero armato di pungolo

picadura (f) puntura; tabacco trinciato

picante piccante

picaporte (m) battente; saliscendi

picar pungere; beccare

picardía (f) furberia; bricconeria

picaresco canagliesco

pícaro (m) briccone; canaglia | furbo

picaza (f) gazza

pico (m) becco; piccone

picor (m) pizzicore

picotazo (m) beccata, puntura (f)

pichón (m) piccione

pie (m) piede

piedad (f) pietà

piedra (f) pietra; sasso

piel (f) pelle

pienso (m) biada (f)

pieza (f) pezzo; stanza

pierna (f) gamba

pífano (m) piffero

pigmento (m) pigmento

pigricia (f) pigrizia

pila (f) vasca; fonte battesimale

pilar (m) pilastro

píldora (f) pillola

piloto (m) pilota

pillaje (m) saccheggio; rapina

pillar rubare; saccheggiare

pillo furbo; birbante

pimienta (f) pepe (m)

pimiento (m) peperone

pimpollo (m) germoglio; bocciolo

pinar (m) pineta (f)

pincel (m) pennello

pinchar pungere

pinchazo (m) puntura (f)

pinche (m) sguattero

pincho (m) punteruolo

pingüe pingue

pino (m) pino | ripido (agg.)

pinocho (m) pinocchio

pinta (f) marchio; macchia

pintar dipingere

pintor (m) pittore

pintura (f) pittura

pinzas (f pl.) pinzette

pinzón (m) fringuello

piña (f) pigna

piojo (m) pidocchio

pipa (f) pipa: botte; spoletta

pique (m) risentimento; picco; fondo

pira (f) pira

piqueta (f) piccone (m)
piragua (f) piroga
pirata (m) pirata
piropo (m) complimento, galanteria
piruéta (f) piroetta
pisada (f) orma
pisaverde (m) damerino
pisar calpestare; pestare
piso (m) piano; appartamento
pisotear calpestare
pisotón (m) pestata (f)
pista (f) pista; orma
pistacho (m) pistacchio
pisto (m) sugo
pitada (f) fischio (m)
pitar fischiare
pitillo (m) sigaretta (f)
pito (m) fischietto
pizarra (f) lavagna
pizca (f) briciola
pizcar pizzicare
placa (f) placca
placentero piacevole; gradevole
placer piacere
plan (m) piano
plana (f) piana
plancha (f) lamina; lamiera, ferro da stirare
planchadora (f) stiratrice
planchar stirare
planeta (f) pianeta (m)
pianicie (f) pianura
planta (f) pianta
plantaje (m) (e **plantación**) (f) piantagione (f)
plantar piantare; impiantare
plantear progettare; delineare; prospettare
plantel (m) vivaio
plantilla (f) soletta; sagoma
plantío (m) piantagione (f)
plantón (m) piantone
plañir gemere
plastecer stuccare
plata (f) argento; denaro

plátano (m) platano; banana
platear argentare
platero (m) orefice
plática (f) conversazione; predica
plato (m) piatto
plauso (m) plauso
playa (f) spiaggia
plaza (f) piazza; arena (dei tori)
plazo (m) termine; dilazione; **a plazos** a rate
pleamar (f) alta marea
plebeyo plebeo
plegadizo pieghevole
plegar piegare
plegaria (f) preghiera
pleito (m) lite; processo
plenitud (f) pienezza
pliego (m) plico; foglio
pliegue (m) piega (f)
plomar piombare
plomo (m) piombo
plomizo plumbeo
pluma (f) penna; piuma
plumaje (m) pennacchio; piumaggio
plumero (m) piumino
pluralidad (f) pluralità
población (f) popolazione; città
poblado abitato
poblar popolare
pobre (m) povero
pobreza (f) povertà
pocilga (f) porcile (m)
pócima (f) decotto (m)
poción (f) pozione
poco poco
poda (f) potatura
podar potare
podenco (m) segugio
poder potere |m. procura
poderío (m) potere
podre (m) pus
podredumbre (f) putridume; putrefazione

podrido putrefatto; guasto
poesía (f) poesia
poeta (m) poeta
polea (f) carrucola; puleggia
pólice (m) pollice
policía (f) polizia
policía (m) guardia (f)
polilla (f) tignola; tarma
política (f) politica
póliza (f) polizza
polizonte (m) poliziotto
polo (m) polo
polonés polacco
polvareda (f) polverone (m)
polvo (m) polvere; (pl.) cipria
pólvora (f) polvere da sparo
polveriento polveroso
polvorín (m) polveriera (f)
pollo (m) pulcino; pollastro
pompa (f) pompa
Pompeya Pompei
pompón (m) nappina (f)
ponderación (f) ponderatezza
ponderar ponderare
ponencia (f) relazione
poner porre; posare; mettere
poniente ponente
pontífice (m) pontefice
pontón (m) pontone
ponzoña (f) veleno (m)
populacho (m) popolino; popolaccio
popular (agg) popolare
poquedad (f) pochezza
por per; da; di; con
porcentaje (m) percentuale (f)
porción (f) porzione
pordiosero (m) mendicante
porfía (f) ostinazione; tenacità
porfiado ostinato
porfiar ostinarsi; insistere
pormenor (m) particolare; dettaglio
porque perchè
porquería (f) porcheria

porra (f) clava
porta (f) feritoia
portada (f) frontespizio; portale (m)
portador (m) latore
portal (m) portico
portarse (bien) comportarsi (bene)
portavoz (m) portavoce
portazgo (m) pedaggio
porte (m) porto; portata; condotta
portento (m) portento
portería (f) portineria
portero (m) portiere; portinaio
porvenir (m) avvenire
posada (f) locanda
posdata (f) poscritto (m)
poseedor (m) possessore
poseer possedere
posesión (f) possesso (m)
posibilidad (f) possibilità
posible possibile
posición (f) posizione
posponer posporre
postdata (f) poscritto (m)
poste (m) palo
posteridad (f) posterità
posterior posteriore
postigo (m) battente
postillón (m) postiglione
postizo posticcio
postración (f) prostrazione
postre (m) pospasto; frutta
postrero ultimo
postura (f) atteggiamento (m)
potaje (m) minestra di verdura
potasa (f) potassa
pote (m) vaso; pentola
potencia (f) potenza
potestad (f) potestà
potro (m) puledro
poyo (m) panca; sedile di pietra
pozo (m) pozzo

práctica (f) pratica
pradera (f) prateria
prado (m) prato
precario precario
precaución (f) precauzione
precaver cautelare
precedencia (f) precedenza
precepto (m) precetto
preceptor (m) precettore
preciar apprezzare
precinto (m) legatura (f)
precio (m) prezzo
precioso prezioso
precipicio (m) precipizio
precipitación (f) precipita-
zione
precipitar precipitare
precisar precisare; obbligare
preciso necessario; preciso
precisión (f) precisione
precoz precoce
predicar predicare
predicir predire
predicción (f) predizione
predominar predominare
prefacio (m) prefazione (f)
preferencia (f) preferenza
preferir preferire
pregonar bandire; gridare
pregonero (m) banditore;
araldo
pregunta (f) domanda
preguntar domandare
prejuicio (m) pregiudizio
preliminar preliminare
prelusión (f) preambolo (m)
premeditación (f) premedi-
tazione
premiar premiare
premiosidad (f) urgenza
premioso pressante
premisa (f) premessa
prenda (f) pegno; tesoro;
vestiario (m)
prendar garantire; cattivarsi
prendarse innamorarsi
prender afferrare
prenombre (m) prenome

prensa (f) stampa; torchio
prensión (f) cattura
preocupación (f) preoccupazione
preocupar preoccupare
preparar preparare
preparativo (m) preparativo
preponderancia (f) preponde-
ranza
prepósito (m) preposto
prepotencia (f) prepotenza
prerrogativa (f) prerogativa
presa (f) presa; preda; diga
presagio (m) presagio
presbicia (f) presbitismo (m)
prescindir prescindere
prescribir prescrivere
presencia (f) presenza
presentación (f) presentazio-
ne
presentar presentare
presente (agg. e m) presente
presentir presentire
preservar preservare
presidencia (f) presidenza
presidio (m) presidio; ergastolo
presión (f) pressione
preso preso | (m) detenuto
prestación (f) prestazione
prestador (m) prestatore
prestamista (m) usuraio
préstamo (m) prestito
prestancia (f) prestanza
presteza (f) celerità
prestigiador (m) prestigiatore
prestigio (m) prestigio
presto presto; pronto
presumido presuntuoso
presumir presumere; vantarsi
presunción (f) presunzione
presuponer presupporre
presupuesto (agg) presuppo-
sto | (m) preventivo; sup-
posizione
presura (f) angustia
presuroso frettoloso
pretender pretendere

pretensión (f) pretensione; pretesa

pretil (m) parapetto

prevalecer prevalere

prevención (f) prevenzione; gattabuia

prevenir prevenire

prever prevedere

previsión (f) previsione

previsor previdente

prima (f) cugina; premio

primacía (f) primato (m)

primario primario; elementare

primavera (f) primavera

primero primo | (avv.) anzitutto; prima

primicia (f) primizia

primo (m) cugino

primor (m) abilità; perfezione; eleganza (f)

primorosamente elegantemente

primoroso perfetto; elegante

princesa (f) principessa

príncipe (m) principe

principio (m) principio

pringar inzuppare

prisa (f) fretta

prisión (m) prigione (f)

prisionero (m) prigioniero

privación (f) privazione

privada (f) ritirata

privado privato

privanza (f) protezione; favore

privar privare

privilegio (m) privilegio

pro (m) pro

proa (f) prua; prora

probable probabile

probación (f) prova

probar provare; assaggiare

probidad (f) probità

procaz procace

procedencia (f) provenienza; procedenza

proceder (m) condotta

procedimiento (m) procedura; comportamento

procesión (f) processione

proceso (m) processo

proclama (f) proclama (m)

proclamar proclamare

procurador (m) procuratore

prodigalidad (f) prodigalità

prodigar prodigare

producción (f) produzione

producidor produttore

producir produrre

producto (m) prodotto

proeza (f) prodezza

profanación (f) profanazione

profecía (f) profezia

profesión (f) professione

profesor (m) professore

profesora (f) professoressa

profeta (m) profeta

profundizar approfondire

profundo profondo

programa (m) programma

progresar progredire

progreso (m) progresso

prohibición (f) proibizione

prohijar adottare

prójimo (m) prossimo

prolijo prolisso

prolongación (f) prolungamento (m)

prolongar prolungare

promediar dimezzare

promesa (f) promessa

promoción (f) promozione

prometida (f) fidanzata

prometer promettere

promover promuovere

promontorio (m) promontorio

pronombre (m) pronome

prontitud (f) prontezza

pronto svelto; (avv.) subito

pronunciación (f) pronuncia

pronunciamiento (m) sommossa

pronunciarse pronunciarsi; ribellarsi

propaganda (f) propaganda
propensión (f) inclinazione
propicio propizio
propiedad (f) proprietà
propina (f) mancia
propinación (f) somministrazione
propio proprio
proponer proporre
proporción (f) proporzione
proporcionar proporzionare; offrire; procurare
proposición (f) proposizione
propuesta (f) proposta
prorrateo (m) rateizzazione (f)
prorrata (f) rata
prorrogar prorogare
prorrumpir prorompere
prosa (f) prosa
proscenio (m) proscenio
proscribir proscrivere
proseguir proseguire
prosista (m) prosatore
prosperar prosperare
prostituir prostituire
protección (f) protezione
proteger proteggere
protestar protestare
protocolo (m) protocollo
provecho (m) profitto
proveedor (m) fornitore; provveditore
proveer provvedere
provenir provenire
proverbio (m) proverbio
providencia (f) provvidenza; provvedimento
providente accorto
provincia (f) provincia
provinciano provinciale
provisión (f) provvigione; provvista
provisto provvisto
provocación (f) provocazione
próximo prossimo
proyección (f) proiezione

proyectar progettare; proiettare
proyéctil (m) proiettile
proyecto (m) progetto
prudencia (f) prudenza
prueba (f) prova; bozza
prurito (m) prurito
psicólogo psicologo
psíquico psichico
púa (f) punta; spina
pubertad (f) pubertà
publicación (f) pubblicazione
publicar pubblicare
puchero (m) pentola; bollito; lesso
púdico pudico
pudor (m) pudore
pudrir putrefare; marcire
pueblo (m) popolo; paese
puente (m) ponte
puerco (m) porco
puericia (f) puericultura
pueril puerile
puerta (f) porta
puerto (m) porto
pues quindi; dunque
puesta (del sol) (f) tramonto (m)
puesto (m) posto
púgil (m) pugilatore
pugna (f) pugna
pugnaz pugnace
puja (f) spinta; offerta (all'asta)
pujante possente; florido
pujanza (f) possanza; vigore
pulchinela (f) pulcinella
pulga (f) pulce
pulgar (m) pollice
pulido lindo; grazioso
pulimento (m) lucidatura
pulir lustrare
pulmón (m) polmone
pulpa (f) polpa
pulsación (f) pulsazione
pulsera (f) braccialetto (m)
pulverizar polverizzare

pulla (f) parolaccia
pundonoroso dignitoso
pungir pungere
punición (f) punizione
punta (f) punta
puntación (f) punteggiatura
puntal (m) puntello
puntapié (m) calcio
puntero (m) scalpello
puntiagudo appuntito
puntilla (f) puntina; merletto
puntillo (m) puntiglio
punto (m) punto
puntuar punteggiare
punzar pungere
puñado (m) manciata (f)
puñal (m) pugnale

puño (m) polsino; pugno; elsa
pupilo (m) pupillo; convittore
pupitre (m) leggìo; scrittoio
puré (m) purè
pureza (f) purezza
purga (f) purga
purgar purgare
puridad (f) purità
purificación (f) purificazione
purista purista
puro puro
púrpura (f) porpora
pus (m) pus
pusilánime (m) pusillanime
puta (f) puttana
putrefacción (f) putrefazione

Q

que che
quebrada (f) crepaccio (m)
quebradizo fragile
quebrado rotto, fallito | (m) fallito
quebradura (f) rottura
quebraja (f) crepa
quebrantamiento (m) rottura
quebrantar spaccare; infrangere
quebranto (m) rottura (f)
quebrar spezzare; fallire
queda (f) coprifuoco (m)
quedada (f) permanenza
quedar rimanere
quedo (avv.) sommessamente
quehacer (m) faccenda (f)
queja (f) lamentela
quejarse lamentarsi
quejido (m) lamento
quema (f) bruciatura; incendio
quemadura (f) bruciatura

quemar bruciare
quemazón (f) arsura
querella (f) querela; lamento
querelloso querelante; scontento
querencia (f) affetto; nostalgia
querer amare; volere
querido amato | (m) amante
quesadilla (f) pasticcino (m)
queso (m) formaggio
quevedos (m pl) occhiali
quicio (m) cardine
quiebra (f) fallimento; fessura
quien chi
quienquiera chiunque
quiete (f) quiete
quietud (f) quiete
quilate (m) carato
quilla (f) chiglia
quimera (f) chimera

químico chimico
quince quindici
quiniela (f) schedina del totocalcio
quinina (f) chinino (m)
quinta (f) villino; leva (militare)
quintal (m) quintale
quintar sorteggiare

quinto (m) recluta (f)
quirúrgico chirurgico
quisquilloso puntiglioso; permaloso
quitar togliere
quitasol (m) parasole
quite (m) liberazione (f)
quito esente
quizás forse

R

raba (f) esca
rábano (m) ravanello
rabear scodinzolare
rabia (f) rabbia
rabiar arrabbiarsi
rabino (m) rabbino
rabo (m) coda (f)
racimo (m) grappolo
raciocinio (m) raziocinio
ración (f) razione; porzione
racional razionale
racionamiento (m) razionamento
racha (f) raffica di vento
rada (f) rada
radiación (f) radiazione
radiator (m) radiatore; termosifone
radiar irradiare
radio (m) radio; raggio
raer radere
ráfaga (f) raffica
rafia (f) rafia
raído logoro; sfacciato
raigambre (m) radicamento
rail (m) rotaia (f)
raíz (f) radice
raja (f) scheggia; crepa
rallador (m) grattugia (f)
ralo rado
rama (f) ramo; branca
ramal (m) ramo

rambla (f) viale (m)
ramera (f) puttana
ramificación (f) ramificazione
ramillete (m) mazzolino
ramo (m) ramo; fascio
Ramón Raimondo
rampa (f) rampa
rana (f) rana
rancio rancido
rancho (m) rancio; fattoria americana
rango (m) rango
ranura (f) scanalatura
rapacidad (f) rapacità
rapapolvo (m) ramanzina (f)
rapaz rapace
rape (m) sbarbato
rapidez (f) rapidità
rápido rapido
rapiña (f) rapina
raposeo (m) raggiramento
raptar rapire
raqueta (f) racchetta
rarefacer rarefare
rareza (f) rarità
raro raro; stravagante
ras (m) livello
rascacielo (m) grattacielo
rascar raschiare
rasgar lacerare
rasgo (m) tratto; gesto; ghirigoro

rasguñar graffiare
raspar raschiare
rastel (m) ringhiera
rastra (f) rastrello; traccia
rastrear seguire le tracce; indagare
rastrero strisciante
rastrillar rastrellare
rastrillo (m) rastrello
rastro (m) traccia; mercato d'oggetti usati; rastrello
rastrojo (m) stoppia (f)
rasura (f) raschiatura
rata (f) topo
ratear rubacchiare; rateare
ratero (m) ladro
ratificar ratificare
rato (m) momento
ratón (m) topo
ratonera (f) trappola
raudal (m) fiumana
raya (f) riga; lineetta
rayado rigato; (m) rigatura
rayar rigare; confinare
rayo (m) raggio; fulmine
raza (f) razza
razón (f) ragione
razonar ragionare
reacción (f) reazione
reaccionar reagire
reacio ostinato
readmitir riammettere
realce (m) rilievo
realizar realizzare
realzar rialzare
reanimar rianimare
reanudar riallacciare
reaseguro (m) riassicurazione (f)
reasumir riassumere
reasunción (f) riassunzione
rebajar ribassare
rebalsa stagno
rebaño (m) gregge
rebasar oltrepassare
rebatir ribattere
rebato (m) allarme
rebelde (m) ribelle

rebeldía (f) ribellione
reblandecer rammollire
reblandecimiento (m) rammollimento
rebosar traboccare
rebotar rimbalzare
rebote (m) rimbalzo
rebozar imbacuccare
rebusca (f) ricerca
rebuscar ricercare
rebuznar ragliare
recado (m) incarico; messaggio
recaer ricadere
recaída (f) ricaduta
recalentar riscaldare
recamar ricamare
recambiar ricambiare
recambio (m) ricambio
recargar ricaricare
recargo (m) aumento; sovraccarico
recatado cauto; riservato
recato (m) cautela; riservatezza (f)
recaudación (f) riscossione; esattoria
rececho (m) agguato
recelar sospettare
recelo (m) sospetto
receloso sospettoso
recepción (f) ricevimento (m)
receptar ricettare
receptoría (f) ricevitoria
receta (f) ricetta
recibí (m) ricevuta
recibimiento (m) ricevimento
recibo (m) ricevimento; ricevuta
recibir ricevere
recién appena...
recinto (m) recinto
recio robusto; forte
recíproco reciproco
recitar recitare
reclamación (f) reclamo; ricorso

reclamar reclamare
reclamo (m) reclamo; pubblicità
recluir rinchiudere
reclusión (f) reclusione
recluta (f) leva; recluta
recobrar ricuperare
recobro (m) ricupero
recodo (m) svolta (f)
recogedor (m) rastrello
recoger raccogliere
recogimiento (m) raccoglimento
recolección (f) raccolta; riscossione
recolectar raccogliere
recomendación (f) raccomandazione
recomendar raccomandare
recompensar ricompensare
reconciliar riconciliare
recóndito recondito
reconducir prorogare un affitto
reconocer riconoscere; verificare
reconocido (agg) riconoscente
reconocimiento (m) riconoscimento; riconoscenza
reconquín (m) tracagnotto
reconquista (f) riconquista
reconstitución (f) ricostituzione
reconstituyente ricostituente
reconstrucción (f) ricostruzione
recopilar riepilogare
recordar ricordare
recorrer percorrere; sfogliare
recorrido (m) percorso
recortar ritagliare
recorte (m) ritaglio
recreo (m) svago
rectángulo rettangolo
rectitud (f) rettitudine
recto (agg. e m) retto
rector (m) rettore
recuento (m) inventario

recuerdo (m) ricordo
recuperar ricuperare
recurrir ricorrere
recurso (m) risorsa; ricorso
recusación (f) rifiuto (m)
recusar ricusare
rechazar respingere; rifiutare
rechazo (m) rifiuto
rechinar cigolare
red (f) rete
redacción (f) redazione; compilazione
redactar redigere
redada (f) retata
redención (f) redenzione
redimir redimere
redituar rendere, fruttare
redoblado raddoppiato
redoble (m) raddoppiamento
redondear arrotondare
redondel (m) cerchio
redondo rotondo
reducción (f) riduzione
reducir ridurre
reducto (m) ridotto
redundar ridondare
reedificar riedificare
reeditar ripubblicare
reelección (f) rielezione
reelegir rileggere
reembolsar rimborsare
reemplazar sostituire
reencarnar rincarnare
reenganchar ingaggiare di nuovo
reensayo (m) nuova prova (f)
refección (f) refezione; restauro
referencia (f) referenza
referir riferire
refinación (f) raffinazione
refino sopraffino
reflejar riflettere
reflejo (m) riflesso
reflexionar riflettere
reflorecer rifiorire
reflujo (m) riflusso

reforma riforma
reforzar rinforzare
refrán (m) proverbio
refrendar legalizzare
refrescar rinfrescare
refresco (m) rinfresco; bibita ghiacciata
refrigerio (m) refrigerio
refugio (m) rifugio, ricovero
refulgir rifulgere
refundir rifondere
refunfuñar borbottare
refutacion (f) confutazione
regalar regalare
regaliz (f) liquerizia
regañar bisticciare
regar irrigare
regatear discutere sul prezzo
regazo (m) grembo
regencia (f) reggenza
regentar reggere, guidare
regidor (m) consigliere municipale
régimen (m) regime
región (f) regione
regir reggere; esser vigente
registrar controllare; registrare
registro (m) registrazione; controllo
regla (f) regola
reglamentar regolamentare
regocijo (m) gioia (f)
regresar ritornare
regreso (m) ritorno
regular regolare
rehabilitar riabilitare
rehacer rifare
rehén (m) ostaggio; pegno
rehuir schivare
rehusar rifiutare
reimpresión (f) ristampa
reina (f) regina
reinado (m) regno
reinar regnare
reino (m) regno
reír ridere
reja (f) inferriata; vomero

rejón (m) pungolo; lancia
rejuvenecer ringiovanire
relación (f) relazione
relajar rilassare
relámpago (m) lampo
relampagueo (m) baleníο
relatar riferire
relato (m) relazione; referto
relevar rilevare; esimere; rimuovere
relieve (m) rilievo
religión (f) religione
reloj (m) orologio
relojero (m) orologiaio
relumbrante risplendente
rellenar riempire
remachar ribadire
remanso (m) ristagno
remate (m) fine; asta (pubblica)
remedar contraffare
remediar rimediare; aiutare
remesa (f) spedizione
remilgo (m) smorfia (f)
remitente (m) mittente
remitir spedire
remolacha (f) barbabietola
remolcar rimorchiare
remolino (m) vortice
remolque (m) rimorchio
remontar elevare; impaurire
remordimiento (m) rimorso
remover rimuovere
renacer rinascere
renacimiento (m) rinascimento; rinascita
rencilla (f) rancore (m)
rencor (m) rancore
rendija (f) fessura
rendimiento (m) rendimento
rendir rendere; soggiogare; rimettere
renegar rinnegare; bestemmiare
renglón (m) riga (f)
reno (m) renna (f)
renombre (m) fama
renovar rinnovare

renta (f) rendita
rentar rendere
rentista (m) chi vive di rendita
renunciar rinunziare
reñir litigare
reo (m) reo
reparación (f) riparazione
reparar riparare
reparo (m) riparo, riparazione
repasar ripassare
repaso (m) ripassata (f)
repercutir ripercuotere
repetir ripetere
repicar scampanare; tritare
repique (m) rintocco
replantar ripiantare
replegar ripiegare
repleto pieno zeppo
repliegue (m) piega; ripiegamento
repoblación (f) ripopolamento
reponer riporre
reporte (m) notizia
reposar riposare
reposo (m) riposo
reprender riprendere
represar reprimere; ristagnare
representación (f) rappresentazione
representante rappresentante
reprimir reprimere
reprobar riprovare
reprochar rimproverare
reproducir riprodurre
república (f) repubblica
repuesto guarito; nascosto
repulsar rifiutare
reputación (f) reputazione
requebrar spezzettare
requisa (f) requisizione
res (f) animale (m)
resaca (f) risacca
resalir sporgere
resaltar risaltare; rimbalzare
resarcir risarcire

resbaladizo sdrucciolevole
resbalar sdrucciolare
rescate (m) riscatto
rescoldo (m) brace (f)
reseñar passare in rassegna
reservado riservato
resfriar raffreddare
resfrío (m) raffreddore
resguardo (m) ricevuta; bolletta (f)
residir risiedere
resignación (f) rassegnazione
resistir resistere
resolución (f) risoluzione; risolutezza
resolver risolvere
respaldo (m) rovescio
respetar rispettare
respiración (f) respirazione
respirar respirare
resplandecer risplendere
resplandor (m) splendore
responder rispondere
responsabilidad (f) responsabilità
respuesta (f) risposta
resquemor (m) bruciore
restablecer ristabilire
restar sottrarre
restituir restituire
resto (m) resto
restricción (f) restrizione
resucitar risuscitare
resuelto risolto; audace
resulta (f) risultato
resultar risultare
resumen (m) riassunto
resumir riassumere
resurgir risorgere
retablo (m) riquadro
retal (m) scampolo
retama (f) ginestra
retar sfidare
retardo (m) ritardo
retazo (m) ritaglio
retener ritenere
retirar ritirare

retiro (m) ritiro; congedo; pensione
reto (m) sfida
retocar ritoccare
retornar restituire
retractar ritrattare
retraer ritrarre; distogliere
retrasar ritardare
retraso (m) ritardo
retratar ritrarre
retrato (m) ritratto
retrete (m) latrina (f)
retribuir retribuire
retroceso (m) regresso
retronar rintronare
retumbar rimbombare
reunión (f) riunione
revancha (f) rivincita
revelación (f) rivelazione
revendedor (m) rivenditore
reventar scoppiare
rever rivedere
reverencia (f) riverenza
reverenciar riverire
revés (m) rovescio
revisar rivedere
revista (f) rivista
revisor (m) controllore
revivir rivivere
revocar revocare
revolcar rovesciare
revolotear svolazzare
revolución (f) rivoluzione
revolver agitare
revólver (m) rivoltella (f)
revuelta (f) rivolta
rey (m) re
reyerta (f) rissa
rezar pregare
ría (f) foce
ribera (f) riva; sponda
ribete (m) frangia
rico ricco
ridiculizar ridicolizzare
riego (m) irrigazione (f)
rienda (f) redina
riesgo (m) rischio
rifar sorteggiare

rigor (m) rigore
rima (f) rima
Rin Reno
rincón (m) cantone; angolo
riña (f) lite, rissa
río (f) fiume
riqueza (f) ricchezza
risa (f) risata; riso
risueño ridente; sorridente
rito (m) rito
rivalizar rivaleggiare
rizar arricciare; increspare
rizo (m) riccio
robar rapire
roble (m) rovere
robo (m) furto
robustecer irrobustire
roca (f) rocca; roccia
roce (m) attrito
rociar spruzzare; inaffiare
rocín ronzino
rocío (m) rugiada (f)
rodar rotolare; girare
rodear cingere
rodeo (m) giro; scappatoia
rodilla (f) ginocchio (m)
rodillo (m) rullo
roer rodere
rogar pregare
rojizo rossiccio
rojo rosso
Roldán Rolando
rollo (m) cilindro, rotolo; noioso
romana (f) stadera
romance (m) breve poema
romería (f) festa campestre; pellegrinaggio
romero (m) pellegrino, rosmarino
romper rompere
ron (m) rum
roncar russare
ronco rauco
ronda (f) ronda
rondar ronzare
ronquera (f) raucedine
roña (f) rogna

ropa (blanca) (f) biancheria
ropaje (m) vestiario
ropero (m) guardaroba; negoziante di confezioni
roquete (m) rocchetto
rosa (f) rosa
rosal (m) rosaio
rosca (f) vite
rostro (m) viso; becco
roto rotto
rótula (f) rotula
rotundo rotondo; chiaro e lampante
rubí (m) rubino
rubio biondo
ruborizarse arrossire
rudo rude; rozzo

rueda (f) ruota
ruedo (m) contorno; arena (corrida)
ruego (m) preghiera (f)
rugir ruggire
ruido (m) rumore
ruín vile; meschino
ruina (f) rovina
ruiseñor (m) usignolo
rumbo (m) rotta; pompa (f)
rumiar ruminare
ruptura (f) rottura
ruso russo
ruta (f) rotta; via
rutina (f) andazzo (m)

S

sábado (m) sabato
sábana (f) lenzuolo
sabana (f) savana
sabañón (m) gelone
saber sapere
sabiduría (f) sapienza
sabio savio
sablazo (m) sciabolata
sable (m) sciabola
sabor (m) sapore
saborear assaporare
sabroso saporito
sacabotas (m) cavastivali
sacacorchos (m) cavatappi
sacamuelas (m) cavadenti
sacar cavare; estrarre
sacarina (f) saccarina
sacerdocio (m) sacerdozio
sacerdote (m) sacerdote
saciar saziare
sacramento (m) sacramento
sacrificar sacrificare
sacrificio (m) sacrificio
sacrilegio (m) sacrilegio

sacristán (m) sagrestano
sacristía (f) sagrestia
sacudida (f) scossa
sacudir scuotere
saeta (f) saetta
saetar saettare
sagacidad (f) sagacità
sagaz sagace
sagrado sacro
sainete (m) farsa (f)
sal sale
sala (f) sala
salar salare
salario (m) salario
salaz salace
salchicha (f) salsiccia
salchichón (m) salame
saldo (m) saldo
salero (m) saliera; brio
salida (f) uscita; partenza
saliente (f) sporgenza (f)
salina (f) salina
salir uscire; partire
salitre (m) salnitro

saliva (f) saliva
salmón (m) salmone
salón (m) salone
salpicar spruzzare; inzaccherare
salsa (f) salsa
saltar saltare
salteador (m) ladro
salto (m) salto
salubre salubre
salud (f) salute
saludar salutare
saludo (m) saluto
salvación (f) salvezza
salvado (m) crusca (f)
salvador (m) salvatore
salvaguardia (f) salvaguardia
salvaje (m) selvaggio
salvamento (m) salvamento
salvar salvare
salvavidas (m) salvagente
salvia (f) salvia
salvoconducto (m) salvacondotto
sanar guarire
sanatorio (m) sanatorio
sanción (m) sanzione (f)
sancionar sanzionare
sandalia (f) sandalo (m)
sandía (f) cocomero (m)
sanear bonificare; risarcire
sangrar sanguinare
sangre (f) sangue (m)
sangría (f) salasso (m)
sagriento sanguinante
sanguijuela (f) sanguisuga
sanguinario sanguinario
sanidad (f) sanità
sanitario (m) sanitario
sano sano
santidad (f) santità
santificar santificare
santiguada (f) segno di croce (m)
santiguarse segnarsi
santo santo
santuario (m) santuario
saña (f) rabbia

saquear saccheggiare
saqueo (m) saccheggio
sarcasmo (m) sarcasmo
sarcófago (m) sarcofago
sardina (f) sardina
sargento (m) sergente
sarna (f) rogna
sartén (f) padella
sastre (m) sarto
sastrería (f) sartoria
satírico satirico
satirizar satireggiare
sátiro (m) satiro
satisfacción (f) soddisfazione
satisfacer soddisfare
saturar saturare
sauce (m) salice
saya (f) gonna
sayo (m) saio
sazón (f) epoca; opportunità; maturità
sazonar condire; stagionare
sebo (m) sego
seca (f) siccità
secante asciugante; carta assorbente
secar seccare
sección (f) sezione
seco secco
secretario (m) segretario
secreto (m) segreto
secuaz seguace
secuestrar sequestrare
secundario secondario
sed (f) sete
seda (f) seta
sede (f) sede
sedentario sedentario
seducción (f) seduzione
seducir sedurre
segar segare; falciare
seglar secolare
segregar segregare
seguida (f) seguito (m)
seguir seguire
según secondo (prep.)
segundo secondo
seguridad (f) sicurezza

seguro sicuro
selva (f) selva
selección (f) selezione
sellar timbrare
sello (m) timbro; francobollo
semana (f) settimana
semanario settimanale
semblanza (f) sembianza
sembrador (m) seminatore
sembrar seminare
semejante somigliante
semejanza (f) somiglianza
semejar assomigliare
sementar seminare
sementera (f) seminatura
semestre (m) semestre
semilla (f) seme (m)
semillero (m) semenzaio
seminario (m) vivaio
sémola (f) semola
senado (m) senato
senador (m) senatore
sencillez (f) semplicità
sencillo semplice
senda (f) sentiero (m)
sendos singoli
senectud (f) senilità
seno (m) seno
sensación (f) senzazione
sensatez (f) assennatezza
sensato sensato
sensibilidad (f) sensibilità
sensible sensibile
sensitiva (f) sensitiva
sensual sensuale
sensualidad (f) sensualità
sentarse sedere
sentencia (f) sentenza
sentenciar sentenziare
sentido (m) significato
sentimental sentimentale
sentimiento (m) sentimento
sentir sentire; rincrescere
seña (f) cenno; segno | (pl.)
    indirizzo
señal (m) segnale; indizio
señalado segnalato
señor (m) signore

señorío (m) dominio
señorita (f) signorina
señorito (m) signorino
separación (f) separazione
separar separare
septentrional settentrionale
septiembre (m) settembre
sepulcro (m) sepolcro
sepultar seppellire
sepultura (f) sepoltura
sepulturero (m) becchino
sequedad (f) siccità
sequía (f) siccità
séquito (m) seguito
ser essere
serenarse rasserenarsi
serenidad (f) serenità
sereno sereno | (s. m.) guar-
    diano notturno
serie (f) serie
seriedad (f) serietà
serio serio
sermón (m) sermone
seroso sieroso
serpear serpeggiare
serpentina (f) serpentina
serpiente (f) serpente (m)
serrín (m) segatura (f)
servicio servizio
servidor (m) servitore
servidumbre (f) servitù
servilleta (f) tovagliolo (m)
servir servire
sesión (f) sessione
seso (m) cervello
seta (f) fungo (m)
setecientos settecento
setenta settanta
severidad (f) severità
severo severo
sexagenario sessagenario
sexo (m) sesso
sexual sessuale
si se
sidra (f) sidro (m)
siembra (f) seminatura
siempre sempre
siempreviva (f) sempreviva

sien (f) tempia
sierpe (f) serpe
sierra (f) sega; catena di montagne
siervo (m) servo
siesta (f) siesta
siete sette
sífilis (f) sifilide
sifón (m) sifone; seltz
sigilo (m) sigillo
siglo (m) secolo
signatura (f) segnatura
significación (f) significato
significar significare
signo (m) segno
sílaba (f) sillaba
silabario (m) sillabario
silbar fischiare
silbido (m) fischio
silencio (m) silenzio
silencioso silenzioso
silvestre silvestre
silla (f) sedia
sillón (m) seggiolone
símbolo (m) simbolo
simetría (f) simmetria
simiente (f) semente
simpatía (f) simpatia
simple semplice
simplificar semplificare
simulación (f) simulazione
simulacro (m) simulacro
simultáneo simultaneo
sin senza
sinceridad (f) sincerità
sincero sincero
sindicato (m) sindacato
síndico (m) sindaco; curatore
singular singolare
singularidad (f) singolarità
singularizarse distinguersi
siniestro sinistro
sino (m) destino; fato
sinónimo (m) sinonimo
sinrazón (f) torto (m)
sinsabor (m) dispiacere
síntesis (f) sintesi

síntoma (m) sintomo
sinuosidad (f) sinuosità
siquiera almeno
sirena (f) sirena
sirviente (m) inserviente
sisear zittire
sistema (m) sistema
sitiar assediare
sitio (m) assedio
situación (f) situazione
situado situato
sobaco (m) ascella (f)
sobar maneggiare; palpare
soberanía (f) sovranità
soberano (m) sovrano
soberbia superbia
sobra (f) eccesso; avanzo (m)
sobrar eccedere; avanzare
sobre sopra; su; (m) busta
sobrecama (f) sopracoperta
sobrecargar sovraccaricare
sobrecoger sorprendere
sobredicho suddetto
sobrellevar alleviare; sopportare
sobremanera oltremisura
sobrenadar galleggiare
sobrenatural soprannaturale
sobrenombre (m) soprannome
sobrentender sovraintendere
sobrepasar sorpassare
sobreponer sovrapporre
sobreprecio (m) sovrapprezzo
sobresalir sussultare
sobresalto (m) soprassalto; sussulto
sobrescrito soprascritto
sobretodo (m) soprabito
sobrevenir sopravvenire
sobrevivir sopravvivere
sobriedad (f) sobrietà
sobrino (m) nipote
sobrio sobrio
socaliña (f) truffa
socarrón scaltro
socavar scavare
social sociale

socialista socialista
sociedad (f) società
socorrer soccorrere
socio (m) socio
socorro (m) soccorso
sofá (m) sofà
sofista (m) sofista
sofocación (f) soffocazione
sofocar soffocare
soga (f) corda
sojuzgar soggiogare
sol (m) sole
solar lastricare; risuolare; casata
solaz (m) sollazzo
solazarse sollazzarsi
soldada (f) salario; paga
soldado (m) soldato
soldar saldare
soledad (f) solitudine
solemne solenne
solemnidad (f) solennità
solemnizar solennizzare
soler solere
solicitar sollecitare
solícito sollecito
solicitud (f) sollecitudine
sólido solido
solimán (m) sublimato
solitario solitario
soliviantar sollevare
solo solo
sólo soltanto
solomillo (m) filetto
soltar sciogliere; lasciar andare; liberare
soltero scapolo
soltura (f) spigliatezza
soluble solubile
solución (f) soluzione
solventar saldare i conti
sollozar singhiozzare
sollozo (m) singhiozzo
sombra (f) ombra
sombrerero (m) cappellaio
sombrero (m) cappello
sombrío oscuro
somero (m) sommario

someter sottomettere
son (m) suono
sonar suonare; soffiare il naso
sonda (f) sonda
sondar sondare
sonido (m) suono
sonoro sonoro
sonreír sorridere
sonrisa (f) sorriso (m)
sonroseo (m) rossore
soñar sognare
soñoliento sonnolento
sopa (f) minestra
soplar soffiare
soplo (m) soffio
soplón (m) spia (f)
sopor (m) sopore
soportable sopportabile
soportar sopportare
soporte (m) sostegno
sorber sorbire
sorbo (m) sorso
sordo sordo
sorna (f) lentezza; fiacca
sorprendente sorprendente
sorprender sorprendere
sorpresa (f) sorpresa
sortear sorteggiare
sorteo (m) sorteggio
sortija (f) anello (m)
sosegar calmare
sosiego (m) quiete (f)
soslayo (m) sghembo
soso goffo; sciocco
sospecha (f) sospetto (m)
sospechar sospettare
sospechoso sospettoso
sostén (m) sostegno
sostener sostenere
sotana (f) veste talare
sótano (m) cantina (f)
su suo; sua; loro
suave soave
subalterno (m) subalterno
subarrendar subaffittare
súbdito (m) suddito
subdivisión (f) suddivisione
subida (f) salita; aumento

subir salire; aumentare; alzare

sublevación (f) sollevazione

sublime sublime

submarino sottomarino

subordinado subordinato

subsanar risarcire

subsidio (m) sussidio

subsiguiente susseguente

subsistencia (f) sussistenza

subsistir sussistere

subsuelo (m) sottosuolo

suburbio (m) suburbio

subvención (f) sovvenzione

subvencionar sovvenzionare

subversivo sovversivo

subyugar soggiogare

suceder accadere

sucesión (f) successione

suceso (m) avvenimento; esito

sucesor (m) successore

suciedad (f) sporcizia

sucinto succinto

sucio sporco

suculento succulento

sucumbir soccombere

sucursal succursale

sudar sudare

sudario (m) sudario

sudor (m) sudore

Suecia Svezia

sueco svedese

suegro (m) suocero

suela (f) suola

sueldo (m) stipendio

suelo (m) suolo

suelto sciolto; disinvolto | (s. m.) trafiletto

sueño (m) sogno; sonno

suero (m) siero

suerte (f) sorte; fato

suficiencia (f) sufficenza

suficiente sufficiente

sufragar suffragare

sufragio (m) suffragio

sufrimiento (m) sofferenza (f)

sufrir suggerire

sugestión (f) suggestione

suicida (m) suicida

suicidarse suicidarsi

suicidio (m) suicidio

Suiza Svizzera

suizo svizzero

sujeción (f) soggezione

sujetar soggiogare

sujeto (m) soggetto

sulfuroso solforoso

suma (f) somma

sumar sommare

sumario (m) sommario

sumergible (m) sommergibile

sumergir sommergere

suministrar somministrare

suministro (m) fornitura

sumir sprofondare; immergere

sumisión (f) sottomissione

sumiso sommesso

sumo sommo

suntuoso sontuoso

superar superare

superficial superficiale

superficie (f) superficie

superfluo superfluo

superior superiore

superioridad (f) superiorità

superponer sovrapporre

superposición (f) sovrapposizione

supersticioso superstizioso

suplantar soppiantare

suplementario supplementare

suplente supplente

súplica (f) supplica

suplicar supplicare

suplicio (m) supplizio

suplir supplire

suponer supporre

suposición (f) supposizione

supremacía (f) supremazia

supremo supremo

supresión (f) soppressione

suprimir sopprimere

sur (m) sud
surcar solcare
surgir sorgere
surtido assortito | (m) assortimento
surtidor fornitore; zampillo; posto di rifornimento
surtir zampillare; fornire
susceptible suscettibile
suscitar suscitare
suscribir sottoscrivere
suscripción (f) abbonamento (m)
suspender sospendere

suspensión (f) sospensione
suspirar sospirare
suspiro (m) sospiro
sustancia (f) sostanza
sustancial sostanziale
sustancioso sostanzioso
sustentar sostentare
sustento (m) sostegno
sustituto (m) sostituto
susto (m) spavento
sustraer sottrarre
sutil sottile
sutilizar sottilizzare

T

tabaco (m) tabacco
tábano (m) tafano
taberna (f) taverna
tabernáculo (m) tabernacolo
tabla (f) asse, indice (m)
tablado (m) palco; tavolato
tablajero (m) biscazziere
tablero (m) scacchiera (f)
tacaño furbo; spilorcio
tácito tacito
taciturno taciturno
taco (m) tappo; imprecazione
tacón (m) tacco
tacto (m) tatto
tachar tacciare
tafetán (m) taffetà
tahalí (m) tracolla (f)
tahur (m) baro
tajada (f) sbornia
tajo (m) taglio
tal tale
taladrar perforare
talante (m) maniera; aspetto; umore
talento (m) talento

talón (m) tallone; bolletta; ricevuta
talonario (m) bollettario
tallar intagliare
talle (m) statura (f)
taller (m) officina; laboratorio
tallo (m) stelo; gambo
tamaño (m) grandezza; misura (f)
tambalear traballare
también anche
tambor (m) tamburo
tamiz (m) setaccio
tampoco neppure
tan tanto; così
tangible tangibile
tantear saggiare
tanto tanto
tañido (m) suono
tapa (f) coperchio (m)
tapar tappare
tapar tappare
tapia (f) muro di cinta (m)
tapicería (f) tappezzeria
tapiz (m) arazzo

tapón (m) tappo

taquigrafiar stenografare

taquilla (f) sportello (m) (biglietteria)

taracea (f) intarsio (m)

tardanza (f) ritardo (m)

tarde (f) pomeriggio; sera | (avv.) tardi

tarea (f) compito; lavoro (m)

tarifa (f) tariffa

tarjeta (f) cartolina; biglietto da visita; tessera; targhetta

tarta (f) torta

tartamudo balbuziente

tartana (f) biroccio

tasa (f) tassa; calmiere

tatuaje (m) tatuaggio

taxámetro (m) tassametro

taza (f) tazza

te (pron.) te; ti

tea (f) torcia; fiaccola

teatro (m) teatro

teclado (m) tastiera (f)

techo (m) soffitto

techumbre (f) tetto (m)

teja (f) tegola

tejado (m) tetto

tejedor (m) tessitore

tejer tessere

tejido (m) tessuto

tela (f) tela

telaraña (f) ragnatela

telefonear telefonare

telegrafiar telegrafare

telón (m) telone; sipario

temblar tremare

temblor (m) tremore

tembloroso tremolante

temer temere

temperatura (f) temperatura

tempestad (f) tempesta

templa (f) (e temple) tempera

templado tiepido; temperato

templanza (f) temperanza

temple (m) temperamento; umore; tempra

templo (m) tempio

temporada (f) epoca; stagione

temporero avventizio

tempranero primaticcio

temprano presto

tenaz tenace

tenaza (f) tenaglia

tender stendere; tendere

tendero (m) bottegaio

tendido (m) gradinata (f)

tendón (m) tendine

tenedor (m) possessore; ragioniere; forchetta

teneduría (f) tenuta dei libri; ragioneria

tener avere; possedere

tenería (f) conceria

tensión (f) tensione

tentación (f) tentazione

tentar tentare; tastare

tentativa (f) tentativo (m)

teñir tingere

tercero (m) terzo; mediatore

terciopelo (m) velluto

terco ostinato

terliz (m) traliccio

termas (f pl) terme

terminación (f) terminazione; fine

terminantemente categoricamente

término (m) termine

ternero (m) vitello

ternura (f) tenerezza

terquedad (f) caparbietà

terraplén (m) terrapieno

terraza (f) terrazza; aiuola

terreno terreno

terrible terribile

terrón (m) zolla (f)

terruño (m) terreno

tertulia (f) riunione; cenacolo

tesis (f) tesi

tesorero (m) tesoriere

testaferro (m) prestanome

testamentaría (f) esecuzione testamentaria

testar far testamento

testarudo cocciuto

testigo (m) teste

testimonio (m) testimonianza

tétrico tetro

texto (m) testo

tez (f) carnagione

ti te, ti

tía (f) zia

Tíber Tevere

tibio tiepido

tiempo (m) tempo

tienda (f) bottega; negozio

tiento (m) tatto; tasto

tierno tenero

tierra (f) terra

tieso duro, rigido

tifus (m) tifo

tijeras (f pl.) forbici

tilo (m) tiglio

timar truffare

timbrar timbrare

timbre (m) campanello; timbro; bollo

tímido timido

timón (m) timone

tinaja (f) tinozza

tinieblas (f pl.) tenebre

tino (m) abilità (f)

tinta (f) inchiostro (m)

tinte (m) tintura

tintero (m) calamaio

tintura (f) tintura; belletto

tiple (m) soprano (f)

tipo (m) tipo

tipógrafo (m) tipografo

tira (f) striscia

tirabuzón (m) cavatappi

tirada (f) tirata; tiratura

tirano (m) tiranno

tirante (m) bretella (f)

tirar tirare; scagliare

tiro (m) tiro; sparo

tirón (m) strattone

tiroteo (m) sparatoria (f)

títere (m) burattino

titubeo (m) titubanza (f)

título (m) titolo

tiza (f) gessetto (m)

tiznar annerire

toalla (f) asciugamano (m)

tobillo (m) caviglia (f)

toca (f) cuffia

tocado (m) acconciatura (f)

tocador (m) tavolino o gabinetto da toeletta; suonatore (m)

tocante (avv.) riguardo

tocar suonare; toccare; spettare

tocayo (m) omonimo

tocino (m) lardo

todavía tuttora

todo tutto, ogni

toldo (m) tenda

tolerancia (f) tolleranza

toma (f) presa

tomar prendere

tomate (m) pomodoro

tomo (m) volume

tonel (m) barile

tono (m) tono

tonillo (m) cantilena (f)

tontería (f) sciocchezza

tonto sciocco

topar imbattersi; cozzare

tope (m) intoppo; urto

topo (m) talpa (f)

toque (m) tocco; suono

torbellino (m) vortice

torcer torcere

torero (m) torero

toril (m) stalla dei tori

tormenta (f) tormenta

tornar restituire; tornare

tornillo (m) tornio

torpe goffo; rozzo

torre (f) torre

torreón (m) torrione

tórrido torrido

torta (f) torta; sberla

tortilla (f) frittata

tortuga (f) tartaruga
tortura (f) tortura
torvo torvo
tos (f) tosse
tosco grossolano
toser tossire
tostada (f) crostino (m)
total totale
traba (f) intoppo, legame (m)
trabajador (m) lavoratore
trabajar lavorare
trabajo (m) lavoro; fatica
trabajoso penoso
trabar inceppare; allacciare
trabucar scompigliare
tracción (f) trazione
tradición (f) tradizione
traducción (f) traduzione
traducir tradurre
traer trarre, portare
tráfago (m) traffico
traficar trafficare
tragaluz (m) abbaino
tragar trangugiare
trágico tragico
trago (m) sorso
traición (f) tradimento (m)
traicionar tradire
traída (f) trasporto; portata
traidor (m) traditore
traje (m) abito
trampa (f) inganno; trappola
tramposo truffatore
trance (m) frangente; rischio; sequestro
tranquilo tranquillo
transbordo (m) trasbordo; traghetto
transcribir trascrivere
transcurrir trascorrere
transeunte (m) passante
transferir trasferire
transformación (f) trasformazione
transgresión (f) trasgressione
transición (f) transizione

transigir transigere
tránsito (m) transito; tappa
translúcido trasparente
transmitir trasmettere
transpiración (f) traspirazione
tranvía (m) tram
trapisondista (m) imbroglione
trapo (m) straccio
tras dietro
trasero (m) deretano
trasgredir trasgredire
trasiego (m) travaso
trasladar traslocare, tradurre
trasnochar vegliare; pernottare
traspasar trapassare; trasferire
traste (m) tasto (musicale); arnese
trastornar disturbare; disturbo
tratado (m) trattato
tratante (m) commerciante
tratar trattare
trato (m) maniera (f)
través | al - attraverso
travesía (f) traversia; traversata
travieso discolo
trayecto (m) tragitto
traza (f) traccia
trazo (m) tracciato; progetto
trecho (m) tratto
tregua (f) tregua
treinta trenta
tremendo tremendo
tren (m) treno
trenza (f) treccia
trepante arrampicante
trepar arrampicarsi
tres tre
treta (f) finta
triángulo (m) triangolo
tribu (f) tribù

tribunal (f) tribunale (m)
tributo (m) tributo
trigo (m) grano
trillar trebbiare
trimestre (m) trimestre
trinar trillare
trineo (m) slitta
trinidad (f) trinità
tripa (f) trippa
tripulación (f) ciurma
tripular equipaggiare
tris (m) scricchiolio
triste triste
triunfar trionfare
trivial triviale
trocar scambiare
troje (m) granaio
trompa (f) tromba; proboscide
trompeta (m) trombettiere | (f) trombetta
trompo (m) trottola
tronar tuonare
tropel (m) drappello
tropezar inciampare
trópico tropico
tropiezo (m) urto
trotar trottare
trovero (m) trovatore
trozo (m) pezzo; brano
trucha (f) trota

trueno (m) tuono
trueque (f) scambio (m)
trufa (f) tartufo (m)
truhán (m) buffone; briccone
truncar troncare
tubería (f) tubatura
tubo (m) tubo
tuerto torto; guercio
tufo (m) puzzo; boria
tul (m) tulle
tumba (f) tomba
tumbarse sdraiarsi
tumulto (m) tumulto
tunante briccone
tunda (f) bastonatura
tunel (m) galleria (f)
turba (f) turba; torba
turbación (f) turbamento (m)
turbar turbare; perturbare
turbio torbido
turbión (m) acquazzone
turbulento turbolento
turca (f) sbornia
turnar alternarsi
Turquía (f) Turchia
turrar torrefare
tutearse darsi del tu
tutor (m) tutore
tutoría (f) tutela
tuyo tuo

U

ubicación (f) ubicazione
ufanía (f) vanagloria
ufano borioso
ujier (m) usciere
último ultimo
ultrajar oltraggiare
ultramarino d'oltremare; **tienda de ultramarinos** drogheria
umbral (m) soglia (f)

umbría (f) luogo ombroso
umbrío ombroso
unánime unanime
unción (f) unzione
uncir aggiogare
ungir ungere
ungüento (m) unguento
único unico
unidad (f) unità
unificar unificare

uniformar uniformare
unión (f) unione
unir unire
universal universale
universidad (f) università
untar ungere
uña (f) unghia
urbanización (f) incivilimento (m)
urbanizar incivilire
urbano urbano
urdir ordire
urgencia (f) urgenza
urgir urgere

urraca (f) gazza
usado usato
usanza usanza
usar usare
usier (m) usciere
usted Lei
usura (f) usura
usurero (m) usuraio
usurpar usurpare
utensilio (m) utensile; attrezzo
útil utile
utilizar utilizzare
uva (f) uva

V

vaca (f) vacca
vacación (f) vacanza
vacancia (f) posto vacante (m)
vacar esser vacante
vaciar vuotare
vaciedad (f) vacuità
vacilar vacillare
vacío vuoto
vecuidad (f) vuoto (m)
vacunar vaccinare
vacuno (m) vaccino; bovino
vadear guadare
vado (m) guado
vagar vagare
vago fannullone
vagón (m) vagone
vaguedad (f) incostanza
vaguido (m) (e vahido) vertigine
vahar esalare
vaho (m) esalazione (f)
vajilla (f) stoviglie
valedero valevole
valentía (f) valentia
valentón gradasso

valer valere
valeroso valoroso
validez (f) validità
valor (m) valore; coraggio
valorar valorizzare
vals (m) valzer
valuar valutare
vanaglorioso vanaglorioso
vanguardia (f) avanguardia
vanidad (f) vanità
vapor (m) vapore
vaporación (f) evaporazione
vaquero (m) bovaro
vara (f) bacchetta
varar tirare in secco
variar variare
variedad (f) varietà
varón (m) maschio
varonil virile
vasija (f) vaso (m)
vástago (m) germoglio
vasto vasto
vatio (m) watt
vecino (m) abitante
vecindad (f) vicinato (m)
veda (f) divieto (m)
vedado (m) riserva (f)

vedar vietare
vedija (f) batuffolo (m)
vega (f) pianura (fertile)
vegetación (f) vegetazione
vehemencia (f) veemenza
vehículo (m) veicolo
veinte venti
vejez (f) vecchiaia
vejiga (f) vescica
vela (f) veglia; vela; candela
velador (m) tavolino
velar vegliare; vigilare
velero (m) veliero
veleta (f) banderuola
velo (m) velo
velocidad (f) velocità
veloz veloce
vena (f) vena
venado (m) cervo
vencedor (m) vincitore
vencer vincere
venda (f) benda
vendaje (m) fasciatura (f)
vendar bendare
vender vendere
vendimia (f) vendemmia
veneno (m) veleno
venerar venerare
vengar vendicare
venganza (f) vendetta
vengativo vendicativo
venia (f) venia; licenza
venida (f) venuta
venidero venturo
venir venire, arrivare
venta (f) vendita; locanda
ventaja (f) vantaggio (m)
ventana (f) finestra
ventanilla (f) finestrino; sportello (m)
ventilar ventilare
ventisca (f) bufera
ventura (f) ventura; rischio
Venus Venere
ver vedere
vera (f) orlo (m)
veranear villeggiare
veraneo (m) villeggiatura (f)

verbena (f) festa popolare notturna
verdad (f) verità
verdadero vero
verde verde
verdugo (m) boia, livido; virgulto
verdura (f) verdura
vereda (f) sentiero (m)
veredicto (m) verdetto
vergüenza (f) vergogna
verificador (m) verificatore; controllore
verja (f) inferriata
verme (m) verme
verosímil verosimile
versión (f) versione
verter versare
vértice (m) vertice
vertiente (f) versante (m)
vértigo (m) vertigine (f)
vestido (m) vestito
vestir vestire
vez (f) volta; vece
vía (f) cammino; binario (m)
viaducto (m) viadotto
viajante (m) viaggiatore (di commercio)
viajar viaggiare
viaje (m) viaggio
viajero (m) viaggiatore
víbora (f) vipera
vibrar vibrare
vice vice
viciar viziare
vicio (m) vizio
victoria (f) vittoria
vid (f) vite
vida (f) vita
vidriera (f) vetrata
vidrio (m) vetro
viejo (m) vecchio
viento (m) vento
vientre (m) ventre
viernes (m) venerdì
vigente vigente
vigilancia (f) vigilanza

vigilia (f) vigilia; veglia
vigor (m) vigore
vil vile
vileza (f) viltà
vilipendio (m) vilipendio
vilo | en in bilico
villa (f) città
vinagre (m) aceto
vinatero (m) oste
vínculo (m) vincolo
vino (m) vino
viña (f) vigna
viñador (m) vignaiolo
viñeta (f) vignetta
viola (f) viola
violación (f) violazione
violencia (f) violenza
violeta (f) violetta
violín (m) violino
virar virare
virgen (f) vergine
viril virile
virtud (f) virtù
viruela (f) vaiolo (m)
visado (m) visto
visaje (m) smorfia (f)
visco (m) vischio
visera (f) visiera
visita (f) visita
visitar visitare
vislumbrar scorgere
vista (f) vista; aspetto
visual visuale
vital vitale
vitalidad (f) vitalità
vitorear applaudire
vitrina (f) vetrina
vitualla (f) vettovaglia
vituperar vituperare

viudez (f) vedovanza
viudo (m) vedovo
vivaracho vivacissimo
vivaz vivace
viveza (f) vivacità
vividor (m) gaudente
vivir vivere
vivienda (f) abitazione
vivo vivo; vivace
vocación (f) vocazione
vocal (f) vocale; consigliere
vocear vociferare
vocinglero (m) sbraitone
voladizo (m) sporgenza (f)
volar vòlare
volcán (m) vulcano
volcar capovolgere
voltear volteggiare
voluble volubile
volumen (m) volume
voluntad (f) volontà
voluptuoso voluttuoso
volver ritornare; voltare; rendere
vomitar vomitare
voraz vorace
vosotros voi
votar votare
voto (m) voto
voz (f) voce; suono (m)
vuelco (m) ribaltamento; capitombolo
vuelta (f) giro; ritorno; rovescio (m)
vuelto ritornato; voltato
vulgar volgare
vulgarizar volgarizzare
vulgo (m) volgo
vulnerable vulnerabile

X

xilografía xilografía | xenofobía (f) xenofobia

Y

y e, ed
ya già; ormai; più
yacer giacere
vacija (f) giaciglio (m)
yate (m) panfilo
yedra (f) edera
yegua (f) giumenta
yelmo (m) elmo
yema (f) gemma; tuorlo
  (d'uovo)

yerba (f) erba
yermo ermo
yerno (m) genero
yerto rigido
yeso (m) gesso
yo io
yugo (m) giogo
yunque (m) incudine (f)
yunta (f) coppia di buoi
yute (m) iuta (f)

Z

zabordar incagliarsi
zaño rozzo
zafo libero; illeso
zaga (f) parte posteriore; ter-
  zino
zagal giovane; pastore
zaguán (m) ingresso
zaherir mortificare
zahorí (m) indovino; rabdo-
  mante
zahorra (f) zavorra
zalamero adulatore
zambra (f) festa moresca
zambullir tuffare
zanahoria (f) carota
zángano (m) scroccone
zanja (f) solco (m)
zanjar scavare
zapa (f) zappa
zapatería (f) calzoleria
zapatilla (f) pantofola
zapato (m) scarpa
zar (m) czar

zaranda (f) staccio (m)
zarpar salpare
zarza (f) rovo (m)
zarzuela (f) operetta
zinc (m) zinco
zócalo (m) zoccolo
zollipo (m) singhiozzo
zona (f) zona
zopenco goffo
zorongo (m) ballo popolare
zorra (f) volpe
zozobra (f) affanno (m)
zueco (m) zoccolo
zumbar ronzare; burbare
zumbido (m) ronzio
zumo (m) sugo
zuño (m) cipiglio
zurcir rammendare
zurdo (m) mancino
zurrar conciare
zurriagar sferzare
zurrón (m) bisaccia (f)
zutano un tizio

Dizionario
italiano - spagnolo

PRINCIPALI REGOLE DI PRONUNCIA

A a

B b

C c = suono duro **ca, co, cu**
dinanzi a queste tre vocali;
suono interdentale (= **tz**)
dinanzi alle vocali **e, i**; es.:
cielo = tzielo.

CH ch pron.: = ci (ital.)
es.: **muchacho = muciacio.**
Non può essere divisa, perciò mu-cha-cho.

D d (in fine di parola è
muta).

E e

F f

G g pron. gutturale aspirato
(davanti ad **e, i**). Suono duro **ga, go, gu** dinanzi a queste tre vocali e quando è seguito da **u** più **e**, ed **u** più
i; es.: **gue = ghe; gui =
ghi**; ma **gua = gua; guo =
guo**, come in italiano.

gn = suono duro (come l'ital.
gm), quindi **signo = signo**.
Va divisa perciò sig-no.

H h muta

I i

J j pron. come g (davanti a
tutte le vocali). Si chiama
jota.

K k pron.: = ch (ital.)

L l

LL ll pron.: = gli (ital.) es.:
llama = gliama. Non può
essere divisa, perciò **ga-lli-
na.**

M m

N n

N ñ pron. = gn (ital.) es.:
España = Espagna
Il segno ˜ sulla n (ñ) si
chiama tilde.

O o

P p

Q q sempre seguita soltanto
da **u**, nei gruppi di vocali
u più **e**; **u** più **i** pron. = ch
(ital.), es.: **que = che.**

R r

rr non può essere divisa,
perciò **ferrocarril** = fe-rro-
ca-rril.

S s la s impura fa sillaba
con la vocale precedente,
perciò **ves-tir.**
È sempre aspra (come nel-
l'ital. sole), quindi **rosa.**

T t

U u

V v

X x

Y y = i ital. (è una cons.).

Z z non può precedere altro
che le vocali **a, u, o** col medesimo suono del c spagnolo
(= tz).

V v

b e **v** hanno suono quasi
sempre identico cioè labiale
se in principio di parola;
= **v** ital. se nell'interno della parola.

La dieresi (..) si incontra
solo sulla **u** dopo la g, e in
questo caso si legge la **u**;
es.: **averigüe = averigué** (come in ital.).

NOZIONI PRINCIPALI DI GRAMMATICA

PRONOMI PERSONALI
SOGGETTO:

Io = yo (la posa della voce
è sulla o)
Tu = tú
Egli = él
Essa = ella
Lei = Usted (è il pronome
di cortesia. Normalmente si
te si scrive **Uds.**).
Noi = nosotros, nosotras
Voi = vosotros, vosotras
Essi = ellos
Esse = ellas
Loro = Ustedes (pronome di
cortesia plurale. Normalmen-
te si scrive **Uds.**).

CONIUGAZIONE DEI VERBI

AUSILIARI

Essere = **ser** o **estar:**
Ser: davanti ai nomi, pronomi e numerali; davanti
agli aggettivi quando si
vuol parlare di **qualità** del
soggetto: Luigi è bruno =
Luis **es** moreno.
Estar: quando **essere** ha il
significato di **trovarsi;** davanti agli aggettivi quando
si parla di **stato** del soggetto: Luigi è ammalato =
Luis **está** enfermo.
Avere = **haber** e **tener:**
Haber: è vero ausiliare:
Ho mangiato = **He** co-
mido.
Tener: quando **avere** è solo, cioè quando è verbo
principale: **Ho** sete = **Ten-**
go sed.

Haber è l'ausiliare per eccellenza: si usa per la forma attiva nella formazione
di tutti i tempi composti
dei verbi transitivi e in-
transitivi, riflessivi, recipro-
ci e ausiliari.
Ser, come ausiliare, si usa
soltanto nella forma pas-
siva.
Il **participio passato** preceduto da **haber** resta inva-
riato, mentre concorda in
genere e numero quando è
preceduto da **ser** (cioè nelle passive).
Las señoras **han llegado.**
Las alumnas **fueron** alaba-
das.
Se **han** peinado.
Hemos estado en la iglesia.

CONIUGAZIONE DI **ser**

Indicativo

Presente

Soy
Eres
Es
Somos
Sois
Son

Imperfecto

Era
Era
Eras
Éramos
Erais
Eran

Indefinido

Fuí (con accento sulla í)
Fuiste
Fué (con accento sulla é)
Fuimos
Fuisteis
Fueron

Futuro

Seré
Serás
Será
Seremos
Seréis
Serán

Potencial

Sería
Serías
Sería
Seríamos
Seríais
Serían

Subjuntivo

Presente

Sea
Seas
Sea
Seamos
Seáis
Sean

Imperfecto

Fuera	oppure	Fuese
Fueras		Fueses
Fuera		Fuese
Fuéramos		Fuésemos
Fuerais		Fueseis
Fueran		Fuesen

(Si può usare normalmente la forma in **ra** oppure in **se** per tutti i verbi)

Il futuro del congiuntivo, in re (**fuere** ad esempio) è in tutti i verbi.

Imperativo

2. Sé
3. Sea (sea Usted)
1. Seamos
2. Sed
3. Sean (sean Ustedes)

Infinitivo

Ser

Gerundio

Siendo

Participio

Sido

CONIUGAZIONE DI ESTAR

Indicativo

Presente

Estoy
Estás
Està
Estamos
Estáis
Están

Imperfecto

Estaba
Estabas
Estaba
Estábamos
Estabais
Estaban

Indefinido

Estuve
Estuviste
Estuvo
Estuvimos
Estuvisteis
Estuvieron

Futuro

Estaré
Estarás
Estará
Estaremos
Estaréis
Estarán

Potencial

Estaría
Estarías
Estaría
Estaríamos
Estaríais
Estarían

Subjuntivo

Presente

Esté
Estés
Esté
Estemos
Estéis
Estén

Imperfecto

Estuviera	*oppure*	estuviese
Estuvieras		-eses
Estuviera		-ese
Estuviéramos		-ésemos
Estuvierais		-eseis
Estuvieran		-esen

Imperativo

2. Está
3. Esté (Esté Usted)
1. Estemos
2. Estad
3. Estén (Estén Ustedes)

Infinitivo

Estar

Gerundio

Estando

Participio

Estado

CONIUGAZIONE DI HABER

Indicativo

Presente

He
Has
Ha
Hemos
Habéis
Han

Imperfecto

Había
Habías
Había
Habíamos
Habíais
Habían

Indefinido

Hube
Hubiste
Hubo
Hubimos
Hubisteis
Hubieron

Futuro

Habré
Habrás
Habrá
Habremos
Habréis
Habrán

Potencial	Imperfecto
Habría	Tenía
Habrías	Tenías
Habría	Tenía
Habríamos	Teníamos
Habríais	Teníais
Habrían	Tenían

Subjuntivo

Presente

	Indefinido
Haya	
Hayas	Tuve
Haya	Tuviste
Hayamos	Tuvo
Hayáis	Tuvimos
Hayan	Tuvisteis
	Tuvieron

Imperfecto

Hubiera	*oppure*	Hubiese
Hubieras		-eses
Hubiera		-ese
Hubiéramos		-ésemos
Hubierais		-eseis
Hubieran		-esen

Futuro

Tendré
Tendrás
Tendrá
Tendremos
Tendréis
Tendrán

Infinitivo

Haber

Gerundio

Habiendo

Manca di imperativo e di participio.

Potencial

Tendría
Tendrías
Tendría
Tendríamos
Tendríais
Tendrían

CONIUGAZIONE DI TENER

Indicativo

Presente

	Imperativo
Tengo	
Tienes	2. Ten
Tiene	3. Tenga (Tenga Usted)
Tenemos	1. Tengamos
Tenéis	2. Tened
Tienen	3. Tengan (Tengan Ustedes)

Subjuntivo

Presente

Tenga
Tengas
Tenga
Tengamos
Tengáis
Tengan

Imperfecto

Tuviera   *oppure*   Tuviese
Tuvieras   -eses
Tuviera   -ese
Tuviéramos   -ésemos
Tuvierais   -eseis
Tuvieran   -esen

Infinitivo

Tener

Gerundio

Teniendo

Participio

Tenido

Il **gerundio** spagnolo traduce normalmente il **participio presente** italiano: Un niño-llorando.

I VERBI REGOLARI

PRIMA CONIUGAZIONE IN -AR

Cantar

Indicativo

Presente

Cant o
Cant as
Cant a
Cant amos
Cant áis
Cant an

Imperfecto

Cant aba
Cant abas
Cant aba
Cant ábamos
Cant abais
Cant aban

Indefinido

Cant é
Cant aste
Cant ó
Cant amos
Cant asteis
Cant aron

Futuro

Cant aré
Cant arás
Cant ará
Cant aremos
Cant aréis
Cant arán

Potencial

Cant aría
Cant arías
Cant aría
Cant aríamos
Cant aríais
Cant arían

Imperativo

Cant a
Cant e
Cant emos
Cant ad
Cant en

Subjuntivo

Presente

Cant e
Cant es
Cant e
Cant emos
Cant éis
Cant en

Imperfecto

Cant ara	oppure	-ase
Cant aras		-ases
Cant ara		-ase
Cant áramos		-ásemos
Cant arais		-aseis
Cant aran		-asen

Infinitivo

Cant ar

Gerundio

Cant ando

Participio

Cant ado

SECONDA CONIUGAZIONE IN -ER

T e m e r

Indicativo

Presente

Tem o
Tem es
Tem e
Tem emos
Tem éis
Tem en

Imperfecto

Tem ía
Tem ías
Tem ía
Tem íamos
Tem íais
Tem ían

Indefinido

Tem í
Tem iste
Tem ió
Tem imos
Tem isteis
Tem ieron

Futuro

Tem eré
Tem erás
Tem erá
Tem eremos
Tem eréis
Tem erán

Potencial

Tem ería
Tem erías
Tem ería
Tem eríamos
Tem eríais
Tem erían

Imperativo

Tem e
Tem a
Tem amos
Tem ed
Tem an

Subjuntivo

Presente

Tem a
Tem as
Tem a
Tem amos
Tem áis
Tem an

Imperfecto

Tem iera	oppure	-iese
Tem ieras		-ieses
Tem iera		-iese
Tem iéramos		-iésemos
Tem ierais		-ieseis
Tem ieran		-iesen

Infinitivo

Tem er

Gerundio

Tem iendo

Participio

Tem ido

<small>TERZA CONIUGAZIONE IN -IR</small>

V i v i r

Indicativo

Presente

Viv o
Viv es
Viv e
Viv imos
Viv ís
Viv en

Imperfecto

Viv ía
Viv ías
Viv ía
Viv íamos
Viv íais
Viv ían

Indefinido

Viv í
Viv iste
Viv ió
Viv imos
Viv isteis
Viv ieron

Futuro

Viv iré
Viv irás
Viv irá
Viv iremos
Viv iréis
Viv irán

Potencial

Viv iría
Viv irías
Viv iría
Viv iríamos
Viv iríais
Viv irían

Imperativo

Viv e
Viv a
Viv amos
Viv id
Viv an

Subjuntivo

Presente

Viv a
Viv as
Viv a
Viv amos
Viv áis
Viv an

Imperfecto

Viv iera   *oppure*   -iese
Viv ieras   -ieses
Viv iera   -iese
Viv iéramos   -iésemos
Viv ierais   -ieseis
Viv ieran   -iesen

Infinitivo

Viv ir

Gerundio

Viv iendo

Participio

Viv ido

VERBO « DOVERE »

1) **Deber:** con il senso di **essere obbligato** per legge divina o morale:

   El hijo **debe** respeto a sus padres.

2) **Deber de:** indica dubbio, supposizione:

   Debe de estar enfermo.

3) **Haber de:** significa **aver l'intenzione** di fare una cosa:

   He de estudiar.

4) **Tener que:** significa la **necessità** di fare una cosa. È il più usato dei quattro.

   Tengo que marcharme.

VERBO « DIVENTARE »

1) **Ponerse:** indica un cambiamento **momentaneo:**

   Me **pongo** nervioso.

2) **Volverse:** indica un cambiamento **persistente:**

   Se **volvió** loco.

3) **Hacerse:** con il significato di **crescere** o di **conseguire il fine** a cui si aspira:

   Se **hará** maestro.

VERBO « SUONARE »

1) **Dar:** detto delle ore:

   Dan las diez.

2) **Tocar:** detto di uno strumento:

   Tocar el piano.

3) **Doblar:** detto delle campane:

   Doblan las campanas.

4) **Sonar:** negli altri casi:

   No me **suena** ese nombre.

TRADUZIONE DI « SIGNORE, SIGNORA, SIGNORINA »

1) **Signore: Don,** davanti ai nomi propri; **Caballero,** come termine di cortesia; **Señor,** davanti ai cognomi e in tutti gli altri casi.

2) **Signora: Doña,** davanti ai nomi propri; **Señora,** davanti ai cognomi e in ogni altro caso.

3) **Signorina: Señorita,** in ogni caso.

AVVERBI

Traduzione di « molto »:

1) **Muy:** avverbio, davanti agli aggettivi, avverbi e participi passati:
   Muy listo.
   Muy bien.
   Invariabile.

2) **Mucho:** avverbio, in ogni altro caso:
   Trabaja **mucho.**
   Me gusta **mucho.**
   Invariabile.

3) **Mucho, a, os, as:** è il tipico aggettivo o pronome:
   Tengo **muchos** amigos.
   Había **mucha.**
   Variabile.

Traduzione di « dove »

1) **Donde:** è stato in luogo:
   La ciudad **donde** vivo.

2) **Adonde:** è moto a luogo:
   adonde?

3) **De donde:** è moto da luogo:
   De **dónde** viene?

Traduzione di « qui - lí - lá »:

   Qui = **aquí (acá)**
   Lí = **allí**
   Lá = **allá**

Traduzione di « ecco »

Ecco = **he aquí,** per la vicinanza; **he allá,** per la lontananza.

PREPOSIZIONI

Di = de

A = a (moto a luogo)
Da = de o desde (provenienza, **por** (nelle forme passive)

In = en (stato in luogo)

Con = con (compagnia), **por** (mezzo)

Su = sobre

Per = para (direzione, fine, scopo), **por** (mezzo, causa, moto per luogo, prezzo, quantità)

Tra (fra) = entre, dentro de (fra quanto tempo?)

Fino a = hasta

A

a a, en, de
abate (m) abad
abbacinare obcecar
abbadessa (f) abadesa
abbagliare deslumbrar
abbaglio (m) equivocación (f)
abbaiare ladrar
abbaiamento (m) ladrido
abbaíno (m) tragaluz
abbandonare abandonar
abbandonato abandonado
abbandono (m) abandono
abbarbicarsi arraigarse
abbaruffare desordenar
abbassare bajar
abbasso abajo
abbastanza bastante
abbattere derribar
abbattersi desalentarse
abbattimento (m) desaliento
abbazia (f) abadía
abbecedario (m) silabario
abbellire embellecer
abbeverare abrevar
abbeveratoio (m) abrevadero
abbiente adinerado
abbietto abyecto
abbigliare vestir
abbigliamento (m) vestido
abbinare juntar
abbindolamento (m) engaño
abbindolare engañar
abbisognare necesitar
abboccare abocar
abboccarsi entrevistarse
abboccamento (m) entrevista (f)
abbonamento (m) suscripción (f)
abbonato abonado
abbondante abundante

abbondanza (f) abundancia
abbondare abundar
abbordaggio (m) abordaje
abbordare abordar
abbottonare abotonar
abbozzare bosquejar
abbozzo (m) bosquejo
abbracciare abrazar
abbraccio (m) abrazo
abbrancare agarrar, asir
abbreviare abreviar
abbreviatura (f) abreviadura
abbronzare tostar
abbronzatura (f) bronceado (m)
abbrustolire achicharrar
abbrutimento (m) embrutecimiento
abbrutire embrutecer
abbuono (m) abono
abdicare abdicar
abdicazione (f) abdicación
abete (m) abeto
abile hábil; diestro
abilità (f) habilidad
abilitare habilitar
abisso (m) abismo
abitabile habitable
abitante (m) habitante
abitare habitar, vivir
abitazione (f) casa, habitación
ábito (m) traje; vestido
abituale habitual
abitualmente de costumbre
abituato acostumbrado
abitudine (f) costumbre
abiurare abjurar
abnegazione (f) abnegación
abolire abolir, abrogar
aborrire aborrecer

abortire abortar
aborto (m) aborto
ábside (f) ábside
abusare abusar
abusivo abusivo
abuso (m) abuso
acacia (f) acacia
accademia (f) academia
accademico académico
accadere suceder
accaduto (m) suceso
accalappiacani (m) lacero
accalcare amontanar
accaldarsi acalorarse
accampamento (m). campamento
accanirsi encarnizarse
accanto cerca de
accaparrare acaparar
accappatoio (m) albornoz
accarezzare acariciar
accasare casar
accattonaggio (m) mendecidad (f)
accattone (m) mendigo
accecamento (m) cegüedad (f)
accecante deslumbrante
accedere acceder
acceleramento (m) aceleración (f)
accelerare acelerar
accelerato tren expreso
acceleratore (m) acelerador
accendere encender
accenditore (m) encendedor
accennare aludir
accenno (m) alusión (f)
accento (m) acento
accentrare concentrar
accentuare acentuar
accerchiare rodear
accertàbile comprobable
accertamento (m) comprobación (f)
accertare comprobar
accessibile accesible
acceso encendido

accesso (m) acceso
accessorio accesorio
accetta (f) destral (m)
accettabile aceptable
accettare aceptar
accettazione (f) aceptación
accetto aceptado
acchiappare atrapar
acciacco (m) enfermedad (f)
acciaio (m) acero
acciaieria (f) acería
acciarino (m) eslabón
accidentale accidental
accidente (m) accidente
accidia (f) pereza
accidioso perezoso
accigliamento (m) tristeza (f)
accingersi aprestarse
acciò a fin de que
acciottolare empedrar
acciuffare agarrar
acciuga (f) anchoa
acclamare aclamar
acclive áspero
acclamazione (f) aclamación
acclimatare aclimatar
acclúdere incluir
accluso adjunto
accoglienza (f) acogida
accogliere acoger
accollare cargar
accolta (f) acogida
accoltellare acuchillar
accomiatarsi despedirse
accomodamento (m) arreglo
accomodare arreglar
accompagnamento (m) acompañamiento
accompagnare acompañar
accomunarsi familiarizarse
acconciatura (f) tocado (m)
acconcio compuesto
acconsentire consentir
acconto (m) anticipo
accoppiare acoplar
accorarsi afligirse
accorciamento (m) acortamiento

accorciare abreviar
accorciatoia (f) atajo (m)
accordare acordar
accordo (d'...) de acuerdo
accorgersi darse cuenta
accorgimento (m) prevision (f)
accorrere acudir
accortezza (f) sagacidad
accorto sagaz; diestro
accostarsi acercarse
accreditare acreditar
accréscere aumentar
accrescimento (m) acrecentamiento
accumulare acumular
accumulatore acumulador
accumulazione (f) acumulacion
accuratamente cuidadosamente
accuratezza (f) cuidado (m)
accusa (f) acusación
accusare acusar
accusatore acusador
acerbo acerbo, agrio
àcero (m) arce
acervo (m) aglomeracion (f)
aceto (m) vinagre
acido ácido
ácino (m) grano
acqua (f) agua
acqua santa agua bendita
acquaforte aguafuerte
acquaio (m) fregadero
acquaragia (f) aguarrás
acquattarsi agacharse
acquavite (f) aguardiente (m)
acquazzone (m) aguacero, chaparrón
acquedotto (m) acueducto
acquarello (m) acuarela (f)
acquirente (m) comprador
acquisire adquirir
acquisto (m) adquisición (f)
acquitrino (m) pantano
acquolina (venir l'...) hacerse, agua la boca
acre acre; áspero
acremente asperamente

acrimonia (f) acrimonia
acropoli (f) acrópolis
acume (m) agudeza (f)
acustica (f) acústica
acuto agudo
adagiare recostar
adagio despacio
Adamo Adán
adatto adaptado
adattare adaptar
addensare espesar
addentare morder
addestramento (m) adestramiento
addestrare adiestrar
addetto (m) agregado
addio adiós
addirittura sin más
additare enseñar
addizione (f) suma
addobbare adornar
addolcire endulzar
addolorare afligir
addolorato afligido
addome (m) abdomen
addomesticare domesticar
addormentare adormecer
addossare cargar
addosso encima
addotto alegado
addottrinare instruir
addurre aducir
adeguare adecuar
adempibile ejecutable
adempire (adempiere) cumplir
aderente adherente
aderire adherir
adescare seducir; atraer
adesione (f) adhesión
adesivo adhesivo
adesso ahora
adiacente adyacente
adibire destinar
adiposità (f) adiposidad
adirare enfadar, airar
ádito (m) paso, ingreso
adocchiare ojear
adolescente adolescente

adombrare asombrarse
adontarsi picarse
adoperare emplear, usar
adorare adorar
adorazione (f) adoracion
adornamento (m) adorno
adornare adornar
adottare adoptar
adottivo adoptivo
adozione (f) Adriático
adulare adular
adulatore adulador
adulazione (f) adulación
adulterare adulterar
adulterio (m) adulterio
adulto (m) adulto
adunanza (f) reunión
adunare convocar
adunco ganchudo
aerazione (f) aeración
aéreo aéreo
aerodinàmica (f) aerodiná-
mica
aerodromo (m) aeródromo
aeronauta (m) aeronauta
aereoplano (m) avión
aeroporto (m) aeropuerto
aerostato (m) aeróstato
afa (f) bochorno (m)
affabile afable
affaccendarsi atarearse
affacciare asomar
affamare hambrear
affamato famélico
affannare afligir
affannarsi desvivirse
affanno (m) afán
affannoso afanoso
affare (m) asunto
affascinare fascinar
affaticare afirmar
affermativo afirmativo
affermazione (f) afirmación
afferrare agarrar, asir
affettare tajar
affetto (m) afecto
affettuosamente cariñosamente

affettuoso afectuoso
affezionare aficionar
affezionato aficionado
affiatamento (m) acuerdo
affibbiare abrochar
affidare confiar
affiggere fijar
affilare afilar
affinchè para que
affine afín
affioramento (m) afloramiento
affiorare afiorar
affissione (f) fijación
affisso (m) aviso; cartel
affittare alquilar
affittacamere alquilacuartos
affliggere afligir
afflitto afligido
afflizione (f) aflicción
affluente (m) afluente
afflusso (m) afluencia (f)
affogare ahogar
affollare agolparse
affondare echar a pique
affrancatura (f) franqueo (m)
affrancare franquear
affranto abatido
affresco (m) fresco
affrettare apresurar
affrontare afrontar
affronto (m) afrenta (f)
áfono afónico
afoso bochornoso
Africa (f) Africa
agenda (f) agenda
agente (m) agente
agenzía (f) agencia
agevole fácil; cómodo
agevolare facilitar
agghiacciare helar
aggiornamento (m) aplaza-
miento
aggiornare poner al corriente
aggirare cercar
aggiudicare adjudicar
aggiungere añadir
aggiunta (f) añadidura
aggiustare arreglar

aggomitolare ovillar
aggrappare agarrar
aggravamento (m) agravación (f)
aggravare agravar
aggredire agredir
aggregare agregar
aggruppamento (m) agrupación (f)
agguantare agarrar
agguato (m) acecho
agiatezza (f) bienestar (m)
agiato rico
agile ágil
agio (m) comodidad (f)
agire actuar
agitare agitar, sacudir
agitato agitado
agitazione (f) agitación
aglio (m) ajo
agnellino (m) corderito
agnello (m) cordero
Agnese Inés
ago (m) aguja (f)
agonia agonía
agonizzante (m) agonizante
agosto (m) agosto
agraria (f) agronomía
agreste agreste
agricoltore (m) agricultor
agricoltura (f) agricultura
agrifoglio (m) acebo
agrumi (m pl.) agrios
aguzzare aguzar
aguzzino (m) tirano
aguzzo puntiagudo
aia (f) aya, era
aitante robusto
aiutare ayudar
aiuto (m) ayuda (f)
aizzare instigar
ala (f) ala
alabastro (m) alabastro
alamaro (m) alamar
alba (f) madrugada
albeggiare amanecer
albergatore (m) hotelero
albergo (m) hotel

albero (m) árbol
albicocca (f) albaricoque (m)
albo (m) albo
alcool (m) alcohol
alcova (f) alcoba
alcuno alguno
Alessandro Alejandro
alfabeto (m) alfabeto
alfiere (m) alférez
algebra (f) álgebra
Algeri Argel
alibi (m) coartada (f)
alienare enajenar
alienato (m) alienado
alienazione (f) enajenacion
alimentare alimentar
alimento (m) alimento
alimentare (agg) alimenticio
alíquota (f) alícuota
alisei (venti -) alisios
alito (m) aliento
allacciare enlazar
allacciamento (m) enlace
allagare inundar
allargare ensanchar
allarmare alarmar
allarme (m) alarma (f)
allattare amamantar
alleanza (f) alianza
alleato (m) aliado
allegare adjuntar
alleggerire aliviar
allegramente alegremente
allegrezza (f) alegría
allegro alegre
allenare ejercitar
allentare aflojar
allestire aprestar
allettamento (m) atractivo (f)
allettare atraer
allevare criar
allevamento (m) cría (f)
allevatore (m) criador
alleviare aliviar
allietare alegrar
allievo (m) discípulo
alligatore (m) caimán
allineare alinear

alliterazione (f) aliteracion
allocco (m) buho
allodola (f) alondra
alloggio (m) alojamiento
alloggiare alojar, vivir
allontanamento (m) aleja-
    miento
allontanare alejar
allora entonces
allorchè cuando
alloro (m) laurel
alludere aludir
alluminio (m) aluminio
allungare alargar
allusione (f) alusión
allusivo alusivo
almanacco almanaque
almeno por lo menos
alone (m) halo
alpestre alpestro
Alpi Alpes (m pl)
alpinista (m) alpinista
alquanto algo
altalena (f) columpio (m)
altare (m) altar
alterare alterar
alterco (m) altercación (f)
alterigia (f) altivez
alternare alternar
alternativa (f) alternativa
altero altivo; altanero
altezza (f) altura
altitudine (f) altitud
altopiano (m) meseta (f)
alto alto
altrettanto otro tanto
altrimenti de otro modo
altresì además, también
altro otro
ieri l'... (m) anteayer
senz'... sin más
tutt'... al contrario
altronde (d'...) por otra parte
altrove en otra parte
altrui ajeno
altruista (m) altruista
altura (f) altura
alunno (m) alumno

aiveare (m) colmena (f)
alzare levantar
alzata (f) alzadura
amabile amable
amabilmente amablemente
amaca (f) hamaca
amante (m) amante
amaramente amargamente
amare amar, querer
amareggiare amargar
amareggiare amargar
amarena (f) guinda
amarezza (f) amargura
amaretto amarguillo
amaro amargo
amato amado
amázzone (f) amazona
ambascia (f) angustia
ambasciata (f) embajada
ambasciatore - atrice embaja-
    dor - dora
ambedue los dos, ambos
ambiente (m) ambiente
ambiguo ambiguo
ambíto (adj) ambicionado
ambizione (f) ambición
ambizioso ambicioso
ambulatorio (m) dispensario
ambra (f) ámbar (m)
Amedeo Amadeo
ameno ameno
America América
amicarsi amistarse
amicizia (f) amistad
amichevole amistoso
amico (m) amigo
amido (m) almidón
ammaccare magullar
ammaestrare amaestrar
ammalarsi enfermarse
ammalato (m) enfermo
ammassare amontonar
ammattire enloquecer
ammazzare matar
ammenda (f) multa
ammettere admitir
amministrare administrar

amministratore (m) administrador

amministrazione (f) administracion

ammirabile admirable

ammiraglio (m) almirante

ammirare admirar

ammiratore (m) admirador

ammirazione (f) admiración

ammissibile admisible

ammissione (f) admision

ammobiliare amueblar

ammogliarsi casar

ammoniaca (f) amoníaco (m)

ammonire amonestar

ammontare (m) importe

ammucchiare amontonar

ammutinamento (m) amotinamiento

ammutinarsi amotinarse

ammutolire enmudecer

amnesía (f) amnesia

amo (m) anzuelo

amore (m) amor

amorevole cariñoso

amorfo amorfo

amoroso afectuoso

ampére (m) amperio

ampiamente ámpliamente

ampiezza (f) amplitud

ampio amplio, ancho

ampliare extender

amplificare amplificar

ampolla (f) botella

anagrafe (f) registro civil (m)

analfabeta (m) analfabeto

analisi (f) análisis

analizzare analizar

analogia (f) analogía

anarchia (f) anarquía

anatomia (f) anatomía

anatra (f) pato (m)

anca (f) cadera

anche también

ancora aun, todavía

ancorare anclar

andársene irse

andare ir, andar

andata e ritorno ida y vuelta

andirivieni (m) vaivén

Andrea Andrés

aneddoto (m) anécdota

anelare anhelar

anello (m) anillo

anemía (f) anemia

anfiteatro (m) anfiteatro

ánfora (f) ánfora

anfratto (m) paraje oscuro

angaría (f) vejacion

angariáre vejar

angelo (m) ángel

angolo (m) rincón

angoloso anguloso

angoscia (f) congoja

anguilla (f) anguila

anguria (f) sandía

angusto angosto

angustia (f) angustia

animale (m) animal

ánima (f) alma

animare animar

animazione (f) animación

animo (m) ánimo

ánitra (f) pato (m)

annaffiare regar

annata (f) año (m)

annegare ahogar

annettere anexionar

annidare anidar

annientare anonadar

anniversario (m) aniversario

anno (m) año

annodare anudar

annoiarsi aburrirse

annóna (f) víveres (pl.)

annotare notar

annotazione (f) nota

annoverare numerar

annòvero (m) numeracion (f)

annuario (m) anuario

annullare anular

annunziare anunciar

annunzio (m) anuncio; aviso

annuvolarsi anublarse

anonimo anónimo

anormale anormal
ansante jadeante
ansietà (f) ansiedad
ansioso ansioso
antagonista (m) antagonista
Antartide Antártide
antecedente antecedente
antenna (f) antena
anteporre anteponer
antichità (f) antigüedad
anticipare anticipar
anticlerical anticlerical
antico antiguo
antilope (f) antílope (m)
antipasto (m) entremés
antipatia (f) antipatía
antipatico antipático
antipodi (m pl.) antípodas
antiquario (m) anticuario
antiquato anticuado
antitesi (f) antítesis (m)
antivigilia (f) antevíspera
antologia (f) antología
antracite (f) antracita
antro (m) cueva (f)
antropofago (m) antropófago
anzi antes bien
anziano (m) anciano
anzichè antes que
ape (f) abeja
aperitivo (m) aperitivo
aperto abierto
apertura (f) abertura
ápice (m) ápice
apostolo (m) apóstol
apoteosi (f) apoteosis
appagare satisfacer
appaiare aparear
appaltare arrendar
appalto (m) arrendamiento
appannaggio (m) dotación (f)
appannare empañar
apparato (m) aparto
apparecchiare poner la mesa
apparecchio (m) aparato
apparente aparente
apparenza (f) apariencia

apparire aparecer
appariscente hermoso
apparizione (f) aparición
appartamento (m) piso
appartenente perteneciente
appartenere pertenecer
appassionarsi apasionarse
appassionato apasionado
appassire marchitar
appellarsi apelarse
appello (m) llamada (f)
appena apenas
appenachè tan pronto como
appendere colgar
appendice (f) apéndice (m)
Appennini (m) Apeninos
appetito (m) apetito
appezzamento (m) trozo de tierra
appianare allanar
appiccar fuoco pegar fuego
appigliarsi apegarse
appiglio (m) excusa (f)
applaudire aplaudir
applauso (m) aplauso
applicare aplicar
applicazione (f) applicacion
appoggiare apoyar
appoggio (m) apoyo
apportare aportar
apporto (m) aportación (f)
apposta de propósito
apprendere aprender
apprendista (m) aprendiz
apprensione (f) aprensión
apprensivo aprehensivo
appreso enseñado
appresso (prep.) cerca
apprezzare apreciar
approdare arribar
approdo (m) desembarco
approfittare aprovechar
approfondire profundizar
appropriarsi apropiarse
approssimativo aproximativo
approvare aprobar
approvazione (f) aprobación
approvvigionare aprovisionar

appuntamento (m) cita (f)
appunto precisamente
Aprile Abril
aprire abrir
aquila (f) águila
aquilone (m) cometa (m)
arabo (m) árabe
aragosta (f) langosta
araldica (f) blason
arancio (m) naranja (f)
aranciata (f) naranjada
arare arar
aratro (m) arado
arazzo (m) tapiz
arbitrare arbitrar
arbitrariamente arbitrariamente
arbitrio (m) arbitrio
arbusto (m) arbusto
arca (f) arca
arcangelo (m) arcángel
arcata (f) arcada
archeologia (f) arqueologia
archeólogo (m) arqueólogo
architetto (m) arquitecto
architettura (f) arquitectura
architrave (m) arquitrabe
archivio (m) archivo
archivista (m) archivero
arciduca (m) archiduque
arcivescovo (m) arzobispo
arco (m) arco
arcobaleno (m) arco iris
arcolaio (m) devanadera (f)
ardente ardiente
árdere arder
ardesia (f) pizarra
ardimento (m) valor
ardire atreverse
ardito atrevido
ardore (m) ardor
arduo arduo, difícil
area (f) área
arena (f) arena, plaza (de toros)
árgano (m) árgana (f)
argentare platear
argenteo plateado

argento (m) plata (f)
argentone (m) metal blanco
arginare hacer diques
árgine (m) dique
argomentare argumentar
argomento (m) asunto
argonáuta (m) argonáuta
arguto agudo, sutil
aria (f) aire (m)
aridità (f) aridez
árido árido
ariete (m) ariete
aringa (f) arenque (m)
arioso aireado
aristocratico aristocrático
aristocrazia (f) aristocracia
aritmetica (f) aritmética
arlecchino (m) arlequín
arma (f) arma
armadio (m) armario
arnaiolo (m) armero
armare armar
armáta (f) armada
armatore armador
armatura (f) armazón (m)
armeria (f) armería
armento (m) rebaño
armistizio (m) armisticio
armonía (f) armonía
arnese (m) arnés
aroma (m) aroma
aromático aromático
arpa (f) arpa
arpione (m) gozne
arrabbiarsi enfadarse
arrampicarsi trepar
arrecare causar
arrangiarsi defenderse
arredare equipar
arrendersi rendirse
arrendevolezza (f) docilidad
arrestare prender
arresto (m) detención (f)
arretrato atrasado
arricchire enriquecer
arringare arengar
arrischiare arriesgar
arrivare llegar

arrivederci hasta la vista
arrivista (m) ambicioso
arrivo (m) llegada (f)
arrivi e partenze llegadas y salidas
arroganza (f) arrogancia
arrossire ruborizarse
arrostire asar
arrosto (m) asado
arrotino (m) afilador
arrotolare arrollar
arruffare enmarañar
arruolamento (m) reclutamiento
arruolare alistar
arrugginire enmohecer
arsenale (m) arsenal
arsenico (m) arsénico
arte (f) arte (m)
artefatto artificial
artefice (m) artífice
arteria (f) arteria
artesiano artesiano
artico ártico
articolazione (f) articulacion
articolo (m) artículo
artificiale artificial
artificio (m) artificio
artigiano (m) artesano
artigliere (m) artillero
artista (m e f) artista
arto (m) miembro
artrite (f) artritis
arzigogolare cavilar
arzillo vivo
ascella (f) sobaco (m)
ascensione (f) ascensión
ascensore (m) ascensor
ascesso (m) abceso
asceta (m) asceta
ascia (f) hacha
asciugamano (m) toalla (f)
asciugante (...) carta papel secante
asciugare enjugar, secar
asciutto seco; enjuto
ascoltare escuchar
asfalto (m) asfalto

asfissiare asfixiar
Asia (f) Asia
asilo (m) asilo, retiro
asino (m) burro
asma (f) asma
àsola (f) ojal (m)
asparago (m) espárrago
aspettare esperar
asperità (f) asperidad
aspettativa (f) espera
aspetto (m) aspecto
aspirante (m) aspirante
aspirare aspirar
asprezza (f) acidez
aspro áspero
assaggiare gustar
assaggio (m) gustación (f)
assai bastante; muy
assalire asaltar
assalto (m) asalto
assaporare gustar
assassinare asesinar
assassino (m) asesino
asse (m) eje
assediare sitiar
assedio (m) sitio
assegnamento (m) asignación (f); **far — contar con**
assegnare asignar
assegno (m) cheque
contro — contra reembolso
assemblea (f) asamblea
assembramento (m) muchedumbre (f)
assennatezza (f) sensatez
assenso (m) asenso
assentarsi ausentarse
assente ausente
assentire asentir
assenza (f) ausencia
asserzione (f) aserción
assestare arreglar
assicurare asegurar
assicurata (f) carta con valor declarado
assicurazione (f) seguridad; seguro (m)
assiderarsi aterirse

assiduo asiduo
assieme junto
assillo (m) pena (f)
assise (m) tribunal
assistere asistir
asso (m) as
associare asociar
associato asociado
associazione (f) sociedad
assoggettamento (m) sujeción (f)
assoggettare sujetar
assolato soleado
assolto absuelto
assolutismo (m) absolutismo
assoluto absoluto
assoluzione (f) absolución
assólvere absolver
assomiglianza (f) semejanza
assomigliare semejar
assordare ensordecer
assortimento (m) surtido
assorto absorto, ensimismado
assuefare acostumbrar
assuefatto acostumbrado
assumere asumir
Assunta Asunción
assurdità (f) absurdo (m)
asta (f) asta
astenersi abstenerse
asterisco (m) asterisco
astinenza (f) abstinencia
astrarre abstraer
astratto abstracto
astrazione (f) abstración
astringente astringente
astro (m) astro
astronomia (f) astronomía
astruso abstruso
astuccio (m) estuche
astuto astuto
astuzia (f) astucia
ateneo (m) universidad (f)
atlante (m) atlas
atlantico atlántico
atleta (m) atleta
atmosféra (f) atmósfera
atollo (m) atolón

atomo (m) átomo
atrio (m) zaguán
atroce atroz
atrocità (f) atrocidad
attaccabrighe (m e f) pendenciero
attaccapanni (m) percha (f)
attaccare colgar; pegar
attacchino (m) fijador de carteles
attacco (m) ataque
attanagliare atenazar
attardarsi detenerse
atteggiamento (m) actitud (f)
attendere esperar
attentamente atentamente
attentare atentar
attenuare atenuar
attenzione (f) atención
atterrare derribar
atterrire espantar
attesa (f) espera
atteso esperado
attestare atestiguar
attestato (m) certificado
attiguo contiguo
áttimo (m) momento
attinente relativo
attingere coger; sacar
attirare atraer
attitudine (f) actitud
attivismo (m) activismo
attivista (m e f) militante
attività (f) actividad
attivo activo
atto (m) acción
attonito atónito
attore (m) actor
attorno alrededor
attraente atrayente
attrarre atraer
attrattiva (f) atractivo (m)
attraverso por
attrazione (f) atracción
attrezzo (m) instrumento
attribuire atribuir
attributo atributo
attribuzione (f) atribucion

attrice (f) actriz
attrito (m) roce; discordia (f)
attuale actual
attualmente en la actualidad
attuare realizar
attuazione (f) actuación
attutire amortiguar
audace audaz
audacia (f) audacia
auditore (m) auditor
auge (f) boga
augurare desear
augurio (m) voto
aula (f) aula
aumentare aumentar
aumento (m) aumento
aureo áureo
aureola auréola
aurora (f) aurora
ausiliario auxiliar
austero austero
Austria Austria
autenticare legalizar
autentico auténtico
autobiografia (f) autobiografía
autobus (m) autobús
autografo (m) autógrafo
automa (m) autómata
automobile (m) coche
autonomia (f) autonomía
autore (m) autor
autorità (f) autoridad
autoritario autoritario
autorizzare autorizar
autorizzazione (f) autorización
autunno (m) otoño
Avana Habana
avanguardia vanguardia
avanti delante, antes
avantieri anteayer
avanzare avanzar
avanzata (f) avance (m)
avanzo (m) resto
avarizia avaricia
avaro (m) avaro
avena (f) cebada

avere haber; tener
avido ávido
avorio (m) marfil
avvalorare dar valor
avvampare infiamarse
avvantaggiare aventajar
avvedersi darse cuenta de...
avvedutezza (f) cordura
avvelenamento (m) envenenamiento
avvelenare envenenar
avvenente hermoso; majo
avvenenza (f) hermosura
avvenimento (m) acontecimiento
avvenire porvenír (m); suceder, pasar
avvenire (m) futuro
avventarsi arrojarse
avventato desatinado
avventizio ocasional
avvento adviento
avventore (m) cliente
avventura (f) aventura
avventurarsi aventurarse
avventuriero (m) aventurero
avventuroso venturoso
avveramento (m) realización (f)
avverare realizar
avverbio adverbio
avversare contrariar
avversario (m) adversario
avversione (f) aversión
avversità (f) adversidad
avverso contrario
avvertenza (f) advertencia
avvertimento (m) advertencia (f)
avvertire advertir
avvezzare acostumbrar
avvezzo acostumbrado
avviamento (m) iniciación (f)
avviare encaminar
avvicendarsi alternarse
avvicinamento (m) aproximación (f)
avvicinare acercar

avvilimento (m) envileci-
miento
avvilire envilecer
avvinazzare emborrachar
avvincere liar; encantar
avvisare avisar
avviso (m) aviso; anuncio;
opinión (f)
avvitare atornillar
avvizzire marchitarse
avvocato (m) abogado
avvocatura (f) abogacía
avvolgere envolver
avvolgimento (m) envolvi-
miento

avvoltoio (m) buitre
azienda (f) establecimiento
(m)
azione (f) acción
azionare accionar
azoto (m) ázoe
azzannare morder
azzardare arriesgar
azzardo (m) riesgo, azar
azzardoso azaroso
azzeccare acertar
azzimato acicalado
azzuffarsi reñir
azzurro azul

B

babbo (m) padre
babbuccia (f) zapatilla
babbuino (m) babuino
babordo (m) babor
bacato carcomido
baccalà (m) bacalao
baccanale (m) baccanal (f)
baccelliere (m) bachiller
Bacco, per Bacco; ¡caramba!
baciamano (m) besamanos
baciare besar
bacino (m) embalse
bacio (m) beso
baco (m) gusano
badessa (f) abadesa
badia (f) abadía
badile (m) pala (f)
baffi (m) bigotes (pl.)
bagaglio (m) equipaje
baggiano tonto, bobo
bagliore (m) resplandor
bagnante bañista
bagnare bañar
bagnarola (f) bañera
bagno (m) baño
bagordo (m) juerga (f)

baia (f) bahía
baionetta (f) bayoneta
balaustra (f) barandilla, ba-
laustrada
balbettare balbucear
balcone (m) balcón
baldanza (f) altivez
baldoria (f) juerga
balena (f) ballena
baleniera (f) barco ballenero
balenío (m) relampagueo
balestra (f) ballesta
balia (f) ama de leche
balla (f) fardo (m)
ballare bailar
ballata (f) baile (m)
ballatoio (m) balcón
ballerina (f) bailarina
ballerino (m) bailarín
ballo (m) baile
balneare balneario
balocco (m) juguete
balórdo tonto
balsamo (m) bálsamo
balzare brincar
balzo (m) brinco; peña (f)

bambagia (f) algodón (m)
bambina (f) niña
bambinaia (f) niñera
bambino (m) niño
bámbola (f) muñeca
banale banal
banana (f) plátano (m)
banca (f) banco (m)
banchetto (m) banquete
banchiere (m) banquero
banco (m) asiento; mostrador
banda (f) banda
banderuola (f) veleta
bandiera (f) bandera
bandire pregonar; desterrar
bandita (f) veda
bandito (m) bandolero
banditore (m) pregonero
bando (m) pregón
bandoliera (f) bandolera
bara (f) ataúd (m)
baracca (f) barraca
baraónda (f) confusión
barare trampear
báratro (m) abismo
barattare cambiar
baratto (m) cambio
baráttolo (m) tarro
barba (f) barba
barbaro bárbaro
barbabietola (f) remolacha
barbiere (m) peluquero
barbuto barbudo
barca (f) lancha
barcaiolo (m) barquero
Barcellona Barcelona
barcollare vacilar
bardare arrear
barella (f) camilla
barile (m) tonel
baritono (m) barítono
barlume (m) vislumbre
baro (m) tramposo
barocciaio (m) carretero
baroccio (m) carreta (f)
barocco (m) barroco
barometro (m) barómetro
barone (m) barón

baronessa (f) baronesa
barra (f) barra
barricare barricar
barriera (f) barrera
barrito (m) berrido
baruffa (f) riña
barzelletta (f) chiste (m)
basamento (m) basamento
basare basar, fundar
basco (m) boina (f)
basco vasco
base (f) base
basilica (f) basílica
bassezza (f) bajeza
basso bajo
bassorilievo (m) bajorrelieve
basta! ¡basta!
bastante suficiente
bastardo (m) bastardo
bastimento buque (m)
bastione (m) bastión
bastonare pegar
bastone (m) bastón
battaglia (f) batalla
battaglione (m) batallón
battelliere (m) batelero
battello (m) batel
battente (m) picaporte
báttere golpear
batteria (f) batería
batterio (m) bácteria (f)
battesimo (m) bautismo
battezzare bautizar
battibecco (m) altercado
batticuore (m) palpitación (f)
battimano (m) aplauso
Battista Bautista
battistero baptisterio
báttito (m) pulsación (f)
battuta (f) batida
baule (m) baúl
bava (f) baba
bavaglino (m) babero
bavaglio (m) mordaza (f)
Bavarese bávaro
bávero (m) collar
Baviera Baviera
bazar (m) bazar

bazzeccola (f) bagatela
bazzicare practicar
bearsi extasiarse
beatificare beatificar
beatitudine (f) beatitud
beccaccia (f) chocha
beccare picar
becchino (m) sepulturero
beduino (m) beduino
befana (f) bruja - día de los
Reyes (m)
beffa (f) burla
beffardo cínico
beffare burlar
beffeggiatore mofador
belare balar
Belgio Bélgica
belladonna (f) belladonna
bellezza (f) hermosura
bellicoso belicoso
bellimbusto (m) petimetre
bello hermoso, bello, guapo
bonito, lindo
belva (f) fiera
belvedere (m) mirador
benchè aunque
benda (f) venda
bendare vendar
bene bien
benedire bendecir
benedizione (f) bendición
benefattore (m) bienhechor
beneficare beneficar
beneficiato beneficiado
beneficienza (f) beneficiencia
benefico benéfico
benemerito benemérito
benessere (m) bienestar
benestare (m) aprobación (f)
benevolenza (f) benevolencia
benevolo benévolo
benigno benigno
benvolere; farsi hacerse querer
benzina (f) gasolina
berretto (m) gorro
bigamo (m) bígamo
bighellare vagar

biglia (f) billa
biglietto, da visita billete;
tarjeta (f)
bigliardo (m) billar
biglietto d'andata e ritorno
billete de ida y vuelta
biglietto circolare billete circular
bigliettario (m) cobrador
bigotto beato
bilancia (f) balanza
bilanciare balancear
bilanciere (m) balancín
bilancio (m) balance
bile (f) bilis
bimestre (m) bimestre
binario (m) vía (f) binario
binócolo (m) anteojo
biografia (f) biografía
biondo rubio
birba (f) granuja (m)
birbante (m) bribón
birbonata (f) bribonada
biricchino (m) pilluelo
birillo (m) bolo
birra (f) cerveza
birreria (f) cervecería
bisaccia (f) alforja
bisbético gruñón
bisbigliamento (m) cuchicheo
bisbigliare cuchichear
bisca (f) garito
biscia (f) culebra
biscotto (m) bizcocho
bislacco raro
bislungo oblongo
bismuto (m) bismuto
bisnonno (m) bisabuelo
bisognare necesitar
bisogno (m) necesidad (f)
bisognoso menesteroso
bisonte (m) bisonte
bistecca (f) chuleta
bisticciare reñir
bisticcio (m) dísputa (f)
bísturi (m) bisturí
bisunto bisunto
bitórzolo (m) verruga (f)

bitume (m) betún
bivaccare vivaquear
bivacco (m) vivaque
bivalente bivalente
bizantino bizantino
bizzarría (f) capricho (m)
bizzarro caprichoso
bizzòso colérico
blando blando, suave
blindato blindado
bloccare bloquear
blocco (m) bloque
blu azul
boa (f) boya
boaro (m) boyero
boato (m) retumbo
bocca (f) boca
boccata bocado (m)
boccetta (f) frasquito (m)
boccheggiare acezar
bocchino (m) boquilla (f)
boccia (f) bola
bocciare reprobar
bocciato reprobado
boccone (m) bocado
boia (m) verdugo
boicottaggio (m) boicot
boicottare boicoteo
bolgia (f) alforja
bollare sellar
bollente hirviendo
bolletta (f) talón (m)
bollettino (m) boletín
bollire hervir
bollito hervido
bollo (m) sello
bollore (m) hervor
bolscévico bolchevique
bomba (f) bomba
bombardamento (m) bombar-
deo
bombardare bombardear
bombardiere (m) bombardero
bómbola (f) bombona
bonaccia (f) bonanza
bonaccione bonachón
bonariamente bondadosamente

bonario bonachón
bonifica (f) saneamiento (m)
bontà (f) bondad
bontempone (m) juerguista
borchia (f) bullón (m)
borghese (m) burgués in —
de paisano
borghesía (f) burguesía
borioso presumido
boria (f) jactancia
borioso presumido
borraccia (f) borracha
borsa (f) bolso (m)
borsaiolo (m) ratero
borseggio (m) robo
borsellino (m) bolsillo
borsaiuolo (m) ratero
borsetta (f) bolso (m)
boscaiolo (m) leñador
bosco (m) bosque
bóssolo (m) cartucho
botanica (f) botánica
botta (f) golpe (m)
botte (f) cuba, tonel
bottega (f) tienda
bottegaio (m) tendero
bottiglia (f) botella
bottiglieria (f) botillería
bottino (m) botín
bottone botón
bovino vacuno
bove (m) buey
bozza (f) esbozo (m); prueba (f)
bozzolo (m) capullo
braccare rastrear
braccetto, a - del brazo
bracciale (m) brazal
braccialetto (m) pulsera (f)
bracciante (m) jornalero
bracciata (f) brazada
braccio (m) brazo
bracciolo (m) brazo
sedia a - silla de brazos
brace (f) brasa
brache (f) calzoncillos (pl.
m)
braciere (m) brasero

brama (f) codicia
bramosía (f) codicia
branca (f) ramo, rama
branco (m) manada (f)
brancolare andar a tientas
branda (f) catre (m)
brandire blandir
brando (m) sable
brano (m) trozo
Brasile Brasil
bravamente valientemente
bravata (f) bravata
bravo valiente, bueno
breccia (f) brecha
bretelle (m) tirantes
breve breve, corto
brevettare patentar
brevetto (m) patente (f)
breviario (m) breviario
brevità (f) brevedad
brezza (f) brisa
bricconata (f) bribonada
briccone (adj, m) pillo
briciola (f) migaja
briga (f) fastidio (m)
brigantaggio (m) bandolerismo
brigante (m) bandolero
brigantino (m) bergantín
brigata (f) brigada
briglia (f) brida
brillante (m) brillante
brillantina (f) brillantina
brillare lucir
brillatura (f) monda
brillo achispado
brina (f) escarcha
brindare brindar
bríndisi (m) brindis
brio (m) brío
brioso brioso
briscola (f) brisca
Británnico británico
brívido (m) escalofrío
brocca (f) jarro (m)
broccato (m) brocado
brodo (m) caldo
brodoso caldoso

broglio (m) intriga (f)
bromuro (m) bromuro
bronchite (f) bronquitis
broncio (m) ceño; estar de monos
brontolare refunfuñar
bronzo (m) bronce
brucare pacer
bruciapelo (a) a quema ropa
bruciare quemar
bruciato quemado
bruco (m) gusano
brulicare hormiguear
bruma (f) bruma
bruno moreno
brusca (f) cepillo (m)
brusco agrio, brusco
brutale brutal
brutalità (f) brutalidad
bruto (m) bruto
bruttezza (f) fealdad
brutto feo
bubbola (f) bagatela
bubbone (m) bubón
buca (f) agujero (m)
bucare agujerear
bucato (m) lavado
buccia cáscara
buco agujero (m)
budella (f) entrañas (f pl.)
budino (m) budín
bue (m) buey
búfalo (m) búfalo
buffonata (f) bufonada
buffone (m) bufón
buffoneria (f) bufonada
buffo bufo, gracioso
bugia (f) mentira
bugiardo embustero
buio (m) obscuridad (f)
bulbo (m) bulbo
bulgaro búlgaro
bulletta (f) tachuela
bullone (m) tuerca (f)
buongustaio (m) sibarita
buono bueno
buontempone (m) juerguista

buonuscita (f) indemnización
burattino (m) muñeco
búrbero áspero, huraño
burla (f) broma
burlare bromear
burlone (m) guasón
burocrazia (f) burocracia
burrasca (f) tormenta
burro (m) manteca (f)

burrone (m) barranco
buscarsi conseguir
bussare golpear; llamar
busse (f) las tortas
bússola (f) brújula
bussolotto (m) cubilete
busta (f) sobre (m)
busto (m) corsé; busto
butterato hoyoso

C

cabina (f) camarote (m)
càbala (f) cábala
cabina (f) camarote (m)
cablogramma cable (m)
cabotaggio (m) cabotaje
cacao (m) cacao
caccia (f) caza
cacciagione (f) caza
cacciatore (m) cazador
cacciatorpediniera cazatorpedero
cacciavite destornillador
cadavere (m) cadáver
cadente decrépito
cadenza (f) cadencia
cadenzato cadencioso
cadere caer
cadetto (m) cadete
caducità (f) caduquez
caduta (f) caída
caffè café
caffettiera (f) cafetera
cafone (m) grosero
cagionare causar
cagione (f) causa
caglio (m) cuajo
cagnolino (m) perrito
cagna (f) perra
caimano (m) caimán
calabrone (m) abejorro
calamaio (m) tintero
calamaro (m) calamar

calamita (f) imán (m)
calamità (f) calamidad
calamitare imanar
calappio (m) trampa (f)
calare bajar, rebajar
calcagno talón
calcare pisar
calce cal; (in) al pié
calcestruzzo (m) hormigón
calcina (f) argamasa
calcinare encalar
calcio (m) puntapié
calco (m) calco
calcolare calcular
calcolabile calculable
cálcolo (m) cálculo
caldaia (f) caldera
caldarrosta (f) castaña asada
caldo (m) calor
calendario (m) calendario
calesse (m) calesa (f)
cálibro (m) calibre
calice (m) cáliz; copa (f)
califfo (m) califa
caligine (f) calina
calligrafia caligrafía
callo (m) callo
callosità (f) callosidad
calloso calloso
calma (f) calma
calmante (m) calmante
calmo tranquilo

calore (m) calor
caloria (f) caloría
calorifero (m) calorífero
caloscia (f) chanclo (m)
calotta (f) casquete (m)
calpestare pisar
calpestío (m) pisoteo
calunnia (f) calumnia
calunniare calumniar
calunniatore (m) calumniador
calura (f) calor estival (m)
calvario (m) calvario
calvizie (f) calvicie
calvo calvo
calza (f) medias (pl)
calzante apropriado
calzare calzar
calzatura (f) calzado (m)
calzetta (f) media de lana
calzino (m) calcetín
calzolaio (m) zapatero
calzoni (m) pantalones
cambiale (f) letra de cambio
cambiamento (m) cambio
cambiavalute (m) cambista
cambiare cambiar
cambio (m) cambio
camelia (f) camelia
camera (f) habitación
camerata (m) compañero
cameratismo (m) camaradería (f)
cameriere (m) camarero
camerino (m) camarín
camerone (m) dormitorio
camice (m) alba (f), bata (f)
camicetta (f) blusa
camicia (f) camisa
camiceria camisería
caminetto (m) chimenea (f)
camino (m) chimenea (f)
camion (m) camión
cammello (m) camelo
camminare caminar
cammino (m) camino
camminata (f) paseo (m)
camomilla (f) manzanilla

camorra pandilla
camoscio (m) gamuza (f)
campagna (f) campo (m)
campagnuolo (m) campesino
campale campal
campana (f) campana
campanaccio (m) esquila
campanaio (m) campanero
campanello (m) timbre
campanile (m) campanario
campanilista (m) localista
campare vivir
campata (f) amplitud de un arco
campeggio (m) campamento
campestre campestre
Campidoglio Capitolio
campionario (m) muestrario
campione (m) campeón; muestra (f)
campionato (m) campeonato
campo (m) campo
camposanto (m) cementerio
camuffare disfrazar
camuso chato
canaglia canalla (m)
canagliata (f) canallada
canale (f) canal
canapa (f) cáñamo (m)
canapè (m) sofá
canarino (m) canario
canasta (f) canasta
cancellare borrar
cancellata (f) reja
cancellatura (f) cancelación
cancelleria (f) cancillería
cancelliere (m) canciller
cancello (m) cancela (f)
cancro (m) cáncer
cancrena (f) gangrena
candela (f) vela
candelabro (m) candelabro
candeliere (m) candelero
candidato (m) candidato
candidatura (f) candidatura
candidezza (f) candidez
candido cándido

candito (m) confitura (f)
candore (m) candor
cane (m) perro
canestro (m) cesta (f)
cánfora (f) alcanfor (m)
canícola (f) canícula
canicolare canícular
canile (m) perrera (f)
canino canino
canizie (f pl.) canicie
canna (f) caña
cannella canela
cannello (m) tubo
cannibale caníbal
cannocchiale (m) anteojo
cannonata (f) cañonazo (m)
cannone (m) cañón
cannoneggiare cañonear
cannoniera (f) cañonera
cannoniere (m) artillero
canoa (f) canoa
canónica casa canonical (f)
canònico (m) canónigo
canonizzare canonizar
canoro canoro
canovaccio (m) bosquejo
cantare cantar
cantastorie (m) cantador ambulante
cantico (m) cántico
cantiere (m) astillero
cantilena (f) cantinela
cantina (f) sótano (m)
canto (m) canto
cantone (m) rincón
canuto cano
canzonare mofar
canzone (f) canción
canzoniere (m) cancionero
caos (m) caos
caotico caótico
capace capaz
capacità (f) capacidad
capanna choza
capannone (m) cobertizo
caparbio terco
caparra (f) señal

capata (f); fare una - dar un
salto
capello (m) pelo
capestro (m) cabestro
capezzale (m) cabecera (f)
capigliatura (f) cabellera
capillare capilar
capinera (f) curruca
capire entender
capitale (m) e (f) capital
capitalismo (m) capitalismo
capitalizzare capitalizar
capitanato (m) capitanía (f)
capitano (m) capitán
capitare suceder, pasar
capitello (m) capitel
capitolare capitular
capitolo (m) capítulo
capitómbolo vuelco
capitone (m) anguila grande
(f)
capo (m) jefe; cabeza (f)
capobanda (m) cabecilla
capocómico director
capodanno (m) día de Año
Nuevo
capofitto (a) de cabeza
capogiro (m) vértigo
capolavoro (m) obra maestra
(f)
capoluogo capital
capomastro (m) maestro-alba-
ñil
caporale (m) caporal
caposaldo (m) base (f)
caposquadra (m) capataz
capostazione (m) jefe de
estación
capotreno (m) jefe de tren
capovolgere volcar
cappa (f) capa
cappella (f) capilla
cappellaio (m) sombrerero
cappello (m) sombrero
cappone (m) capón
cappotto (m) abrigo
cappuccino (m) capuchino

cappuccio (m) capucha (f)
capra (f) cabra
capraro (m) cabrero
capriccio (m) capricho
capriccioso caprichoso
caprifoglio (m) madreselva (f)
capriola (f) cabriola
capriolo (m) corzo
caprone (m) cabrón
capsula (f) cápsula
capzioso capcioso
carabina (f) carabina
carabiniere (m) guardia civil
caracollare caracolear
caraffa (f) garrafa
carámbola (f) carambola
caramella (f) caramelo (m)
carattere (m) carácter
caratteristica (m) característico
carta asciugante papel secante

caravella (f) carabela
carbonaio carbonero
carboncino (m) carboncillo
carbone (m) carbón
carbonella (f) cisco (m)
carburante (m) carburante
carburatore (m) carburador
carburo (m) carburo
carburante (m) carburante
carcassa (f) armazón (m)
carcerato (m) prisionero
carcerazione (f) encarcelación
carcere (m) cárcel
carceriere (m) carcelero
carciofo (m) alcachofa (f)
cardatura (f) cardadura
cardellino (m) jilguero
cardiaco cardíaco
cardinale (m) cardenal
cardine (m) quicio
cardo (m) cardo
carenaggio (m) carena
carestia (f) carestía
carezza caricia
carezzare acariciar
carezzevole cariñioso
cariatide (f) cariátide

cariato cariado
carica (f) cargo (m)
caricare cargar
caricatura (f) caricatura
carico (m) carga (f)
carino bonito, mono
carità (f) caridad
caritatevole caritativo
carlinga (f) carlinga
Carlo Carlos
carme (m) carmen
carmelitano (m) carmelita
carnagione (f) tez
carnale carnal
carne (f) carne
carnefice verdugo
carnevale (m) carnaval
carnevalesco carnavalesco
carnivoro (m) carnívoro
carnoso carnoso
caro querido; caro
carogna (f) caroña
carota (f) zanahoria
carovana (f) caravana
carovaniere (m) caravanero
carpentiere (m) carpintero
carro (m) carro
carrozza (f) coche (m)
carrozzeria carrocería (f)
carrozzabile transitable
carruba (f) algarroba
carrucola (f) polea
carta papel (m)
carta asciugante papel secante (m)
carte da gioco naipes (pl. m)
cartello (m) letrero
cartiera (f) fábrica de papel
cartolaio (m) papelero
cartoleria papelería
cartolina postale tarjeta (f)
cartomanzia (f) cartomancia
cartone (m) cartón
cartuccia (f) cartucho (m)
casa casa
casaccio, a - a bulto
casalingo casero

cascare caer
cascàta (f) cascada
cascina (f) granja
caseggiato (m) edificio
casco (m) casco
caseggiato (m) casade vecindad
caseificio (m) quesera (f)
casella (f) casilla; - postale
apartado de correos (m)
casellario (m) registro
caserma (f) cuartel (m)
caso (m) casualidad (f)
casolare caserío
cassa (f) caja
cassetta (f) cajita; c. delle lettere buzón (m)
cassiere (m) cajero
cassone (m) arcón
castagna (f) castaña
castagnola (f) petardo (m)
castello (m) castillo
castigo (m) castigo
castità (f) castidad
casto casto
castoro (m) castor
casualità (f) casualidad
casupola (f) casucha
cataclisma (m) cataclismo
catalogo (m) catàlogo
catapulta (f) catapulta
catarro (m) catarro
catasta (f) pila
catastrofe (f) catàstrofe
catechismo (m) catequismo
categoria (f) categoría
catena (f) cadena
catinella (f) palangana
càtodo (m) cátodo
cattedra (f) cátedra
cattedrale (f) catedral
cattivarsi ganarse
cattiveria (f) maldad
cattivo malo
Cattolicesimo (m) catolicismo
cattolico católico
cattura (f) captura
cauccaù (m) caucho

causa (f) causa
causale causal
causare causar
caustico cáustico
cautela (f) cautela
cauto cauto
cauzione caución
cava (f) cantera
cavalcare cabalgar
cavalcata (f) cabalgada
cavaliere (m) jinete
cavalleria (f) caballerosidad
cavalletto (m) caballete
cavalletta (f) langosta
cavallo (m) caballo
cavare sacar
cavatappi (m) sacacorchos
cavezza (f) cabestro (m)
cavia cavia
caviale caviar
caviglia (f) tobillo (m)
cavillo (m) sofisma
cavità (f) cavidad
cavo (m) cable
cavolfiore (m) coliflor (f)
cavolo (m) col (f)
cazzotto (m) puñetazo
cece (m) garbanzo
cecità cequedad
cecoslovacco checoeslovaco
cedere ceder
cedevole condescendiente
cedibile cesible
cedimento (m) caimiento
cedola (f) cupón (m)
cedro (m) cedro
ceffone (m) bofetón
celare ocultar
celebrare celebrar
celebrazione (f) celebración
celebre célebre
celere rápido
celerità rapidez
celeste celeste
célibe (m) soltero
cella (f) celda
celludoide (f) celuloide
cellulosa (f) celulosa

cembalo (m) címbalo
cementare cimentar
cemento cemento
cemento armato hormigón armato
cena (f) cena
cenacolo (m) cenáculo
cencio (m) trapo
cenere (f) ceniza
Cenerentola (f) cenicienta
cennamella (f) zampoña
cenno (m) señal (m)
censimento (m) censo
censore (m) censor
censura (f) censura
centauro (m) centauro
centellinare beborrotear
centenario centenario
centesimo (m) céntimo
centigrado centígrado
centigrammo centigramo
centimetro centímetro
centinaio centenar
cento ciento; cien
centrale central
centralino (m) centralilla (f)
centrare centrar
centrifugo centrífugo
centripeto (m) centrípeto
centro (m) centro
centuplo céntuplo
centuplicare centuplicare
ceppo (m) tuero
cera (f) cera
ceralacca (f) lacre (m)
ceramica (f) cerámica
cérbero (m) cerbero
cerbottana (f) cerbatana
cercare buscar; tratar
cercatore (m) buscador
cerchia (f) ámbito (m)
cerchio (m) círculo
cerchione (m) aro
cereale (m) ceréal
cerimonia (f) ceremonia
cerino (m) cerilla (f)
cernere escoger
cerniera (f) charnela

cero (m) cirio
cerotto (m) esparadrapo
certamente por cierto
certezza (f) certidumbre
cessazione (f) cesación
certificato (m) certificado
certo cierto
certosa (f) cartuja
cerume (m) cerumen
cerva (f) cierva
cervelletto (m) cerebelo
cervello (m) cerebro
cervellotico estrafalario
cervo (m) ciervo
Cesare César
cesellamento (m) cinceladura
cesellare cincelar
cesello (m) cincel
cesoie (f pl.) cizallas
cespúglio (m) mata (f)
cessare cesar, dejar
cessazione (f) cesación
cesta (f) cesta, canasta
cestinare echar al cesto
cesto (m) cesto
ceto (m) clase (f)
cetriolo (m) pepino
che que
chèque cheque
cherubino (m) querubín
chi quien, el que
chiacchiera (f) charla
chiacchierare charlar
chiamare llamar
chiamata (f) llamada
chiarezza (f) claridad
chiarire aclarar
chiaro claro
chiarore (m) claror
chiasso (m) ruido
chiassoso ruidoso
chiatta (f) gabarra
chiave (f) llave
chiavistello (m) cerrojo
chiazza (f) mancha
chicco (m) grano
chiedere pedir; preguntar
chierico (m) clérigo

chiesa (f) iglesia
chiglia (f) quilla
chilogrammo kilogramo
chilometro quilómetro
chimera (f) quimera
chimica (f) química
chimico (m) químico
china (f) cuesta
chinare inclinar
chincaglieria (f) quincalla
chinino (m) quinina (f)
chino inclinado
chioccia (f) clueca
chiocciola (f) caracol (m)
chiodo (m) clavo
chioma (f) cabellera
chiosco (m) quiosco
chiostro (m) claustro
chiromante (m e f) quiro-
  mántico - ca
chirurgo (m) cirujano
chiudere cerrar
chiunque cualquiera
chiuso cerrado
ci ahi; nos (pron)
ciabatta (f) zapatilla
ciabattino (m) zapatero
cialtrone (m) bellaco
ciambella (f) rosca
ciambellano (m) chambelán
ciancia (f) charla
cianfrusaglia (f) baratija
cianòtico cianótico
ciarla (f) charla
ciarlatano (m) farsante
ciarliero parlanchín
ciascuno (m) cada uno
cibare sustentar
cibo (m) alimento
cicala (f) cigarra
cicatrice cicatriz
cicca (f) colilla
ciccia (f) chicha
ciccrone (m) cicerón
ciclamino (m) ciclamino
ciclismo (m) ciclismo
ciclista (m) ciclista
ciclone (m) ciclón

ciclope (m) ciclope
cicogna (f) cigüeña
cicoria (f) achicoria
cicuta (f) cicuta
cieco (m) ciego
cielo (m) cielo
cifra (f) cifra
cifrare cifrar
cifrato cifrado
ciglia (f) cejas (pl)
ciglio (m) margen
cigno (m) cisne
cigolare chirriar
cigolìo (m) chirrido
cilecca (f); **far c.** fallar
ciliegia (f) cereza
cilindro (m) cilindro
cima (f) cumbre
cimelio (m) objeto antiguo
cimentare ensayar
cimento (m) prueba (f)
cimice (f) chinche
cimiero (m) yelmo
cimitero cementerio
cimurro muermo
cinema (m) cine
cinematografía (f) cinematografía
cinese (m) chino
cingallegra (f) paro (m)
cingere ceñir
cinghia (f) correa
cinghiale (m) jabalí
cingolo (m) cadena (f) de los
  tanques
cinguettare gorjear
cinguettìo (m) gorjeo
cinico (m) cínico
cinquanta cincuenta
cinquantenario (m) cincuen-
  tenario
cinquantesimo quincuagésimo
cinque cinco
cinquecento quinientos
cinquina (f) quinterna
cintura (f) cintura
cinturiuo (m) pulsera (f)

ció - che ello, lo que

cioccolata chocolate (m)

cioccolatino bombón

cioè eso es; es decir

ciòndolo pendiente

ciòtola (f) cubilete (m)

ciottolo (m) guijarro

cipiglio (m) ceño

cipolla cebolla (f)

cipresso (m) ciprés

cipria (f) polvos (m pl.)

circa aproximadamente

circo (m) circo

circolare circular

circolazione (f) circulación

circolo (m) círculo

circondare rodear

circondario (m) distrito

circonferenza (f) circunfe-
rencia

circonflesso circunflejo

circonvallazione (f) circunvalación

circoscrizione (f) circunscrip-
ción

circospetto circunspecto

circostante circunstante

circostanza (f) caso (m)

circuire circuir

circuito (m) circuito

cispa (f) legaña

cisterna (f) cisterna

citare (f) citar

citazione (f) citación

citrato (m) citrato

città (f) ciudad

cittadinanza ciudadanía

cittadino (m) ciudadano

ciuffo (m) copete

ciurma (f) chusma

civetta (f) lechuza

civetteria coquetería

civettuolo mono, bonito

civile (m) civil

civiltà (f) civilización

clamore (m) clamor

clandestino (m) clandestino

clarinetto (m) clarinete

classe (f) clase

classicismo (m) clasicismo

classificare clasificar

classificazione (f) clasificación

clausola (f) cláusula

claustrale claustral

clausura (f) clausura

clava (f) clava

clavicembalo (m) clavicímbano

clavicola (f) clavícula

clemenza (f) clemencia

cleptomane (m) cleptómano

clericale clerical

clero (m) clero

clessidra (f) clepsidra

cliente (m) cliente

clientela (f) clientela

clima (m) clima

clinica (f) clínica

cloaca (f) cloaca

cloro (m) cloro

clorofilla (f) clorofila

cloroformio (m) cloroformo

coabitare cohabitar

coadiuvare coadyuvar

coagulare coagular

coalizione (f) coalición

cobalto (m) cobalto

cocaina (f) cocaína

cocchio (m) coche

cocciuto testarudo

coccodrillo (m) cocodrilo

cocomero (m) sandía (f)

coda (f) cola - fare la hacer
la cola

codardo cobarde

codesto ese

codice (m) código

coefficiente (m) coeficiente

coercizione (f) coerción

coerente coherente

coesione (f) cohesión

coetaneo (m) coetáneo

cofano (m) cofre

cognato (m) cuñado

cognizione (f) cognición

cognome (m) apellido

coincidenza (f) coincidencia
coincidere coincidir
coinquilino (m) vecino
cointeressare cointeresar
coinvolgere implicar
coinvolto implicado
colá allá
colare colar - a fondo echar a pique
colata (f) colada
colazione (f) desayuno; almuerzo (m)
colei (f) ella
colera (m) cólera (m)
collaboratore (m) colaborador
collaborazione (f) colaboración
collana (f) collar (m)
collare (m) collera (f)
collasso (m) colapso
collaudare aprobar
collaudo (m) aprobación (f)
colle (m) cerro
collega (m) colega
collegamento (m) coligamiento
collegare enlazar; unir
collegio (m) colegio
collera (f) cólera; ira
collerico colérico
colletivo colectivo
collezione (f) colección
collezionista (m e f) coleccionista
collina (f) colina
collisione (f) colisión
collo (m) cuello; bulto
collocamento (m) colocación (f)
collocare colocar
colloquio (m) coloquio
colluttazione (f) riña
colmare colmar
colmo (m) colmo
colombo (m) palomo
colonia (f) colonia
colonizzare colonizar
colonna (f) columna

colonello (m) coronel
colono (m) colono
colorante colorante
colorato coloreado
colore (m) color
colorito (f) tez (f)
colossale colosal
colosso (m) coloso
colpa (f) culpa
colpevole culpable
colpevolezza (f) culpabilidad
colpire golpear
colpo (m) golpe
coltellata (f) cuchillada
coltelleria (f) cuchillería
coltello (m) cuchillo
coltivare cultivar
coltivazione (f) cultivo
colto culto
coltre (f) colcha
coltura (f) cultivo (m)
colui (m) aquel; él
coma (f) coma
comandamento (m) comandamiento
comandante comandante
comandare mandar
comando (m) mando
comare (f) comadre
combattente (m) combatiente
combattere combatir
combinare concertar
combinazione (f) combinación
combustibile (m) combustible
combustione (f) combustión
combutta (f) gavilla
come como
cometa (f) cometa
comicità (f) comicidad
comico (m) cómico
comignolo (m) chimenea (f)
cominciare empezar
comitato (m) junta (f)
comitiva (f) comitiva
comizio (m) comicio
comitiva (f) compañia
commedia (f) comedia
commediante (m) comediante

commemorare conmemorar

commemorativo conmemorativo

commemorazione (f) conmemoración

commendatore (m) comendador

commensale (m) comensal

commentare comentar

commento (m) comento

commerciale comercial

commerciante (m) tratante

commercio (m) comercio

commesso (m) dependiente

commestibile comestible

commettere cometer

commiato (m) despedida (f)

commiserare compadecer

commiserazione (f) compasión

commissario (m) comisario

commissionario (m) comisionista

commissione (f) comisión, encargo (m)

commosso conmovido

commovente conmovedor

commozione (f) conmoción

commuovere conmover

commutabile conmutable

commutare conmutar

comodità (f) comodidad

comodo cómodo

compaesano (m) compatriota

compagnia (f) compañía

compagno (m) compañero

comparabile comparable

comparativo (m) comparación

comparire comparecer

comparizione (f) comparición

comparsa (f) aparición; comparsa

compartecipare tomar parte

compartecipazione (f) participación

compartimento (m) departamento

compassato compasado

compassione (f) compasión

compassionevole lastimoso

compasso (m) compás

compatibile compatible

compatimento (m) indulgencia (f)

compatire compadecer

compatriota (m) compatriota

compattezza (f) compacidad

compendio (m) compendio

compensare compensar

compatto compacto

compensare compensar

compenso (m) compensación

comperare comprar

competente (m) competente

competenza (f) competencia

competere competir

compiacente complaciente

compiacimento (m) complacimiento

compiangere compadecer

compianto (m) lamento

compiere cumplir

compilare redactar

compilazione (f) compilación

compimento (m) cumplimiento; término

compire cumplir, hacer

compitezza (f) cortesía

compito (m) tarea (f)

compleanno (m) cumpleaños

complemento (m) complemento

complessivo total

complesso (m) complejo

completare completar

completo completo

complicare complicar

complicazione (f) complicación

complice (m) cómplice

complimento (m) cumplido (m)

complottare complotar

complotto (m) complot

componente (m) componente

componimento (m) composición (f)

comporre componer

comportamento (m) comportamiento

compositore (m) compositor

composizione (f) composición

compostezza (f) compostura

composto compuesto

comprare comprar

compratore (m) comprador

comprendere comprender

comprensione (f) comprensión

comprensivo comprensivo

compreso comprendido

compressa (f) comprimido (m)

compressione (f) compresión

comprensibile comprensible

compressore (m) máquina apisonadora

comprimere comprimir

compromesso (agg.) comprometido - compromiso (m)

compromettere comprometer

comprovante comprobante

computare computar

computisteria (f) teneduría de libros; contabilidad

computo (m) cómputo

comunale comunal

comune (m) Ayuntamiento, (agg.) común

comunella (f) camarilla

comunicabile comunicable

comunicando comulgante

comunicante comunicante

comunicare comunicar

comunicato (m) comunicado

comunicazione (f) comunicación

comunione (f) comunión

comunismo (m) comunismo

comunista (m) comunista

comunità (f) comunidad

comunque de todos modos

conato (m) conato, esfuerzo

conca (f) cuenca

con con, por

concatenare concadenar

concavo cóncavo

concedere conceder

concentrare concentrar

concentrato concentrado

concentrico concéntrico

concepimento (m) concepción

concepire concebir

conceria (f) tenería

concertista (m) concertista

concerto (m) concierto

concessionario (m) concesionario

concessione (f) concesión

concetto (m) concepto

concezione (f) concepción

conchiglia (f) concha

conchiùdere concluir

conciare curtir

conciato curtido

conciliabile conciliable

conciliabolo (m) conciliábulo

conciliante conciliador

conciliare conciliar

conciliazione (f) conciliación

concilio (m) concilio

concimare abonar

concime (m) abono

concione (f) sermón (m)

conciso conciso

concitare concitar

concitato excitado

concittadino (m) conciudadano

conclave (m) cónclave

concludente concluyente

conclusione (f) conclusión

concluso concluído

concomitante concomitante

concomitanza (f) concomitancia

concordabile concordable

concordanza (f) concordancia

concordare concordar

concordato (m) acuerdo

concorde conforme

concordia (f) concordia

concorrente competidor

concorrenza (f) competencia

concorso (m) concurso

concretare concretar

concretezza (f) lo concreto (m

concreto concreto

conculcare conculcar

conculcazione (f) conculcación

concussione (f) concusión

condanna (f) condena

condannare condenar

condannato condenado

condensare condensar

condensatore condensador

condimento (m) condimento

condire condimentar

condiscendenza (f) condescendencia

condividere dividir

condizionale (m) potencial

condizione (f) condición

condoglianza (f) pésame (m)

condominio (m) condominio

condonare condonar

condotta (f) conducta

condotto (m) conducto - medico c. médico titular

conducente (m) conductor

condurre conducir

conduttura (f) cañería

confabulare confabular

confabulazione (f) confabulación

confarsi sentar

confederazione (f) confederación

conferimento (m) otorgamiento

conferenza (f) conferencia

conferire otorgar

conferma (f) confirmación

confermare (f) confirmar

confessare confesar

confermazione (f) confirmación

confessione (f) confesión

confessore (m) confesor

confetto (m) peladilla (f)

confezionare confeccionar

confezione (f) confección

confidare confiar

confidente confidente

confidenza (f) confianza

configurazione (f) configuración

confinante (m) confinante

confinare confinar

confinato desterrado

confine (m) frontera (f)

confino (m) destierro

confisca (f) comiso (m)

confiscare confiscar

conflitto (m) conflicto

confluente confluente

confluenza (f) confluencia

confondere confundir

conformare conformar

conformazione (f) conformación

conforme conforme

conformità conformidad

confortabile confortable

confortare consolar

conforto (m) conforte

confraternita (f) cofradía

confrontare confrontar

confronto (m) comparación (f)

confusione (f) confusión

confutare confutar

congedare licenziar

congedato licenciado

congedo (m) despedida

congegno (m) mecanismo

congelamento (m) congelamiento

congelare congelar

congestione (f) congestión

congettura (f) conjetura

congiungere juntar

congiura (f) conjura

congiurare conjurar

congratularsi felicitarse, dar la enhorabuena

congratulazione (f) felicitación

congregato congregado

congresso (m) congreso
congruenza (f) congruencia
coniare acuñar
conico cónico
coniglio (m) conejo
coniugale conyugal
coniugarsi conjugarse
coniugato casado
coniugazione (f) conjugación
coniuge (m) cónyuge
connaturale connatural
connazionale compatriota
connessione (f) conexión
connivenza (f) connivencia
connotati (m pl) señas personales (f)
cono (m) cono
conoscente (m) conocido
conoscenza (f) conocimiento (m)
conoscere conocer
conquista (f) conquista
conquistare conquistar
conquistatore (m) conquistador
consacrare consagrar
consanguineità (f) consanguinidad
consapevole consciente
consecutivo consecutivo
consegna (f) entrega
conseguente consiguiente
conseguenza (f) consecuencia
conseguimento (m) conseguimiento
conseguire conseguir
consenso (m) consenso
consentire consentir
conserva (f) conserva
conservare conservar
conservatorio (m) conservatorio
conservazione (f) conservación
considerare considerar
considerazione (f) consideración
consigliabile aconsejable
consigliare (m) aconsejar

consigliere consejero; concejal
consiglio (m) consejo
consistenza (f) consistencia
consociare asociar
consolante consolador
consolare consolar
Consolato (m) Consulado
console (m) cónsul
consolidare consolidar
consonante (f) consonante
consonanza (f) consonancia
consorte (m e f) consorte
consorzio (m) consorcio
constare constar
constatare constatar
constatazione (f) constatación
consueto habitual
consuetudine (f) costumbre
consultare consultar
consulto (m) consulta (f)
consumare consumir
consumatore (m) consumidor
consumazione (f) consumición
consumo (m) consumo
consuntivo (m) balance consuntivo
consunzione (f) consunción
contabile (m) contable
contabilità (f) contabilidad
contadino (m) campesino
contagio (m) contagio
contagioso contagioso
contagocce (f) cuentagotas
contaminare contaminar
contaminazione (f) contaminación
contante (in) al contado
contare contar
contatore (m) contador
contatto (m) contacto
conte (m) conde -ssa (f) condesa
contéa (f) condado (m)
conteggio (m) cuenta (f)
contegno (m) comportamiento

contemplare contemplar

contemporaneo (m) contemporáneo

contendere disputar

contenere contener

contentare contentar

conterràneo conterràneo

contentezza (f) alegría

contento (agg.) contento

contenuto (m) contenido

contesa (f) disputa

contestare impugnar

contestazione (f) intimación; disputa

contiguo contiguo

continente (m) continente

contingente (m) contingente

continuare continuar

continuazione (f) continuación

continuità (f) continuidad

continuo continuo

conto (m) cuenta (f)

contorcere torcer

contorcimento (m) contorsion

contorno (m) contorno

contrabbandiere (m) contrabandista

contrabbando (m) contrabando

contraccambiare corresponder

contraccolpo (m) rechazo

contraddire contradecir

contraddittorio (m) disputa (f)

contraddizione (f) contradicción

contraente (m) contrayente

contraffare falsificar

contraffazione (f) falsificación

contrafforte contrafuerte

contralto (m) contralto

contrammiraglio (m) contralmirante

contrappeso (m) contrapeso

contrapporre contraponer

contrapposizione (f) contraposición

contrariamente contrariamente

contrariare contrariar

contrarietà (f) contrariedad

contrario (al) al contrario

contrarre contraer

contrassegnare contramarcar

contrastare contrastar

contrasto (m) contraste

contrattacco (m) contraataque

contrattare contratar

contrattempo (m) contratiempo

contralto (m) contralto

contravveleno (m) contraveneno

contravvenzione contravención

contrazione (f) contracción

contribuire contribuir

contribuzione (f) contribución; impuesto (m)

contristare contristar

contrito contrito

contrizione (f) contrición

contro contra

controfirmare refrendar

controllare controlar

controllo (m) revisión (f)

controllore (m) verificador

controprova (f) contraprueba

contrordine (m) contraorden

controsenso (m) contrasentido

controverso controvertido

contumelia (f) contumelia

contusione (f) contusión

contuso contuso

contuttociò sin embargo

convalescente (m) convalesciente

convalescenza convalecencia

convalidamento (m) convalidación (f)

convalidare convalidar

convegno (m) reunión (f)

convenevoli (m pl.) cumplidos

convenienza (f) conveniencia

convento (m) convento
convenuto convenido
convenzione (f) acuerdo (m), convención
convergenza (f) convergencia
convergere converger
conversare conversar
conversazione (f) conversación
conversione (f) conversión
convertire convertir
convesso convexo
convincere convencer
convinzione (f) convicción
convitto (m) colegio
convittore (m) pensionista
convocare convocar
convocazione (f) convocación
convoglio (m) convoy
convòlvolo (m) convólvulo
convulsione (f) convulsión
convulso convulso
cooperare cooperar
cooperazione (f) cooperación
cooperativa (f) cooperativa
cooperatore (f) cooperador
coordinamento (m) coordinamiento
coperchio (m) tapa (f)
coperta (f) manta
coperto cubierto
copertone (m) toldo
copia (f) ejemplar (m); brutta c. borrador
copialettere (m) copiador
copiare copiar
copiatore (m) copista
copione (m) manuscrito
copioso copioso
copisteria (f) oficina de copistas
coppa (f) copa
coppia (f) pareja
coprire cubrir
coraggio (m) ánimo
coraggioso valiente
corallino coralino
corallo (m) coraı

corano (m) alcorán
corazza (f) coraza
corazzata (f) acorazado (m)
corbelleria (f) necedad
corda (f) cuerda, soga
cordaio (m) cordelero
cordellina (f) cordel (m)
cordiale afectuoso
cordialmente cordialmente
cordigliera (f) cordillera
cordoglio (m) pesar, dolor
cordoncino (m) cordoncillo
cordone (m) cordón
coricarsi acostarse
corista (m) corista (m e f)
corna cuernos (m pl.)
cornacchia (f) corneja
cornamusa (f) cornamusa
cornea (f) córnea
cornetta (f) cornetín (m)
cornice (f) marco (m)
cornicione (m) cornisa (f)
corniola (f) cornalina
corno (m) cuerno
coro (m) coro
corolla (f) corola
corona (f) corona
coronamento (m) coronamiento
coronare coronar
corpetto (m) corpiño
corpo (m) cuerpo
corporale corporal
corporazione (f) corporación
corporatura (f) talle (m)
corpulento corpulento
corpulenza (f) corpulencia
corredo (m) equipo
correggere corregir
correlativo correlativo
correlazione (f) correlación
corrente corriente
correntista (m) cuentacorrentista
correre correr
corresponsione (f) retribución
correttamente correctamente
correttezza (f) corrección

corretto correcto

correzione (f) corrección

corridoio (m) pasillo

corridore (m) corredor

corriera (f) autobús (m)

corriere (m) correo

corrispondente (m) corresponsal

corrispondenza (f) correspondencia

corrispondere corresponder

corroborante corroborativo

corroborare corroborar

corrodere corroer

corrompere corromper

corrosione corrosión

corrotto depravado

corruccio (m) ceño

corrugamento (m) fruncimien-
to

corrugare fruncir

corruttibilità (f) corruptibili-
dad

corruzione (f) corrupción

corsa (f) carrera

Corsica Córcega

corsivo (m) cursivo

corso (m) curso

Corte (f) Corte - d'appello
audiencia

corteccia (f) corteza

corteggiare cortejar

corteggio (m) cortejo

corteo (m) cortejo

cortese amable

cortesia (f) amabilidad

cortezza (f) brevedad

cortigiano (m) cortesano

cortile (m) corral; patio

cortina (f) cortina

cortisone (m) cortisona (f)

corto corto, breve

cortometraggio (m) documen-
tal

corvetta (f) corbeta

corvo (m) cuervo

cosa (f) cosa - qualche algo

coscia (f) muslo (m)

coscienza (f) conciencia

coscienzioso conscienzudo

così así; tan

cosiddetto llamado

cosmètico cosmético

cosmo (m) cosmos

cosmopolita cosmopolita

cospargere derramar

cospetto (m) presencia (f)

cospicuità (f) notabilidad

cospirare conspirar

cospirazione (f) conspiración

costa (f) cuesta

costà ahí; en esa

costante constante

costanza (f) constancia

costare costar

costatazione (f) comprobación

costeggiare costear

costei ésa

costernato consternado

costì allí

costipare constipar

costipazione (f) constipación

costituente constituyente

costituire establecer

costituzionale constitucional

costituzione constitución

costo (m) precio

costola (f) costilla

costoletta (f) chuleta

costoro (pr.) éstos

costoso caro

costretto obligado

costringere obligar

costrizione (f) obligación

costruire construir

costruttore (m) constructor

costruzione (f) construcción

costui ése

costumare acostumbrar

costume (m) costumbre (f)

cotenna (f) cuero (m)

cotica (f) cuero (m) del cerdo

cotogna (f) membrillo (m)

cotone (m) algodón

cotonificio (m) fábrica de hi-
lados

cotta (f) cota
cottimo (m) destajo
cotto cocido
cottura (f) cocción
covare empollar
covata (f) pollada
covo (m) cueva (f)
covone (m) gavilla (f)
cozzare chocar
cozzo (m) choque
crampo (m) calambre
cranio (m) cráneo
crapula (f) crápula
crapulone (m) comilón
cratere (m) cráter
cravatta (f) corbata
creanza (f) educación
creare crear
creato (m) universo
creatore (m) creador
creatura (f) criatura
creazione (f) creación
credente (m) creyente
credenza (f) creencia; aparador (m)
credere creer
credibilità (f) credibilidad
credito (m) crédito
creditore (m) acreedor
credo credo
credulità (f) credulidad
credulo crédulo
crema (f) crema
cremare incinerar
crematoio (m) horno crematorio
cremazione (f) cremación
cremisi (m) carmesí
creolo criollo
crepa (f) grieta
crepaccio (m) grieta (f)
crepacuore (m) aflicción (f)
crepare reventar; morir
crepuscolo crepúsculo
crescenza (f) crecimiento (m)
créscere crecer
crésima (f) confirmación
cresimare confirmar

cresta (f) cumbre
creta (f) creta
cretino (m) tonto
criminale (m) criminal
crimine (m) crimen
crine (m) crin
criniera melena
crinolina (f) crinolina
cripta (f) cripta
crisalide (f) crisálida
crisantemo (m) crisantemo
crisi (f) crisis
cristallo (m) cristal
cristianesimo (m) cristianismo
cristianità (f) cristiandad
cristiano cristiano
Cristo Cristo
Cristoforo Cristóbal
criterio (m) criterio
critica (f) crítica
criticare criticar
critico crítico
crivellare criban
crivello (m) criba (f)
croccante (m) crocante
crocchio (m) corro
croce (f) cruz
crocefisso (m) crucifijo
crocerossina (f) enfermera
crocevia (f) encrucijada (f)
crociata (f) cruzada
crocicchio (m) encrucijada (f)
crociera (f) crucero (m)
crocifiggere crucifijar
crocefissione (f) crucifixión
crogiolo (m) crisol
crollare derrumbarse
crollo (m) derrumbamiento; fracaso
cromo (m) cromo
cromosfera (f) cromosfera
crónaca (f) crónica
crónico cronico
cronista (m) cronista
cronologia (f) cronología
cronometro (m) cronómetro

crosta (f) costra
crostino (m) tostada (f)
crudele cruel
crudeltà (f) crueldad
crudezza (f) crudeza
crudo crudo
crumiro (m) esquirol
cruna (f) ojo (de aguja)
crusca (f) salvado (m)
cubico cúbico
cubatura (f) cubicación
cubitali - lettere - letras de molde
cuccagna (f) cucaña
cucchiaiata (f) cucharada
cucchiaino (m) cucharilla (f)
cucchiaio (m) cuchara (f)
cucciolo (m) perrito
cuccuma (f) cafetera
cucinare cocinar
cuciniere (m) cocinero
cucina (f) cocina
cucire coser
cucitrice (f) costurera
cucito (m) costura (f)
cúculo (m) cuclillo
cuffia (f) gorro (m)
cugino (m) primo
culla (f) cuna
cullare mecer
culo (m) culo, trasero
culminare culminar

culmine (m) cumbre (f)
culto (m) culto
cultura (f) cultura
cumulativo cumulativo
cumulo (m) cúmulo
cuneiforme cuneiforme
cuocere cocer
cuoco (m) cocinero
cuore (m) corazón
cupidigia (f) avidez
cupo obscuro; sombrio
cupola (f) cúpula
cura (f) cura
curabile curable
curante, medico - médico de cabecera
curare curar, cuidar
curatela (f) curatela
curato (m) cura
curia (f) curia
curiosità (f) curiosidad
curioso (m) curioso
curricolo (m) currículum
curva curva
curvo curvo, encorvado
cuscinetto (m) cojinete
cuscino (m) almohada (f)
custode (m) guardián
custodia (f) custodia
custodire guardar
czar (m) zar

D

da (prep) de, por, en
dabbenaggine (f) simpleza
dabbene honrado
dacchè desde que
dado (m) dado
daffare (m) quehacer
daino (m) ganio
dalia (f) dalia
daltònico daltoniano

dama (f) dama, señora
damasco (m) damasco
damerino (m) petimetre
damigella (f) doncella
damigiana (f) damajuana
danaro (m) dinero
dannare condenar
danneggiamento (m) daño
danneggiare perjudicar

danno (m) perjuicio
dannoso perjudicial
Dante Dante
Danubio Danubio
danza (f) danza
danzare danzar; bailar
dappertutto por todas partes
dapprima primeramente
dare dar
datare fechar
data (f) fecha
datore (m) dador
dattero (m) dátil
dattilografare mecanografiar
davanti delante de, ante
davanzale (m) antepecho
davvero de veras
daziare aforar
daziere (m) aduanero
dazio (m) arancel
dea (f) diosa
debilitare debilitar
debilitazione (f) debilitación
debito (m) deuda (f)
debitore (m) deudor
debole débil
debolezza (f) debilidad
debuttare estrenar
debutto (m) estreno
decadenza (f) decadencia
decadere decaer
decadimento (m) decaimiento
decagono (m) decágono
decalogo (m) decálogo
decano (m) decano
decantare alabar
decapitare decapitar
deceduto fallecido
decennale (m) decenal
decente decente
decesso (m) fallecimiento
decidere decidir
decifrare descifrar
decimare diezmar
decimetro decímetro
decina (f) decena
decisamente decididamente
decisione (f) decisión

deciso decidido
declinare declinar
declino (m) decadencia (f)
declivio (m) declive
decomporre descomponer
decollare degollar
decomponibile descomponible
decomposizione (f) descomposición
decorare decorar
decoratore (m) decorador
decorazione (f) decoración
decoro (m) decoro
decorrenza (f) decurso (m)
decorrere tener efecto
decorso (agg) pasado
decrepito decrépito
decrescente decreciente
decrescere decrecer
decretare decretar
decreto (m) decreto
decuplo décuplo
dedica (f) dedicatoria
dedicare dedicar
dedizione (f) dedición
dedurre deducir
deduzione (f) deducción
defalcare quitar
deferenza (f) deferencia
deferire deferir
defezione (f) defección
deficienza (f) deficiencia
déficit (m) déficit
definire definir
definitivo definitivo
definizione (f) definición
deflagrazione (f) deflagración
deformare deformar
deformità (f) deformidad
defraudare defraudar
defunto difunto
degenerare degenerar
degenerazione (f) degeneración
degente (m) enfermo
degnarsi dignarse
degno digno
degradare degradar
degustare gustar

delazione (f) delación
delegare delegar
delegato (m) delegado
delfino (m) delfín
deliberare deliberar
deliberazione (f) deliberación, determinación
delicatezza (f) delicadeza
delicato delicado
delimitazione (f) delimitación
delineare delinear, trazar
delinquente delincuente
delinquenza (f) delincuencia
delirare delirar
delirio (m) delirio
delitto (m) delito
delizia (f) delicia
deliziare deleitar
delizioso delicioso
del resto por otra parte
deludere deludir
delusione (f) desilusión
demagogia (f) demagogia
demànio (m) hacienda (f)
demente (m) demente
demenza (f) locura
demerito (m) demérito
democrazia (f) democracia
demolire derribar
demolizione (f) demolición
demonio (m) demonio; diablo
denaro (m) dinero
denigrare denigrar
denominare denominar
denominazione (f) nombre (m
denotare denotar
densità (f) densidad
denso denso
dentatura (f) dentadura
dente (m) muela (f)
dentiera (f) dentadura postiza
dentifricio (m) dentífrico
dentista (m) dentista
dentro dentro de, en
denudare desnudar
denunzia (f) denuncia
denunziare denunciar

denutrizione (f) desnutrición
deperimento (m) desmejoramiento
deperire decaer
depilazione depilación
deplorare lamentar
deportare deportar
deporre deponer
deportato (m) deportado
deportazione (f) deportación
depositante (m) depositante
deposito (m) depósito
depravare depravar
depravazione (f) depravación
depredare depredar
depressione (f) depresión
deprimente deprimente
deprimere deprimir
depurare depurar
depurativo (m) depurativo
deputato (m) diputado
deragliamento descarrilamiento
deragliare descarrilar
derelitto desamparado
deretano (m) trasero
deridere escarnecer
derisione (f) irrisión
derivare derivarse
derma (f) dermis
derubare hurtar
descrivere describir
descrizione (f) descripción
deserto (m) desierto
desiderare desear
desiderio (m) deseo
designare designar
desinenza (f) desinencia
desistere desistir
desolare desolar
desolato desolado
desolazione (f) desolación
déspota (m) déspota
destare despertar
destinare destinar
destinatario (m) destinatario
destinazione (f) destinación

destino (m) hado, sino
destituire destituir
destituzione (f) destitución
desto despierto
destra (f) derecha
destreggiarsi ingeniarse
destrezza (f) destreza
destriero (m) corcel, caballo
detentore (m) detentador
detenuto (m) detenido
detenzione (f) detención
detergere deterger
deteriorare deteriorar
deteriore peor
determinare determinar
determinazione (f) determinación
detestabile detestable
detestare detestar
detonazione (f) detonación
detrarre quitar
detrimento (m) detrimento
detta dicha - a detta di... según
dettagliare detallar
dettaglio (m) detalle | al - | al por memor
dettame (m) dictamen
dettare dictar
dettatura (f) dictado (m)
detto dicho
devastare devastar
deviare desviar
devoluto transferido
devòlvere devolver
devoto devoto
devozione (f) devoción
diabete diabetes (f)
diadema (m) diadema
diafano diáfano
diagnosi (f) diágnosis
diagonale (f) diagonal
dialetto dialecto
diamante (m) diamante
diametro (m) diámetro
dialogo (m) diálogo
diamine! ¡caramba!
dianzi hace poco

diario diario
diastole (f) diástole
diavolo (m) diablo
dibattersi dibatirse
dibattito (m) debate
diboscamento (m) desmonte
dicembre diciembre
diceria patraña
dichiarare declarar
dichiarazione declaración
diciannove diez y nueve
diciannovesimo décimo-nono
diciassette diez y siete
diciassettesimo décimoséptimo
diciotto diez y ocho
didascalia (f) acotación
dieci diez
dieresi (f) diéresis
dieta (f) dieta
dietro detrás de
difatti en efecto
difendere defender
difensiva (f) defensiva
difensore (m) defensor
difesa (f) defensa
difettare carecer
difetto (m) defecto
diffamare difamar
diffamazione (f) difamación
differente diferente
differenza (f) diferencia
differimento (m) aplazamiento
differire aplazar
difficile difícil
difficoltà (f) dificultad
diffida (f) intimación
diffidare desconfiar
diffidente desconfiado
diffidenza (f) desconfianza
diffondere difundir
diffusione (f) difusión
diffusore (m) difusión
difterite (f) difteria
diga (f) dique (m)
digerire digerir
digestione (f) digestión
digiunare ayunar
digiuno (m) ayuno

dignità (f) dignidad
digressione (f) digresión
digrignare rechinar
dilagare inundar
dilaniare desgarrar
dilapidare derrochar
dilatare dilatar
dilazionare aplazar
dilazione (f) plazo (m)
dileguare desvanecer
dilemma (m) dilema
dilettante (m) aficionado
dilettare deleitar
dilettevole deleitable
diletto (agg) querido
diletto (m) gozo
diligente diligente
diligenza (f) cuidado (m)
dilucidazione (f) dilucidación
diluire diluir
diluvio (m) diluvio
dimagramento (m) enflaquecimiento
dimagrire adelgazar
dimensione (f) dimensión
dimenticanza (f) olvido (m)
dimenticare olvidar
dimettersi dimitir
diminuire disminuir
dimissione (f) dimisión
dimorare vivir
dimostrare demostrar
dimostrazione (f) manifestación
dinamite (f) dinamita
dinamo (f) dínamo
dinanzi delante
dinastía (f) dinastía
d'intorno alrededor | **dintorni**
  (pl.) alrededores
Dio (m) Dios
diottria (f) dioptría
dipanare devanar
dipartimento (m) departamento
dipendente (m) dependiente
dipéndere depender

dipendenza (f) dependencia
dipingere pintar
dipinto (m) pintura (f)
diploma diploma
diplomatico (m) diplomático
diplomazia (f) diplomacía
diporto (m) recreo
diradare aclarar
diramazione (f) ramificación
dire decir
direttamente directamente
diretto (m) expreso
direttore (m) director
dirigere dirigir
direzione dirección
dirimpetto enfrente
diritto (m) derecho
dirittura (f) rectitud
dirotto, piangere - allorar a
  lagrima viva; **piovere a** -
  llover a cántaros
dirozzamento (m) desbaste
dirupo (m) despeñadero
disaccordo (m) desacuerdo
disadorno desguarnecido
disaffezione (f) desafecto (m)
disagio (m) malestar
disamina (f) crítica (m)
disapprovare desaprobar
disappunto (m) contrariedad
  (f)
disarmare desarmar
disastro (m) desastre
disattento distraído
disattenzione (f) desatención
disavanzo (m) descubierto
disbrigo (m) despacho
discendente (m) descendiente
discendenza (f) descendencia
discendere descender
discepolo (m) discípulo
discernere discernir
discernimento (m) discerni-
  miento
discesa (f) bajada
disciplina (f) disciplina
disco (m) disco

díscolo calavera
discolpare disculpar
discordanza (f) discordancia
discordia (f) discordia
discorrere hablar
discorso (m) discurso
discreditare desacreditar
discretamente medianamente
discreto moderado
discrezione (f) discreción
discussione (f) discusión
discútere discutir
disdegnare desdeñar
disdegno (m) desdén
disdetta (f) desdicha
disdire desdecir
disegnare dibujar
disegno (m) dibujo; proyecto
diseredare desheredar
disertare desertar
disertore (m) desertor
disfare deshacer
disgiungere desunir
disgelo (m) deshielo
disgrazia (f) desgracia
disfatta (f) derrota
disfida (f) desafío (m)
disgraziato desgraciado, desdichado
disguido (m) extravío
disgustare disgustar
disilludere desilusionar
disimparare olvidar
disimpegnare desempeñar
disinfettare desinfectar
disinfezione (f) desinfección
disingannare desengañar
disinteresse (m) desinterés
dislivello (m) desnivel
disobbedire desopedecer
disoccupato (m) desocupado
disonesto deshonesto
disonorare deshonorar
disonore (m) deshonra (f)
disordine (m) desorden
disorganizzare desorganizar
disorientare desorientar

dispaccio (m) parte
dispari impar
disparte | in - a parte
dispensa (f) dispensa
dispensare dispensar
disperare desesperar
disperazione (f) desesperación
dispersione (f) dispersión
disperso (m) disperso
dispetto (m) despecho
dispiacere (m) disgusto
disponibile disponible
disporre disponer
disposizione (f) disposición
disprezzare menospreciar
disprezzo (m) desprecio
disputa (f) disputa
dissanguare desangrar
dissenso (m) disensión (f)
dissentire disentir
disseppellire desenterrar
dissertazione (f) disertación
dissetante (agg.) refrescante; refresco (m)
dissetare apagar la sed
dissimulare disimular
dissipare disipar
dissipatore (m) disipador
dissoluto (m) calavera
dissoluzione (f) disolución
dissolvere disolver
dissonanza (f) disonancia
dissuadere disuadir
distaccamento (m) separación (f)
distaccare despegar
distante lejano (agg.); lejos (avv.)
distanza (f) distancia
distare distar
distendere extender
distesa (f) extensión
disteso tendido
distillare destilar
distillazione (f) distilación
distilleria (f) destilería
distinguere distinguir
distintivo (m) distintivo

distinto distinguido
distorsione (f) dislocación
distrarre distraer
distrazione (f) distracción
distretto (m) distrito
distribuire distribuir
distributore (m) distribuidor
distruggere destruir
disturbare molestar
disturbo (m) molestia (f)
disubbidire desobedecer
disubbidienza (f) desobediencia
disunione (f) desunión
disunire desunir
disuso (m) desuso
ditale (m) dedal
dito (m) dedo
ditta (f) casa (de comercio)
dittatore dictador
diurno diurno, diario
diva (f) diva, artista
divagare divagar
divagazione (f) divagación
divano (m) diván; sofá
diventare volverse, ponerse, hacerse
divergenza (f) divergencia
diversità diversidad
diverso diferente
divertente divertido
divertimento (m) diversión (f)
divertire divertir
dividere dividir
divieto (m) prohibición (f)
divincolarsi debatirse
divinità (f) divinidad
divino divino
divisa (f) uniforme (m)
divisibilità (f) divisibilidad
divisióne (f) división
divorare devorar
divorziare divorciar
divulgare divulgar
dizionario (m) diccionario
doccia (f) ducha
docente (m) catedrático
docile dócil

documentazione (f) documentación
documento (m) documento
dodici doce
dogana (f) aduana
doganiere (m) aduanero
dogma (m) dogma
dolce (m) dulce
dolcezza (f) dolzura
dolere doler
doloroso doloroso
doloso doloso
domanda (f) pregunta; petición
domandare preguntar
domani mañana / | - mattina; - por la mañana; | - l'áltro pasado mañana
domare domar
domatore (m) domador
domenica (f) domingo (m)
domenicano (m) dominico
domestichezza (f) familiaridad
domestico (m) criado
domicilio (m) domicilio
dominare dominar
dominazióne (f) dominación
donare donar
donatore (m) donador
donazione (f) donación
dondolare mecer
dóndolo (m) columpio
donna (f) mujer
dono (m) don, regalo
donzella (f) doncella
dopo luego; despues de...
doppiere (m) candelabro
doppio doble
dorare dorar
doratura (f) doradura
dormiglione (m) dormilón
dormire dormir
dorso (m) dorso, lomo
dosaggio (m) dosificación (f)
dose (f) dosis
dotare dotar
dotazione (f) dotación

dote (f) dote
dotto (m) sabio
dottoressa doctora
dottore (m) doctor; médico
dottrina doctrina
dove donde | dovunque donde-
quiera
dovere deber
dozzina (f) docena
drago (m) dragón
dramma (m) drama
drammatico dramático
drappeggio (m) plegado de
la vestiduras
drappello (m) tropel
drappo (m) paño
droga (f) droga
drogheria tiénda de ultramarinos
dromedario (m) dromedario
dubbio (m) duda (f)
dubitare dudar

duca (m) duque
duce (m) jefe; caudillo
duchessa (f) duquesa
duellante (m) duelista
duello (m) duelo
duecento doscientos
due dos
duna (f) duna
dunque pues
duomo (m) catedral
duplicare duplicar
duplicato (m) duplicado
durante durante
durare durar
durata (f) duración
duraturo duradero
durevole durable
durezza (f) dureza
duro duro
duttile dúctil
duttilità (f) ductilitad

E

e, ed y
ebanista (m) ebanista
ebano (m) ébano
ebbene pues bien
ebbrezza (f) embriaguez; excitación
ebreo judío
ecatombe (f) hecatombe
eccedenza (f) exceso (m)
eccedere exceder, sobrar
eccellenza (f) excelencia
eccellere sobresalir
eccentrico excéntrico
eccessivo excesivo
eccetera etcétera
eccetto excepto
eccettuare exceptuar
eccezione excepción
eccidio (m) matanza (f)

eccitare excitar
eccitazione (f) excitación
ecco he aquí
eccome! ¡y cómo!
echeggiare resonar
eclettico ecléctico
eclisse (m) eclipse
eco (f) eco (m)
economia (f) economía
economico económico
economizzare economizar
economo ecónomo
édera (f) yedra; hiedra
edícola (f) quiosco (m)
edificante edificante
edificio (m) edificio
edile (agg.) edilicio
edilizia (f) edificación
édito editado

editore (m) editor
editto (m) edicto
edizione (f) edición
educanda (f) educanda
educare educar
educato educado
educativo educativo
educazione (f) educación
effeminatezza (f) afeminación
effeminato afeminado
effervescente efervescente
effettivamente en efecto
effettivo efectivo
effetto (m) efecto
effettuare efectuar
efficace eficaz
efficacia (f) eficacia
efficiente eficiente
efficienza (f) eficiencia
effige (f) efigie
effusione efusión
Egitto Egipto
egli él
egoista egoista
egregio distinguido
eguale igual
elaborazione (f) elaboración
elargire otorgar
elargizione (f) otorgamiento
elasticità (f) elasticidad
elastico (m) elástico
elefante (m) elefante
elegante elegante
eleganza (f) elegancia
eleggere elegir
elegía (f) elegía
elementare elemental
elemento elemento
elemosina (f) limosna
Elena Elena
elenco (m) elenco
eletto elegido, electo
elettorale electoral
elettore (m) elector
elettricista (m) electricista
elettricità (f) electricidad
elettrizzare electrizar
elettrodo (m) electrodo

elettroni (pl.) electrones
elevamento (m) elevación (f)
elevare elevar
elevatore (m) elevador
elezione (f) elección
elica (f) hélice
elicottero (m) helicóptero
eliminare eliminar
eliminazione (f) eliminación
elisione (f) elisión
elixir (m) elixir
ella (f) ella
ellisse (f) elipse
elmetto (m) casco
elmo (m) yelmo
elocuzione (f) elocución
elogio elogio
eloquente elocuente
eloquenza (f) eloquencia
elsa (f) empuñadura
eludere eludir
emaciato enfiaquecido
emanare emanar
emancipare emancipar
Emanuele Manuel
emblema (m) emblema
emergere emerger
emergenza (f) ocurrencia
emerito emérito
emettere emitir
emigrante (m) emigrante
emigrare emigrar
emigrazione (f) emigración
eminente eminente
eminenza (f) eminencia
emisfero (m) hemisferio
emissione (f) emisión
emorragía (f) hemorragia
emotività (f) sensibilidad
emozione (f) emoción
empirico empírico
emporio (m) emporio
emulare emular
emulazione (f) emulación
emulsione (f) emulsión
enciclopedía (f) enciclopedia
encomiabile encomiable
encomio (m) elogio

energia (f) energía
energico enérgico
energumeno (m) energúmeno
enfasi (f) énfasis
enigma (m) enigma
enorme enorme
Enrico Enrique
ente ente
entità (f) entidad
entrambi (pl.) los dos
entrare entrar
entrata (f) entrada
entusiasmo (m) entusiasmo
enumerare enumerar
enumerazione (f) enumeración
epico épico
epicuréo (m) epicureo
epidemia (f) epidemia
epidemico epidémico
epidérmide (f) epidermis
epifania (f) adoración de los Reyes
epigrafe (f) epígrafe
epigramma (m) epigrama
epilessia (f) epilepsia
epilettico epiléptico
epilogo (m) epílogo
episcopale episcopal
episodio (m) episodio
epistolario (m) epistolario
epitaffio (m) epitafio
epoca (f) época
epopea (f) epopeya
equatore ecuador
equazione (f) ecuación
equestre ecuestre
equilibrato equilibrado
equilibrio (m) equilibrio
equino (agg.) caballar
equinozio (m) equinocio
equipaggiare equipar
equipaggio (m) tripulación (f)
equitazione (f) equitacion
equivalente equivalente
equivoco (m) equivocación
era (f) época
erario (m) erario

erba (f) hierba
erbaggio (m) hortaliza (f)
erbivoro herbivoro
erede (m) heredero
eredità (f) herencia
ereditare heredar
eremita (m) ermitaño
eremitaggio (m) eremitorio
éremo (m) yermo
eresia (f) herejía
eretico (agg.) herético (sost.) hereje
eretto erguido, eriguido
erezione (f) erección
ergastolo (m) cárcel (f)
ermellino (m) armiño
ermetico hermético
eróe (m) héroe
erogazione (f) erogación
eroismo (m) heroismo
erosione (f) erosión
erotico erótico
errante errante
errare faltar, vagar
erroneo erroneo
errore (m) falta (f)
erudire instruir
erudito erudito
eruttare erutar
eruzione (f) erupción
esagerare exagerar
esagerato exagerado
esagono (m) hexágono
esalare exhalar
esalazione (f) exhalación
esaltare exaltar
esaltazione (f) exaltación
esame (m) examen
esaminare examinar
esangue exangüe
esasperare exasperar
esasperazione exasperación
esattezza (f) exactitud
esatto exacto
esattore (m) exactor
esaudire escuchar
esauriente satisfactorio
esaurire agotar

esca (f) cebo (m)

esclamare exclamar

esclamazione (f) exclamación

esciudere excluir

esclusione (f) exclusión

esclusivo exclusivo

escluso excluido, excluso

escogitare discurrir; pensar

escremento (m) excremento

escursione (f) excursión

escursionista (m) excursionista

esecrabile execrable

esecrazione (f) execración

esecutivo ejecutivo

esecuzione (f) ejecución

eseguire efectuar

esempio (m) ejemplo

esemplare ejemplar

esemplificare ejemplificar

esente exento

esercente (m) tendero

esercitazione ejercitación

esercito (m) ejército

esercizio (m) ejercicio

esibire exhibir

esibizione (f) exhibición

esigente exigente

esigenza (f) exigencia

esiguo exiguo

ésile tenue, débil

esiliare desterrar

esilio (m) destierro

esistente existente

esistenza (f) existencia

esitare vacilar; dudar

esitazione (f) indecisión

ésito (m) éxito

ésodo (m) éxodo

ésofago (m) esófago

esonerare exonerar

esordiente principiante

esordio (m) estreno

esortare exhortar

esortazione (f) exhortación

espandere derramar

espansione (f) expansión

espediente (m) expediente

espellere expulsar

esperienza (f) experiencia

esperimento (m) experimento, ensayo

esperto diestro

espiare expiar

espiazione (f) expiación

ésplicito explícito

ésplódere estallar

esplorare explorar

esploratore (m) explorador

esplorazione (f) exploración

esplosione (f) explosión

esplosivo explosivo

esporre exponer

esportare exportar - azione exportación

esposto expuesto

esposizione (f) exposición

espressione (f) expresión

espressivo expresivo

espresso (m) expreso

esprimere expresar

espropriare expropriar

espugnare expugnar

espugnazione (f) expugnación

espulsione (f) expulsión

espulsivo expulsivo

espulso expulsado

essa (f) ella

essenza (f) esencia

essenziale esencial

essere ser, estar

essicare secar

essicatore (m) secador

est este

estasi (f) éstasis

estate (f) verano (m)

esténdere extender

estensione (f) extensión

esteriore exterior

estero (m) extranjero

estetico estético

éstimo (m) estimación (f)

estinguere extinguir

estinto (m) difunto

estinzione (f) extinción

estirpare extirpar

estivo veraniego

estorcere sonsacar
estorsione (f) extorsión
estraneo (m) extranjero
estrarre extraer, sacar
estratto (m) extracto; separada (f)
estrazione (f) extracción; sorteo (m)
estremità (f) extremidad
estremo (m) extremo
estro (m) capricho
esuberanza (f) exuberancia
ésule (m) desterrado
esultante jubiloso
esumazione (f) exhumacion
età (f) edad
etere (m) éter
eternità (f) eternidad
eterodosso heterodoxo
etichetta (f) etiqueta

ettogrammo (m) hectogramo
eucarestia (f) eucaristía
eufonia eufonia
euforico euforico
europeo europeo
evacuare evacuar
evacuazione (f) evacuación
evangelico evangélico
evaporare vaporear
evasione (f) evasión
evasivo evasivo
evento (m) acontecimiento
eventualità (f) eventualidad
evidente evidente
evidenza (f) evidencia
evitare evitar
evoluto evolucionado
evoluzione (f) evolución
evólvere evolucionar
evviva! ¡arriba!

F

fabbrica (f) fábrica
fabbricato (m) edificio
fabbricazione (f) fabricación
fabbro (m) herrero
faccenda (f) asunto (m)
facchino (m) mozo
faccia (f) cara
facezia (f) agudeza
fachiro (m) faquir
facile fácil
facilità (f) facilidad
facilitazione (f) facilitación
facoltà (f) facultad
facoltoso rico
facondia (f) facundia
fagiano (m) faisán
fagiolo judía (f)
fagotto (m) bulto
faina (f) garduña
falange (f) falange
falce (f) hoz; guadaña

falciare segar, guadañar
falco (m) falcón
falegname (m) carpintero
fallimento (m) quiebra (f)
fallire quebrar
fallo (m) error; falta (f)
falsario (m) falsario
falsificare falsificar
falsificazione (f) falsificación
falsità (f) falsedad
falso falso
fama (f) fama
fame (f) hambre
famigerato famoso
famiglia (f) familia
familiarità (f) familiaridad
famoso afamado
fanale (m) farol
fanatico fanático
fanciulla (f) niña, chica
fanciullezza (f) niñez

fanciullo (m) niño
fandonia (f) patraña
fanfarone (m) fanfarrón
fango (m) barro
fantasia (f) fantasía
fantasma (m) fantasma
fantasticare fantasear
fantastico fantástico
fanteria (f) infantería
fantino (m) jinete
farabutto (m) canalla (f)
fardello (m) fardo
fare hacer
faretra (f) aljaba
farfalla (f) mariposa
farina (f) harina
farmacia (f) farmacia
farmaco (m) fármaco
faro (m) faro
farsa (f) farsa
farsetto (m) chaleco
fascia (f) faja, venda
fasciare fajar, vendar
fascicolo (f) fascículo
fascina (f) fajina
fascino (m) hechizo
fase (f) fase
fastello (m) manojo
fastidio (m) molestia (f)
fastidioso molesto
fasto (m) fasto
fata (f) hada
fatale fatal
fatalismo (m) fatalismo
fatalità (m) fatalidad (f)
fatica (f) trabajo (m)
faticare fatigar
faticoso fatigoso
fato (m) hado; sino
fatto (m) hecho
fattore (m) administrador
fattoria (f) granja
fattorino (m) mozo
fattura (f) factura
fauna (f) fauna
fava (f) haba
favella (f) habla
favilla (f) chispa, centella

favola (f) cuento (m)
favoloso fabuloso
favore (m) favor
favoreggiare favorecer
favoreggiamento (m) ayuda
favorevole favorable
favorire favorecer
favorito (m) favorito
fazzoletto pañuelo
febbraio (m) febrero
febbre (f) fiebre
fecondare fecundar
fecondo fecundo
fede (f) fé, confianza
fedele fiel
fedeltà (f) fidelidad
fegato (m) hígado
felice feliz
felicità (f) felicidad
felino felino
fellone (m) traidor
feltro (m) fieltro
femmina (f) hembra
femminile femenino
femore (m) fémur
fendere hender
fenditura (f) hendedura
fenomenale fenomenal
fenomeno (m) fenómeno
feretro (m) féretro
ferimento herimiento
ferire herir
ferita (f) herida
ferito herido
fermare parar
fermata (f) parada
feritoia (f) tronera
fermaglio (m) alfiler
fermentazione (f) fermentación
fermezza (f) firmeza
fermo firme; parado
feroce feroz
ferocia (f) ferocidad
ferramenta (f) herramienta
ferrare herrar
ferreo férreo
ferriera (f) herrería

ferro (m) hierro
ferrovia (f) ferrocarril (m)
ferroviario ferroviario
fertile fértil
fertilità (f) fertilidad
fervente fervoroso
fervido fervoroso
fervore (m) fervor
fessura (f) hendedura
fesso bobo
festa (f) fiesta
festeggiamento (m) festejo
festeggiare festejar
festeggiato festejado
festino (m) festín
festival festival
festone (m) festón
festoso alegre
festivo festivo
fetido fétido
feto (m) feto
fetore (m) hedor
fetta (f) tajada
feudale feudal
feudalesimo (m) feudalismo
feudatario (m) feudatario
fez (m) fez
fiaba (f) cuento (m)
fiabesco fabuloso
fiacca (f) desgana
fiaccare debilitar
fiacco flaco, flojo
fiaccola (f) hacha
fiala (f) ampolla
fiamma (f) llama
fiammante fiamante
fiammata (f) llamarada
fiammeggiante llameante
fiammeggiare llamear
fiammifero (m) fósforo
flammingo flamenco
fianco (m) lado
fiaschetteria (f) vinotería
fiasco (m) frasco; fracaso
fiatare respirar
fiato (m) hálito
fibbia (f) hebilla
fibra (f) fibra

ficcanaso (m) fisgón
fico (m) higo
fidanzamento (m) noviazgo
fidare confiar
fidato fiel
fiducia (f) confianza
fiducioso confiado
fiele (m) fiel
fienile (m) henil
fieno (m) heno
fiera (f) mercado (m)
fierezza (f) altivez
fievole feble
fifa (f) miedo (m)
figgere clavar
figlio (m) hijo
figlioccio (m) ahijado
figliolanza (f) prole
figura (f) figura
figurare figurar
figuraccia (f) plancha
figuro (m) tunante
fila (f) hila, hilera
filanda (f) hilandería
filigrana (f) filigrana
filamento (m) filamento
filantropo (m) filántropo
filare (m) hilera
filatelia (f) filatelia
filato hilado
filetto (m) filete; frenillo
filiale (f) filial; sucursal
filibustiere (m) filibustero
Filippo Felipe
filo (m) hilo
filologia (f) filología
filosofia (f) filosofía
filovia (f) tramvía
filtrare filtrar
filtro (m) filtro
filugello (m) gusano de seda
finale (m) final
finalità (f) finalidad
finalmente finalmente
finanza (f) hacienda
finanziamento (m) financiación (f)
finanziere (m) aduanero

finchè hasta que
fine (f) fin (m)
finestra (f) ventana
finezza (f) finura
fingere fingir
finimondo (m) fin del mundo
finire acabar, terminar
finito acabado
finitura (f) guarnición
Finlandia Finlandia
finlandese finlandés
finto fingido
fino | a - hasta
finta (f) ficción
finzione (f) ficción
fioccare nevar
fiocco (m) copo
fiòcina (f) arpon (m)
fionda (f) honda
fioraia (f) floretera
fiordaliso (m) flor de lis
fiordo (m) fiord
fiore (m) flor (f)
fiorente próspero
fioretto (m) florete
fioricultura (f) floricultura
fiorire florecer
fiorista (m e f) florista
fioritura (f) florescencia
fiotto (m) ola (f)
firma (f) firma
firmamento (m) firmamento
firmare firmar
fisarmonica (f) acordeón (m)
fischiare silbar
fischio (m) silbido
fisco (m) fisco
fisica (f) física
fisico (m) físico
fisonomia (f) fisonomía
fissare fijar
fissazione (f) fijación, manía
fisso fijo
fittanza (f) arriendo (m)
fittizio ficticio
fitto espeso
fiume (m) río
fiutare husmear

flaccido flojo
flagello (m) flagelo
flagrante flagrante
flauto (m) flauta (f)
flemma (f) desgana
flessibile flexible
flessione (f) flexión
flirt (m) flirteo
flora (f) flora
floridezza (f) floridez; prosperidad
floscio flojo
flotta (f) flota
flottiglia (f) flotilla
fluido flúido
fluorescenza (f) fluorescencia
fluviale fluvial
foca (f) foca
focaccia (f) hogaza
focaia (f) silice
foce (f) desembocadura
focolaio (m) hogar
focoso ardiente
fodera (f) forro (m)
foderare forrar
foga (f) fogosidad
foggia (f) forma
foglia (f) hoja
foglio (m) hoja (f)
fogna (f) cloaca
fognatura (f) alcantarillado (m)
folgorante fulgurante
fòlgore (f) rayo (m)
folla (f) muchedumbre
folle loco
follìa (f) locura
folto espeso
fomentare fomentar
fóndaco (m) almacén
fondamentale fundamental
fondamento (m) fundamento
fondare fundar
fondatore (m) fundador
fondazione (f) fundación
fòndere fundir
fonderìa (f) fundición

fondo (m) hondo
fonètica (f) fonética
fónico fónico
fonografo (m) fonógrafo
fontana (f) fuente
fontaniere (m) fontanero
fonte (f) fuente
foraggiare forrajear
foraggio (m) forraje
forare agujerear
foratura horadación
forbici (pl.) tijeras
forbito pulido
forca (f) horca
forcella (f) horquilla
forchetta (f) tenedor (m)
forcina (f) horquilla
forcone (m) horcón
foresta (f) floresta
forfora (f) caspa
forma (f) forma; molde (m)
formaggio (m) queso
formalità (f) formalidad
formare formar
formato (m) formado
formazione (f) formación
formella (f) baldosa
formica (f) hormiga
formicolío (m) hormigueo
formidabile formidable
formoso hermoso
formula (f) fórmula
fornace (f) calera
fornaio (m) panadero
fornello (m) hornillo
fornire proveer
fornitura (f) provisión
forno (m) horno
foro (m) agujero; foro
forse quizás; tal vez
forsennato desatinado
forte fuerte
fortezza (f) fortaleza
fortificare fortificar
fortificazione (f) fortificación
fortilizio (m) fortín
fortuito casual

fortúna suerte
fortunale (m) tempestad (f)
fortunato dichoso
foruncolo (m) forúnculo
forviare descarrilar
forza (f) fuerza
forzato (m) forzado
fosco hosco
fosforescente fosforescente
fosforescenza (f) fosfore-
   scencia
fòsforo (m) fósforo
fossa (f) foso (m)
fossato (m) zanja (f)
fossile fósil
fossilizzarsi fosilizarse
fotogenico fotogénico
fotografare fotografiar
fotografia (f) fotografía
fotografo (m) fotógrafo
fra entre
fracassare fracasar
fracasso (m) estruendo
fradicio mojado
fragile frágil
fragola (f) fresa
fragore (m) estruendo
fragrante fragante
fragranza (f) fragrancia
fraintendere entender mal
frammento (m) fragmento
frana (f) corrimiento de tierra
   (m)
francamente francamente
francatura (f) franqueo (m)
franchezza (f) franqueza
Francesco Francisco
francobollo (m) sello
frangente (m) situación (f)
frangia (f) franja
frantoio (m) trujal
frantumare quebrar
frasario (m) lenguaje
frasca (f) rama, fronda
frase (f) frase
frassino (m) fresno
frastagliato irregular
frate (m) fraile

fratello (m) hermano
fraternità (f) fraternidad
fraternizzare fraternizar
frattanto mientras tanto
frattempo (m) intervalo
frattura (f) fractura
frazionare fraccionar
frazione (f) fracción
freccia (f) flecha
frecciata (f) pulla; sablazo
freddamente fríamente
freddezza (f) frialdad
freddo (m e agg.) frío
freddura chiste
fregare fregar
fregata (f) fragata
fregiare adornar
fregio (m) adorno
fremere enfurecerse
frenare frenar
freno (m) freno
frequentare frecuentar
frequente frecuente; **(di)** a
menudo
frequenza (f) frecuencia
fresa (f) fresa
fresco fresco
fretta (f) prisa
frettoloso apresurado
friggere freír
frigorifero (m) frigorífero
fringuello (m) pinzón
frittata (f) tortilla
frittella (f) buñuelo (m)
fritto (m) frito
frivolo frívolo
frizione (f) fricción
frizzo (m) agudeza (f)
frodare defraudar
frode (f) fraude (m)
frodo dolo
fronda (f) rama
fronte (f) frente
frontespizio (m) portada (f)
frontiera (f) frontera
fronzolo (m) baratija (f)
frottola (f) patraña
frugale frugal

frugare rebuscar
frullare batir
frumento (m) trigo
frumentone (m) maíz
fruscìo (m) crujido
frusta (f) látigo (m)
frutta (f) frutas (pl.)
fruttare rendir
frutteto (m) huerta (f)
fruttivendolo (m) frutero
fucilare fusilar
fucilata (f) tiro de fusil (m)
fucile (m) fusil
fuga (f) huida
fugace fugaz
fuggire huir
fulcro (m) fulcro
fulgore (m) resplandor
fuliggine (f) hollín (m)
fulminare fulminar
fulmine (m) rayo
fumare fumar
fumetto (m) novela grafica
(f)
fumo (m) humo
fune (f) soga
funebre fúnebre
funerale (m) entierro
funereo funéreo
funesto funesto
fungo (m) seta (f)
funicolare (f) funicular
funivia (f) funicular aéreo
(m)
funzionare funcionar
funzionamento (m) funcio-
namento
funzione (f) función
fuoco (m) fuego
fuorchè excepto
fuori fuera
furbo astuto; cuco
furfante bribón
furgone (m) furgón
furia (f) furia
furibondo furibundo
furioso furioso
furore (m) furor

furtivo furtivo
furto (m) hurto; robo
fusibile fusible
fusione fusión
fuso (agg.) fundido
fuso (m) huso

fustagno fustán
fustigare fustigar
fusto (m) tronco
futile fútil
futuro (agg.) venidero
futuro (m) porvenir

G

gabbare estafar
gabbia (f) jaula
gabbiano (m) gaviota (f)
gabella (f) impuesto (m)
gabelliere (m) aduanero
gabinetto (m) gabinete; retrete
gaffe (f) plancha
gagliardo gallardo
gaiamente alegremente
gaiezza (f) alegría
gala (f) gala; pompa
galante (m) galán
galanteria (g) galantería
galantina (f) galantina
galantuomo (f) hombre de bién
galateo (m) urbanidad (f)
galena (f) galena
galeotto (m) galeote
galiziano gallego
galla (a) a flote
galleggiare flotar
galleria (f) galería
galletta (f) galleta
gallina (f) gallina
gallo (m) gallo
galoppare galopar
galoppada (f) galopada
gamba (f) pierna
gambale (m) caña (f)
gambero (m) cangrejo
gambo (m) tallo
gancio (m) gancho
ganimede (m) lechugino

gara (f) concurso (m)
garantire garantizar
garanzia (f) garantía
garbatamente amablemente
garbatezza (f) amabilidad
garbato amable; cortés
gardenia (f) gardenia
gareggiare competir
garofano (m) clavel
garrulo gárrulo
garza (f) garza; gasa
garzone (m) criado
gas (m) gas
gasometro (m) gasómetro
gattamorta (f) mojigata
gatto (m) gato
gaudente vividor
gaudio (m) gozo
gavetta (f) gamella
gazza (f) urraca
gazzarra (f) algarada
gazzella (f) gacela
gazzetta (f) gaceta
gelare helar
gelateria (f) heladería
gelato (m) helado
gelo (m) hielo
gelone (m) sabañon
gelosia (f) celos (m pl)
geloso celoso
gelso (m) moral
gelsomino (m) jazmín
gemelli (pl.) gemelos
gemere gemir
gémito (m) gemido

gemma (f) yema
gendarme (m) gendarme
genealogia (f) geneaolgía
generale general
generalità (f) generalidad
generare engendrar
genere (m) género; clase (f)
generosità (f) generosidad
genero (m) yerno
genesi (f) génesis
genetliaco (m) cumpleaños
gengiva (f) encía
geniale genial
genio genio
genitori (pl.) padres
gennaio (m) enero
gentaglia (f) gentuza
gente (f) gente
gentildonna (f) dama noble
gentile amable
gentilezza (f) amabilidad
gentiluomo (m) gentilhombre
genuflessione (f) genuflexión
genuinità (f) pureza
genuino castizo; genuino
geografia (f) geografía
geografico geográfico
geometra (m) geómetra
geometria (f) geometría
gerarchia (f) jerarquía
gerente (m) gerente
gerenza (f) gerencia
gergo (m) jerigonza (f)
Germania Alemania
germanico alemán
germe (m) germen
germinare germinar
germinazione (f) germinación
germogliare brotar
germoglio (m) brote
gesso (m) yeso; tiza (f)
gesticolamento (m) gesticulación (f)
gesticolare gesticular
gestione (f) administración
gestire administrar
gesto (m) ademán
gestore (m) administrador

gesuita (m) jesuita
gettare echar; arrojar
getto (m) chorro
gettone (m) ficha (f)
ghermire asir; agarrar
ghiacciaia (f) nevera
ghiacciaio (m) glaciar
ghiaccio (m) hielo
ghiaia (f) guijo (m)
ghianda (f) bellota
ghigliottina (f) guillotina
ghigno (m) risotada sarcastica (f)
ghiotto glotón
ghiottoneria (f) golosina
ghirlanda (f) guirnalda
ghiro (m) lirón
ghisa (f) hierro fundido (m)
già ya
giacca (f) chaqueta
giacchè ya que
giacente yacente
giacenza (f) permanencia
giacere yacer
giaciglio (m) yacjia (f)
giacinto (m) jacinto
giaguaro (m) jaguar
giallo amarillo
giammai jamás
Giappone Japón
giardinaggio (m) jardinería (f)
giardiniere (m) jardinero
giardino (m) jardín
giarrettiera (f) liga
giavellotto (m) jabalina (f)
gigante (m) gigante
gigantesco gigantesco
giglio (m) lirio
gin (m) ginebra (f)
gineceo (m) gineceo
ginepro (m) enebro
ginestra (f) retama
gingillo (m) baratya
ginnasio (m) gimnasio
ginnástica (f) gimnasia
ginocchio (m) rodilla (f)
giocare jugar

giocata (f) jugada
giocatore (m) jugador
giocattolo (m) juguete
gioco (m) juego
giocondo feliz
giogaia (f) sierra, cordillera
giogo (m) yugo
gioia (f) gozo (m)
gioielliere (m) joyero
gioielleria (f) joyería
gioiello (m) joya (f)
gioioso regocijado
gioire regocijarse
giornale (m) diario
giornaliero diario
giornalismo (m) periodismo
giornalista (m) periodista
giornata (f) día (m)
giornataccia (f) mal día (m)
giorno (m) día
giostra (f) tio vivo (m)
giovamento (m) provecho
giovane (m e f) joven
giovanile juvenil
giovare favorecer
giovedì jueves
giovenca (f) becerra
gioventù (f) juventud
giovinezza (f) juventud
gioviale alegre, jovial
giradischi (m pl.) tocadiscos
giraffa (f) jirafa
giramondo (m) trota mundos
girandola (f) girándula
girare andar; endosar
girarrosto (m) asador
girasole (m) girasol
girata (f) endoso (m) (de una letra)
giravolta (f) pirueta
girevole móvil
girino (m) renacuajo
giro (m) vuelta (f)
girovagare vagabundear
girovago (m) vagamundo
gita (f) excursión
gitano (m) gitano
giù abajo

giubba (f) chaqueta
giubbetto (m) corpiño
giubilare jubilar
giubileo (m) jubileo
giúbilo (m) jubilo
Giuda Judas
giudeo (m) judío
giudicare juzgar
giúdice (m) juez
giudiziario judicial
giudizio (m) juicio
giudizioso juicioso
giugno (m) junio
Giuliano Julián
giullare juglar
giumento (m) acémila (f)
giuncaia (f) juncal (m)
giunchiglia (f) junquillo (m)
giunco (m) junco
giungere llegar; juntar
giunta (f) junta
giunto llegado
giuntura (f) juntura
giuocare jugar
giuramento (m) juramento
giurare jurar
giurato (m) jurado
giureconsulto (m) jurisconsulto
giuria (f) jurado (m)
giuridico jurídico
giurisprudenza (f) jurisprudencia, derecho (m)
giurista (m) jurista
giustamente justamente
giustificare justificar
giustificato justificado
giustificazione (f) justificación
giustizia (f) justicia
giustiziato ajusticiado
giustiziere (m) justiciero
giusto justo; exacto
glaciale glacial
gladiatore (m) gladiador
gladíolo (m) gladiolo
glandola (f) glándula
gleba (f) gleba

gli (art.) los; (pron.) le
glicerina (f) glicerina
glielo se lo
globale global, total
globe-trotter (m) trota mundos
globo (m) globo
globulo (m) glóbulo
gloria (f) gloria
glorificare glorificar
glorificazione (f) glorificación
glorioso glorioso
glossario (m) glosario
glottologia (f) lingüística
glucosio (m) glucosa (f)
gnocco (m) bolita de pasta (f)
gnomo (m) gnomo
gobba (f) joroba
gobbo (m) jorobado
goccia (f) gota
gocciolare gotear
gocciolio (m) goteo
gocciolo (m) gota (f)
godere gozar
godimento (m) gozo; usufructo (m)
goffagine (f) torpeza
goffo zopenco, torpe
gogna (f) picota
gola (f) garganta
golfo m) golfo
goliardo (m) goliardo
golosità (f) glotonería
goloso glotón
gomito (m) codo
gomitolo (m) ovillo
gomma (f) goma
gondola (f) góndola
gondoliere (m) gondolero
gonfalone (m) gonfalón
gonfiare hinchar
gonfio hinchado
gonfiore (m) hinchazón (f)
gongolante jubiloso
gonna (f) falda
gonzo tonto
gora (f) acequia; estanque
gorgheggiare gorjear

gorgheggio (m) gorjeo
gorgo (m) remolino
gorgoglio (m) gorgoteo
gorilla (m) gorila
gota (f) mejilla
gotico gótico
gotta (f) gota
governante (f e m) aya
governare gobernar
governativo gubernamental
governo (m) gobierno
gozzo (m) buche
gozzoviglia (f) comilona
gozzovigliare irse de juerga
gracchiare graznar
gracidare croar
gracile grácil
gradasso (m) valentón
gradatamente gradualmente
gradazione (f) graduación
gradevole agradable
gradimento (m) agrado
gradinata (f) gradería
gradino (m) peldaño
grado (m) grado
graduale graduado
graduatoria (f) escalafón (m)
graduazione (f) graduación
graffiamento (m) arañazo
graffiare arañar
graffio (m) arañazo
grafia (f) grafía
graficamente gráficamente
grafico gráfico
grafite (f) grafito
gramaglia (f) luto (m)
gramigna (f) grama
grammatica (f) gramática
grammo (m) gramo
grammofono (m) gramófono
granaio (m) granero
granata (f) escoba
granatiere (m) granadero
granatina (f) granadina
grancassa (f) bombo (m)
granchio (m) cangrejo
grande grande
grandezza (f) grandeza

grandinare granizar

grandinata (f) granizada

grandine (f) granizo (m)

grandiosità grandiosidad

grandioso grandioso

granduca (m) gran duque

granducato (m) gran ducado

granita (f) granizado (m)

granito (m) granito

grano (m) trigo

granoturco (m) maíz

granulo (m) granulo

granuloso granuloso

grappa (f) aguardiente (m)

grappolo (m) racimo

graspo (m) raspajo

grassatore (m) salteador

grasso gordo

grata (f) reja

gratella (f) parrilla

graticola (f) parrilla

gratificazione (f) gratificación

gratis gratis

gratitudine gratitud

grato agradecido

grattacapo (m) preocupación (f)

grattacielo (m) rascacielo

grattare rascar

grattata (f) rascadura

grattugia (f) rallador (m)

gratuito gratuito

gravame (m) gravamen

gravare cargar

grave grave

gravidanza (f) embarazo (m)

gravità (f) gravedad

gravitazione (f) gravitación

gravoso pesado

Grecia Grecia

grecista helenista

greco griego

gregario (m) gregario

gregge (m) rebaño

grembiale (m) delantal

grembo (m) regazo

gremire llenar

gremito lleno

greppia (f) pesebre (m)

greto (m) arenal

grettezza (f) tacañería

gretto mezquino

grezzo tosco

grida (pl.) gritos (m)

gridare gritar

grido (m) grito

griglia (f) parrilla

grigio gris

grilletto (m) gatillo

grillo (m) grillo

grimaldello (m) ganzúa (f)

grinza (f) arruga

grinzoso arrugado

grondaia (f) alero (m)

groppa (f) lomo (m)

grossezza (f) grosor (m)

grossista (m) mayorista

grosso grueso

grossolano grosero

grotta (f) cueva

grottesco grotesco

groviglio (m) maraña (f)

gru (f) grúa; grulla

gruccia (f) muleta

grugnire gruñir

grugnito (m) gruñido

gruppo (m) grupo

gruzzolo (m) hucha (f)

guadabile vadeable

guadagnare ganar

guadagno (m) ganancia (f)

guado (m) vado

guaina (f) funda

guaio (m) apuro

guaire gañir

gualcire arrugar

guanciale (m) almohada (f)

guanto (m) guante

guardaboschi guardabosque

guardiacaccia montero

guardacoste (m) guardacostas

guardare mirar

guardaroba (m) guardarropa

guardasigilli (m) guardasellos

guardata (f) mirada

guardia (f) guardia

guardiano (m) guardián
guardingo cauto
guaribile curable
guarigione (f) curación
guarire sanar
guarnigione (f) guarnición
guarnitura (f) adorno (m)
guascone gascón
guastafeste (m e f) aguafiestas
guastare estropear
guastatore (m) dañador
guasto (m) avería (f)
guazzabuglio (m) barullo
guercio bizco

guerra (f) guerra
guerriglia (f) guerrilla
guidatore (m) conductor
gufo (m) buho
guglia (f) aguja
guida (f) guía (m)
guinzaglio (m) traílla
guisa (f) manera, guisa
guizzo (m) brinco
guidare guiar
guscio (m) cáscara (f)
gustare saborear
gusto (m) sabor
gustoso gustoso
gutturale gutural

H

hangar hangar
Harem harén

hostess (f) azafata
hotel hotel

I

iattanza (f) jactancia
Iberico ibérico
ibrido híbrido
icona (f) icono (m)
iconografia iconografía
Iddio (m) Dios
idea (f) idea
ideale ideal
idealista (m) idealista
idealizzare idealizar
identificazione (f) identificación
idrologo hidrólogo
idrostatica (f) hidrostática
idrovolante (m) hidroavión
ieri ayer
igiene (f) higiene

ignaro ignaro
ignobile innoble
ignominia (f) ignominia
ignorante ignorante
ignoranza (f) ignorancia
ignorare ignorar
ignorato ignorado
ignoto desconocido
illecito ilícito
illegale ilegal
illegalità (f) ilegalidad
illeggibile ilegible
illegittimo ilegítimo
illeso ileso
illibato puro
illimitato ilimitado
illogico ilógico

illudere ilusionar

illuminare iluminar

illuminazione (f) alumbrado (m)

illusione (f) ilusión

illuso iluso

illusorio ilusorio

illustrare ilustrar

illustrazione (f) lámina

illustre ilustre

imballaggio (m) embalaje

imballare embalar

imbalsamare embalsamar

imbandire preparar

imbarazzare estorbar

imbarazzo estorbo

imbarcadero (m) embarcadero

imbarcare embarcar

imbarcazione (f) embarcación

imbarco (m) embarque

imbastire hilvanar

imbastitura (f) hilván (m)

imbattersi dar con...

imbavagliare amordazar

imbecille imbécil

imbelle cobarde

imbellettare maquillar

imbellire embellecer

imberbe (m) lampiño

imbevuto empapado

imbiancare blanquear

imboccare embocar

imbocco (m) embocadura (f)

imboscare emboscar

imbottire embutir

imbracciare embrazar

imbrattare ensuciar

imbrigliare embridar

imbrogliare embrollar

imbroglio (m) embrollo

imbroglione (m) embrollón

imbrunire anochecer

imbruttire afear

imbucare echar en el buzón

imitare imitar

imitatore (m) imitador

imitazione (f) imitación

immaginare imaginar

immaginazione (f) imaginación

immagine imagen

immalinconire entristecerse

immancabile indefectible, sin falta

immangiabile incomible

immanenza (f) inmanencia

immatricolare matricular

immaturità (f) inmadurez

immaturo inmaturo

immediatamente en seguida

immergere sumergir

immeritatamente inmerecidamente

immigrare inmigrar

imminente inminente

immischiare mezclar

immiserire empobrecer

immobile inmóvil | beni - bienes inmuebles

immodesto inmodesto

immolare inmolar

immorale inmoral

immortale inmortal

immune exento

immutabile inmutable

impacchettare empaquetar

impacciato empachado

impaccio (m) empacho

impacco (m) compresa (f)

impadronirsi apoderarse

impagabile impagable

impaginare compaginar

impalcatura (f) andamio (m)

impallidire palidecer

impalpabile impalpable

imparare aprender

impareggiabile incomparable

imparentare emparentar

imparziale imparcial

impassibile impasible.

impastare amasar

impaziente impaciente

impaurire espantar

impazzimento (m) enloquecimiento

impazzire enloquecer
impeccabile impecable
impedimento (m) impedimento
impedire impedir
impegnare ocupar; empeñar
impegno (m) compromiso
impenetrabile impenetrable
impensierirsi preocuparse
imperare imperar
imperatore (m) emperador
imperatrice (f) emperatriz
impercettibile imperceptible
imperfetto imperfecto
imperioso imperioso
imperiale imperial
imperialismo (m) imperialismo
imperizia (f) impericia
impermeabile (m) impermeable
impero (m) imperio
impersonale impersonal
imperterrito impertérrito
impertinente impertinente
impertinenza (f) impertinencia
imperturbabile imperturbable
impervio inaccesible
impetuoso impetuoso
impeto (m) ímpetu
impiantare impiantar
impianto (m) instaración
impiastro (m) emplastre
impiccare ahorcar
impiccio (m) embrollo, molestia (f)
impiegare emplear
impiegato (m) empleado
impiego (m) empleo
impietosire conmover
impietrire petrificar
impigliare enredar
implacabile implacable
implicato implicado
implicito implícito
implorare implorar
impolverato polvoriento

impomatare untar con pomada
imponente imponente
imponenza (f) imponencia
imponibile imponible
impopolare impopular
impopolarità (f) impopularidad
imporre imponer
importante importante
importanza (f) importancia
importare importar
importato importado
importo (m) importe
importunare fastidiar
imposizione (f) imposición
impossessarsi apoderarse
impossibile imposible
impossibilità (f) imposibilidad
impostare echar al buzón; plantear
imposta (f) impuesto (m)
impostazione (f) planteamiento
impostore (m) embustero
impotente impotente
impraticabile impracticable
impratichirsi ejercitarse
imprecare imprecar
imprecazione (f) imprecación
imprecisione (f) imprecisión
impreciso vago
impregnato impregnado
impreparato insuficiente
impresa (f) empresa
impresario (m) empresario
impressionare impresionar
impressione (f) impresión
imprestare prestar
imprevidenza (f) imprevisión
imprevisto imprevisto
imprigionare aprisionar
imprimere imprimir
improbabile improbable
improbabilità (f) improbabilidad
improbo ímprobo

impronta (f) huella
improntitudine (f) descaro (m)
improprietà (f) impropiedad
improprio impropio
improrogabile improrrogable; inaplazable
improvvisamente de improviso
improvvisata (f) sorpresa
imprudente imprudente
imprudenza (f) imprudencia
impudente impudente
impugnare empuñar
impugnatura (f) empuñadura
impulsività (f) impulsividad
impulsivo impulsivo
impulso (m) impulso
impunemente impunemente
impurità (f) impureza
impuro impuro
imputare imputar
imputato (m) acusado
imputridire pudrirse
in en; a; de, dentro de
inabile inhábil
inabissare hundir
inabitato inhabitado
inaccessibile inaccesible
inacidire agriarse
inadatto inadecuado
inadempienza (f) inobservancia
inafferrabile inaguantable
inaffiare regar
inalazione (f) inhalación
inalienabile inalienable
inalterabile inalterable
inammissibile inadmisible
inanimato inanimado
inappagato inapagado
inappetenza (f) inapetencia
inapplicabile inaplacable
inaridire secar
inaspettatamente inesperadamente
inasprire exasperar
inaudito inaudito
inaugurare inaugurar

inaugurazione (f) inauguración
inavvedutezza (f) inadvertencia
inavveduto inadvertido
inavvertenza (f) inadvertencia
incalcolabile incalculable
incalzare acosar
incanalamento (m) encauzamiento
incanalare encauzar
incandescente candente
incandescenza (f) incandescencia
incantare encantar
incantesimo (h) hechizo
incantevole encantador
incanto (m) hechizo
incapace incapaz
incarcerare encarcelar
incarcerazione (f) encarcelamiento (m)
incaricare encargar
incarnare encarnar
incarnazione (f) encarnación
incartare empapelar
incasellare encasillar
incassare cobrar
incastrare encajar
incatenare encadenar
incauto incauto
incedere proceder
incendiare incendiar
incendio (m) incendio
incenso (m) incienso
incertezza (f) incertidumbre
incerto incierto
incessante incesante
incettare acaparar
inchiesta (f) investigación
inchinare inclinar
inchino (m) reverencia (f)
inchiostro (m) tinta (f)
inciampare tropezar
inciampo (m) obstaculo
incidente (m) incidente
incidere grapar

incinta embarazada
incipriare empolvar
incisione (f) incisión
incisivo (m) incisivo
incitare incitar
incitamento (m) incitación (f)
incivile incivil
inclemenza (f) inclemencia
inclinare inclinar
includere incluir
inclusione (f) inclusión
incluso incluso
incoercibile incoercible
incoerente incoherente
incognito (in) de incógnito
incollare pegar
incolpare inculpar
incominciare empezar
incomodare incomodar
incomparabile incomparable
incompetente incompetente
incompleto incompleto
incomprensione (f) incomprensión
incompreso incomprendido
inconcludente no concluyente
inconfondibile inconfundible
inconfutabile irrefutable
inconsciamente inconsciente-
mente
inconsueto inusitado
incontrare encontrar
incontro (m) encuentro
inconveniente (m) inconveniente
inconvenienza (f) inconveniencia
incoraggiare animar
incoronare coronar
incorreggibile incorregible
incorrere caer en
incosciente inconsciente
incostante inconstante
incrociare cruzar
incrocio (m) cruce
incredibile increíble
incrollabile inmoble
incubatrice (f) incubadora

incubo (m) obsesión (f)
incudine (f) yunque (m)
inculcare inculcar
incurabile incurable
incurante descuidado
incuria (f) incuria
incursione (f) incursión
incurvatura (f) combadura
incutere infundir
índaco índigo, añil
indagare investigar
indagine (f) investigación
indebitarsi endeudarse
indebolimento (m) debilita-
miento
indebolire debilitar
indecente indecente
indecisione (f) indecisión
indeciso indeciso
indefinito indefinido
indegno indigno
indelebile indeleble
indelicatezza (f) indelicadeza
indelicato grosero
indennizzo (m) indemniza-
ción (f)
indetto anunciado
India Indias (pl.)
indiano indio
indicare indicar
indicatore (m) indicador
indicazione (f) indicación
indietreggiare retroceder
indietro atrás
indifeso indefenso
indifferente indiferente
indigeno (m) indígena
indigenza (f) indigencia
indigesto indigesto
indignare indignar
indignazione (f) indignación
indimenticabile inolvidable
indipendente independiente
indipendenza (f) independencia
indirettamente indirectamente
indirizzare dirigir
indirizzo (m) dirección (f)

indisciplina (f) indisciplina
indisciplinato indisciplinado
indiscreto indiscreto
indispensabile indispensable
indispettire despechar
indisporre indisponer
indisposto indispuesto
indissolubile indisoluble
indistinto indistinto
individualità (f) individualidad
individuo (m) individuo
indivisibile indivisible
indizio (m) indicio
indòcile indócil
indole (f) carácter
indomito indómito
indolente indolente
indolenza (f) indolencia
indolenzimento (m) entumecimiento
indorare dorar
indossare llevar
indovinare adivinar
indovinello (m) acertijo
indubbiamente sin duda
indugiare retardar
indugio (m) tardanza (f)
indulgere perdonar
indumento (m) indumento
indurre inducir
industria (f) industria
industriale (m) industrial
induzione (f) inducción
inebriare embriagar
inedito inédito
inefficace ineficaz
ineguale desigual
inerme inerme
inerte inerte
inesatto inexacto
inesauribile inagotable
inesistente inexistente
inesorabile inexorable
inesperienza (f) inexperiencia
inesperto inexperto
inesplicabile inexplicable
inesplorato inexplorado

inesprimibile inexpresable
inespugnabile inexpugnabile
inestinguibile inextinguible
inetto inepto
inevitabile inevitable
infallibile infalible
infamare infamar
infame infame
infamia (f) infamia
infangare enlodar
infanticidio (m) infanticidio
infanzia (f) infancia
infarinare enharinar
infastidire fastidiar
infaticabile infatigable
infatti en efecto
infatuazione (f) infatuación
inferiorità (f) inferioridad
infedele infiel
infelice infeliz
inferiore inferior
infermeria (f) enfermeria
infermiere (m) enfermero
inferno infierno
inferocire enfurecerse
inferriata (f) reja
infetto infecto
infezione (f) infección
infiammare inflamar
infiammazione (f) inflamación
infido infiel
infilare enfilar; enhebrar (l'ago)
infiltrazione (f) infiltración
infimo ínfimo
infine por fin; al fin
infinità (f) infinidad
infinito infinito
influente influente
influenza (f) influencia; gripe
influire influir
influsso (m) influjo
infondere infundir
informare enterar
informazione (f) informe (m)
infortunio (m) accidente; desgracia (f)

inframmettere interponer
infrangere quebrantar
infrangibile infrangible
infranto roto
infruttuoso infructuoso
infuriarsi enfurecerse
infusione (f) infusión
ingaggiare alistar
ingaggio (m) reclutamiento
ingannare engañar
inganno engaño
ingegnarsi ingeniarse
ingegnere (m) ingeniero
ingegno (m) ingenio
ingelosire dar celos
ingente ingente
ingenuo ingenuo
ingerenza (f) ingerencia
ingerire ingerir
ingessare enyesar
inghiottire engullir
Inghilterra Inglaterra
inginocchiarsi arrodillarse
ingiunzione (f) imposición
ingiuria (f) injuria
ingiurare injuriar
ingiustizia (f) injusticia
ingiusto injusto
inglese inglés
ingoiare tragar
ingombrare estorbar
ingordigia (f) voracidad
ingordo voraz
ingorgo (m) obstrucción (f)
ingranaggio (m) engranaje
ingrandimento (m) agrandimiento
ingrandire engrandecer
ingrassare engordar
ingratitudine (f) ingratitud
ingrato ingrato
ingrediente (m) ingrediente
ingresso (m) entrada (f)
ingrossare engrosar
ingrosso (all') al por mayor
inguaribile incurable
inguine (m) ingle (f)

iniettare inyectar
iniezione (f) inyección
inimicizia (f) enemistad
ininterrottamente sin interrupción
iniziale inicial
iniziare iniciar
inizio (m) comienzo
innalzare levantar
innamorarsi enamorarse
innamorato enamorado
innanzi delande de
innegabile inegabile
inneggiare ensalzar
innestare injertar
inno (m) himno
innocente inocente
innocenza (f) inocencia
innocuo inocuo
innovare innovar
innovazione (f) innovación
innumerevole innumerable
inoffensivo inofensivo
inoltrare enviar
inoltre además
inondare inundar
inondazione (f) inundación
inoperoso inactivo
inopportuno inoportuno
inoppugnabile incontestable
inorridire horrorizarse
inospitale inhospital
inospitalità (f) inhospitalidad
inosservato inadvertido
inquietare inquietar
inquieto inquieto
inquietudine (f) inquietud
inquisire inquirir
inquisizione (f) inquisición
insalata (f) ensalada
insalubre insalubre
insanguinare ensangrentar
insaponare enjabonar
insaputa | all'- sin saberlo |
insaziabile insaciable
insaziabilità (f) insaciabilità
inscrivere inscribir
insediare instalar

insegna (f) letrero (m)
insegnante (m) profesor, maestro
insegnamento (m) enseñanza (f)
inseguimento (m) persecución (f)
inseguire perseguir
insenatura (f) ensenada
insensato insensato
inseparabile inseparable
inserire insertar
inservibile inservible
inserviente (m) mozo
inserzione (f) anuncio (m)
insetticida insecticida
insetto (m) insecto
insidia (f) insidia
insieme juntos (pl.)
insignificante insignificante
insinuare insinuar
insipido insípido
insistente insistente
insistenza (f) insistencia
insístere insistir
insoddisfatto descontento
insofferente intolerante, nervioso
insolazione (f) insolación
insolente insolente
insolito insólito
insolubile insoluble
insolubilità (f) insolubilidad
insolvibilità (f) insolvencia
insomma en suma
insonnia (f) insomnio, (m)
insorgere insurreccionarse
insospettire infundir sospechas
insozzare ensuciar
insperato inesperado
inspiegabile inexplicable
installare instalar
instancabile incansable
instillare infundir
insù arriba
insuccesso (m) fracaso
insudiciare ensuciar
insufficiente insuficiente

insulare insular
insultare insultar
insulso insulso
insulto (m) insulto
insuperabile insuperable
insurrezione (f) insurrección
intaccabile inatacable
intaccare encentar
intagliato entallado
intaglio (m) entalle
intangibile intangible
intanto mientras tanto
intarsiato taraceado
intatto intacto
intavolare entablar
integrale integral
integramente integramente
integrazione (f) integración
integrità (f) integridad
integro íntegro
intelletto (m) intelecto
intelligente inteligente
intelligenza (f) inteligencia
intemperie (f pl.) intemperie (sing.)
inténdere entender
intendimento (m) entendimiento
intendere conocedor
intendenza (f) intendencia
intenerire enternecer
intensificare intensificar
intensità intensidad
intenso intenso
intentare intentar
intento (m) intento
intenzionato intencionado
intenzione (f) intención
intercapedine (f) intersticio (m)
interamente enteramente
intercedere interceder
intercessione (f) intercesión
intercessore (m) intercesor
intercettare interceptar
interdetto interdicto
interdizione (f) interdición
interessante interesante

interessare interesar
interessato interesado
interesse (m) interés
interiore interior
intermediario (m) intermediario
intermezzo (m) entreacto
interminabile interminable
intermittente intermitente
intermittenza (f) intermitencia
internamente interiormente
internamento (m) internación (f)
internare internar
internato (m e agg.) internado
internazionale internacional
interno interior
intero entero
interpellare interpelar
interporre interponer
interposto interpuesto
interprete intérprete
interrare enterrar
interrogare interrogar
interrogatorio (m) interrogatorio
interrogazione (f) interrogación
interrompere interrumpir
interrotto interrumpido
interruttore (m) interruptor
interruzione (f) interrupción
intervenire tomar parte
intervento (m) intervención (f)
intervista (f) intrevista
intesa (f) acuerdo (m)
inteso intendido
intestare intitular
intestazione (f) encabezamiento (m)
intestino (m) intestino
intimare intimar
intimazione (f) intimación
intimidazione (f) intimidación
intimidire intimidar

intimità (f) intimidad
intimo íntimo
intimorire atemorizar
intirizzito aterido
intitolato intitulado
intollerabile intolerable
intollerante intolerante
intolleranza (f) intolerancia
intonaco (m) enlucido
intonare entonar
intonato entonado
intonazione entonación
intontimento (m) aturdimiento
intontito aturdido
intoppo (m) engorro
intorno alrededor de
intossicazione (f) intoxicación
intraducibile intraducible
intralcio (m) obstáculo
intransigente intransigente
intraprendente activo
intraprendenza (f) iniciativa
intrattabile intratable
intrattenere entretener
intravvedere entrever
intrecciare trenzar
intreccio (m) enlace
intrepido osado
intricare enredar
intrico (m) enredo
intrigante intrigante
intrigo (m) intriga (f)
intrinseco intrínseco
intriso empapado
introdotto introducido
introdurre introducir
introduzione (f) introducción
intromettere entremeter
introspezione (f) introspección
introvabile imposible de incontrar
intruglio (m) mezcla (f)
intuire intuir
intuizione (f) intuición
inuguale desigual

inumanitá (f) inhumanidad
inumano inhumano
inumidire humedecer
inutile inútil
inutilità (f) inutilidad
invadente entrometido
invádere invadir
invalido inválido
invano en balde
invasione (f) invasión
invecchiare envejecer
invece di ... en vez de
inveire clamar
inventare inventar
inventario (m) inventario
invenzione (f) invención
inverosímile inverosímil
inverniciare barnizar
inverniciatura (f) barnizado (m)
inverno (m) inviérno
inversione (f) inversión
inverso inverso
invertire invertir
investigare investigar
investimento (m) embestida (f)
investire embestir
invetriata (f) vidriera
invettiva (f) invectiva
inviare enviar
invidia (f) envidia
invincibile invencible
invio (m) envío
inviolabile inviolable
invisibile invisible
invitare convidar
invito (m) invitación (f)
invocare invocar
invocazione (f) invocación
involto (m) paquete
involucro (m) envoltura (f)
involuzione (f) regresión
inzuppare empapar
io yo
iódio (m) yodo
ipnosi (f) hipnosis

ipnotizzare hipnotizar
ipocondria (f) hipocondría
ipocrisia (f) hipocrisía
ipotesi (f) hipótesis
ippodromo (m) hipódromo
ippopotamo (m) hipopótamo
ira (f) ira
irato airado
iride (f) iris (m)
iridescenza (f) irisación
ironia (f) ironia
iroso iracundo
irradiare irradiar
irraggiungibile inalcanzable
irragionevole irracional
irrazionalità (f) irracionalidad
irreale irreal
irregolare irregular
irreligiosità (f) irreligiosidad
irremovibile firme
irreparabile irreparable
irrequietezza (f) inquietud
irrequieto inquieto
irresistibile irresistible
irresoluto irresoluto
irresoluzione (f) irresolución
irresponsabile irresponsable
irrevocabile irrevocable
irriconoscibile no identificable
irrigare regar
irrigazione (f) riego (m)
irrigidire endurecerse
irrisorio irrisorio
irritabile irritable
irritazione (f) irritación
irrobustire robustecer
irrompere irrumpir
irruente impetuoso
irruzione (f) irrupción
iscrivere inscribir
iscrizione (f) inscripción
islamismo (m) islamismo
isola (f) isla
isolamento (m) aislamiento
isolare aislar
isolato (m) caserío
isolatore (m) aislador
isolotto (m) islote

ispanico hispánico
ispettore (m) inspector
ispezionare inspeccionar
ispezione (f) inspección
ispirare inspirar
ispirazione (f) inspiración
israelita (m) israelita
issare izar
istante (m) instante
istanza (f) petición
isterismo (m) histerimo
istigare instigar
istinto (m) instinto
istituto (m) instituto
istituire instituir

istitutore (m) institutor
istmo (m) istmo
istoriato historado
istruire instruir
istruito instruido
istruttoria (f) instrucción
istruttivo instructivo
istruzione (f) instrucción
italiano italiano
iterazione (f) repetición
itinerario (m) itinerario
itterizia ictericia
iuta (f) yute (m)
ivi allí

K

Kaiser Kaiser
kimono (m) quimono

krumiro (m) esquirol
kummel (m) cúmel

L

la la
là allá
labbro (m) labio
labirinto (m) laberinto
laboratorio (m) laboratorio
laborioso laborioso
lacca (f) laca
laccio lazo
lacerare lacerar
lacerazione (f) laceración
làcero andrajoso
làcrima (f) lágrima
lacrimoso lagrimoso
lacónico lacónico
lacuna (f) laguna
ladro (m) ladrón

ladrone (m) salteador
ladruncolo (m) ladronzuelo
laggiù allà abajo
lagnarsi quejarse
lago (m) lago
laguna (f) laguna
laicità (f) laicismo (m)
laico laico
lama (f) hoja
lambire lamer
lamentare deplorar
lamento (m) queja (f)
lamentoso quejumbroso
lamiera (f) plancha
làmina lámina, hoja
làmpada (f) lámpara

lampadario (m) araña (f)
lampadina (f) bombilla
lampante clarísimo
lampeggiamento (m) relam-
  pagueo
lampeggiare relampaguear
lampione (m) farol
lampo (m) refámpago
lampone (m) frambuesa (f)
lana (f) lana
lancetta (f) aguja
lancia (f) lanza
lanciare arrojar
lancio (m) lanzamiento
landa (f) landa
languidezza (f) languidez
languido lánguido
languire languidecer
languore (m) languidez (f)
lanificio (m) fábrica de lanas
lanterna (f) linterna
lanugine (f) vello m; pelusa
  (f)
lapide (f) lápida
lapis (m) lápiz
lardo (m) tocino
largamente anchamente
larghezza (f) anchura
largizione (f) donación
largo ancho
laringe (f) laringe
larva (f) larva
lascia-passare (m) pase
lasciare dejar
làscito (m) legado
lascivo lascivo
lassativo (m) laxante
lassù allá arriba
lastra (f) losa
lastricare empedrar
làstrico (m) empedrado
latente latente
laterale lateral
latifondo (m) latifundo
latino latín
latitanza (f) contumacia
latitudine (f) latitud

lato (m) lado
latrare ladrar
latrina (f) retrete (m)
latta (f) lata
lattaio (m) lechero
lattante (m) niño de pecho
latte (m) leche (f)
lattuga (f) lechuga
laurea (f) doctorado (m)
laureando (m) laureando
laurearsi doctorarse
lava (f) lava
lavabo (m) lavabo
lavaggio (m) lavado
lavagna (f) pizarra
lavanda (f) espliego (m)
lavanderia (f) lavadero (m)
lavare lavar
lavorante (m) obrero
lavorare trabajar
lavorazione (f) elaboración
lavoro (m) trabajo
lazzaretto (m) lazareto
leale leal
lealmente lealmente
lealtà (f) lealtad
lebbra (f) lepra
leccare lamer
leccio (m) carrasco
leccornia (f) golosina
lecito lícito
ledere perjudicar
lega (f) liga
legale legal
legalità (f) legalidad
legalizzare legalizar
legame (m) vínculo
legamento (m) ligamiento
legare atar
legato (m) legado
legatore (m) encuadernador
legatura (f) ligadura
legge (f) ley
leggenda (f) leyenda
leggere leer
leggero ligero
leggiadria (f) gracia, encanto
  (m)

leggiadro encantador
leggibile legible
leggio (m) atril
legionario (m) legionario
legione (f) legión
legislatore (m) legislador
legislatura (f) legislatura
legislazione (f) legislación
legittimare legitimar
legittimo legítimo
legna (f) leña
legname (m) madera (f)
legno (m) madera (f)
legnoso leñoso
legume (m) legumbre (f)
lei ella; usted
lembo (m) borde, trozo
lenimento (m) mitigación (f)
lentamente despacio
lente (f) lente
lentezza (f) lentitud
lenticchia (f) lenteja
lentiggine (f) peca
lento lento
lenza (f) sedal (m)
lenzuolo (m) sábana (f)
leone (m) león - essa | leona
leopardo (m) leopardo
lepre (f) liebre
leprotto (m) lebrato
lercio asqueroso
lésina (f) lesna
lessare cocer
léssico (m) léxico
letame (m) estiércol
letizia (f) regocijo (m)
lettera (f) carta | raccomandata carta certificada
letterario literario
letteratura (f) literatura
lettiga (f) litera
letto (m) cama (f)
lettore (m) lector
lettura (f) lectura
leva (f) palanca
levante (m) levante
levare quitar

levata (del sole) salida del sol
levatrice (f) partera
levigare pulir
levigatezza (f) lisura
levriere (m) galgo
lezione (f) lección
leziosaggine (f) melindre
lezioso melindroso
lì allí
libbra (f) libra
libeccio (m) ábrego
libello (m) libelo
libellula (f) libélula
liberale liberal
liberamente libremente
liberare libertar
liberatore libertador
liberazione (f) liberación
libertà (f) libertad
libertino (m) libertino
libraio (m) librero
libreria (f) librería
libretto (m) libreto
libro (m) libro
licenza (f) licencia
licenziamento (m) licenziamento
licenziare despedir
licenziato despedido
licenziosità (f) licencia
licenzioso licencioso
liceo (m) bachillerato
lichene (m) liquen
lido (m) liquen
lido (m) playa (f)
lieto alegre
lieve leve
lievità (f) levidad
lievitare fermentar
lievito (m) levadura (f)
lignaggio (m) linaje
lignite (f) lignito (m)
lima (f) lima
limaccioso fangoso
limare limar
limatura (f) limadura
limbo (m) limbo
limitare limitar

limitatezza (f) limitación
limitato limitado
limitazione (f) limitación
limite término
limitrofo limítrofe
limo (m) limo
limonata (f) limonada
limone (m) limón
limpidezza (f) claridad
limpido límpido
lince (f) lince (m)
linciaggio (m) linchamiento
linciare linchar
lindezza (f) limpieza
linea (f) raya
lineamenti (m pl.) facciones (f)
lineare lineal
lineetta (f) guión (m)
linfa (f) linfa
lingotto (m) lingote
lingua (f) lengua
linguacciuto lenguaraz
linguaggio (m) lenguaje
linguista (m) lingüista
linificio (m) hilandería de lino (f)
lino (m) lino
linoleum (m) linóleo
linotipia (f) linotipia
liquefare licuar
liquefazione (f) licuefacción
liquidare liquidar
liquidazione (f) liquidación
liquido líquido
liquirizia (f) regaliz (m)
liquore (m) licor
lira (f) lira
lirico lírico
Lisbona Lisboa
lisca (f) espina
lisciare alisar; pulir
lisciatore (m) alisador
liscio liso
liso consumido, raído
lista (f) lista
listare ribetear
listino (m) catálogo

litanie (pl.) letanías
lite (f) contienda
litigante (m) litigante
litigare litigar
litigio (m) litigio
litografia (f) litografía
litro (m) litro
litorale (m) litoral
Lituania (f) Lituania
liuto (m) laúd
livella (f) nivel (m)
livellamento (m) nivelación
livellare nivelar
livello (m) nivel
lívido (m) cardenal
livore (m) envidia (f)
livrea (f) librea
lizza (f) liza
lo art: el; pron: lo
locale (m) local
località (f) localidad
localizzare localizar
locanda (f) fonda
locazione (f) arrendamiento (m)
locomotiva (f) locomotora
locomozione (f) locomoción
lóculo (m) nicho
lodare alabar
lode (f) alabanza
logaritmo (m) logaritmo
loggia (f) lonja
loggiato (m) pórtico
loggione (m) cazuela (f)
logica (f) lógica
logico lógico
logoramento (m) desgaste
logorare consumir
logorato usado
lombaggine (f) lumbago (m)
lombo (m) lomo
lombrico lombriz (f)
Londra Londres
longevità (f) longevidad
longitudine (f) longitud
lontananza (f) lejanía
lontano (avv.) lejos; lejano (agg.)

lontra (f) nutria
loquace locuaz
loquela (f) labia
lordo sucio; bruto
losco sucio
loto (m) loto
lotta (f) lucha
lottare luchar
lottatore (m) luchador
lotteria (f) lotería
lozione (f) loción
lubrificante (m) lubrificante
lubrificare lubrificar
lucchetto (m) candado
luccicare brillar
lucciola (f) gusano de luz (m)
luce (f) luz
lucente luciente
lucerna (f) linterna de mano
lucernaio (m) claraboya (f)
lucidare pulimentar
lucidatura (f) limpieza
lúcido brillante
Lucífero (m) Lucífero
lucignolo (m) pabilo
lucrare ganar; lucrar
lucro (m) lucro
ludibrio (m) ludibrio
lugubre lúgubre

lui (m) él
Luigi Luis
lumaca (f) caracol (m)
lume (m) luz (f)
luminoso luminoso
luna (f) luna
Lunedì (m) Lunes
lunghezza (f) largueza
lungo largo
luogo (m) lugar
luogotenente (m) lugarteniente
luogotenenza (f) lugartenencia
lupo (m) lobo
lupino (m) altramuz
luppolo (m) lúpulo
lurido asqueroso
lusinga (f) lisonja
lusinghiero lisonjero
lussazione (f) luxación
lusso (m) lujo
lussureggiante lozano
lussuria (f) lujuria
lustrare limpiar
lustrascarpe (m) limpiabotas
lustrino (m) lentejuela (f)
lustro (m) lustre
luteranesimo (m) luteranismo
lutto (m) luto

M

ma mas; pero
macabro mácabro
maccherone (m) macarrón
macchia (f) mancha
macchiare manchar
macchina (f) máquina
macchinista (m) maquinista
macchinazione (f) maquinación
macellaio (m) carnicero
macellare matar
macelleria (f) carnicería

macello (m) matadero
macerare macerar
macerie (f pl.) escombros
macero (m) alberca (f)
macigno (m) peñasco
mácina (f) muela
macinare moler
maciullare agramar
madamigella (f) señorita
madia (f) artesa
Madonna (f) Virgen
madre (f) madre

madreperla (f) nácar (m)
maestà (f) majestad
maestoso majestuoso
maestra (f) maestra
maestría (f) habilidad
maestro (m) maestro
magari! ¡ojalá!
magazzino (m) almacén
maggio (m) mayo
maggioranza (f) mayoría
maggiore mayor
magico mágico
magistero (m) magisterio
magistrato (m) magistrado
maglia camiseta
maglietta (f) corchete (m)
magnanimo magnánimo
magnate (m) magnate
magnesia (f) magnesia
magnete (m) imán
magnetizzare magnetizar
magnificare magnificar
magnificenza (f) magnificencia
magnifico magnífico
magniloquenza (f) grandilo
   quenza
magnolia (f) magnolia
mago (m) mago
magrezza (f) flaqueza
magro flaco; delgado
mai nunca
maiale (m) cerdo
maiolica (f) loza
mais (m) maíz
malafede (f) mala fe
malandato arruinado
malandrino (m) salteador, perverso
malanimo (m) animosidad (f)
malanno (m) achaque
malaria (f) paludismo
malato enfermo
malattia (f) enfermedad
malavoglia (f) desgana
malcapitato desdichado
malconcio maltrecho
malcontento (m) descontento

malcostume (m) inmoralidad
maldicente maldiciente
maldicenza (f) maledicencia
mal di mare (m) mareo
male (m) mal
maledetto maldito
maledire maldecir
maledizione (f) maldición
maleducato malcriado
malefico maléfico
malessere (m) malestar
malgrado a pesar de
malìa (f) hechizo
malignità (f) malignidad
maligno maligno
malinconia (f) melancolía
malinteso (m) equivocación
   (f)
malizia (f) malicia
malleabile maleable
malleolo (m) maléolo
malleveria (f) barantía
malora (f) ruina
malore (m) malestar repenti-
   no
malsano malsano
Malta Malta
maltempo (m) mal tiempo
maltrattare maltratar
malumore (m) mal humor
malvagio (m) malvado
malvagità (f) maldad
malvivente (m) salteador
mamma (f) mamá
mammella (f) mama
mammifero (m) mamífero
mancante que falta
mancanza (f) falta
mancare faltar
mancia (f) propina
mancino (m) zurdo
mandante mandante
mandare enviar
mandarino (m) mandarin;
   mandarina (f)
mandibola (f) mandíbula
mandolino (m) mandolina (f)
mandorla (f) almendra

mandria (f) rebaño (m)
maneggevole manejable
maneggiare manejar
maneggio (m) manejo
manette (f pl.) esposas
mangereccio comestible
mangiare comer
mangiatoia (f) pesebre (m)
mangime (m) cebo
mania (f) manía
maniaco (m) maniaco
mánico (m) empuñadura (f)
manicotto (m) manguito
maniera (f) manera
manifattura (f) manufactura
manifestare manifestar
manifestazione (f) manifestación
manifesto (m) cartel
maniglia (f) picaporte (m)
manigoldo (m) granuja (f)
manipolo (m) manípulo
manna (f) don de Dios (m)
mano (f) mano
manomettere manumitir
manoscritto (m) manuscrito
manovale (m) obrero
manovella (f) manivela
manovra (f) maniobra
mansione (f) tarea
mansueto manso
mansuetudine (f) mansedumbre
mantello (m) capa (f)
mantenere mantener
mantenimento (m) mantenimiento
manuale manual
manutenzione (f) manutención
Maometto Mahoma
mappa (f) mapa (m)
maratona (f) maratón (m)
marca (f) marca | - da bollo timbre (m)
marcare marcar
marchese (m) marqués
marchio (m) sello

marcia (f) marcha
marciapiedi (m) acera (f)
marciare marchar
marcio podrido
marcire podrir
marciume (m) podredumbre (f)
Marco Marcos
marco (m) marco
mare (m) mar
marea (f) marea
maremma (f) marisma
marengo (m) luis
maresciallo (m) mariscal
Margherita Margarita
margine (m) margen
marinaio (m) marinero
mariolo (m) pícaro
marionetta (f) titere (m)
marito (m) esposo
marmaglia (f) canalle
marmellata (f) mermelada
marmo (m) mármol
marmotta (f) marmota
Marocco Marruecos
marrone (m) castaña (f)
marsala (f) marsala
marsina (f) frac (m)
Martedì Martes
martello (m) martillo
martire (m) mártir
martirio (m) martirio
marziale marcial
Marte Martes
Marzo (m) Marzo
mascalzone (m) bellaco
mascella (f) mandíbula
maschera (f) disfraz (m)
mascherata (f) mascarada
mascherato disfrazado
maschile masculino
maschio (m) macho
masnada cuadrilla
masnadiere (m) bandolero
massa (f) masa
massacro (m) estrago
massaggio (m) masaje
massaia (f) mujer de casa

massiccio macizo

mássima (f) regla, norma

massimo máximo

masso (m) roca (f)

massoneria (f) masonería

mastello (m) cubo

masticare mascar

màstice (m) almáciga (f)

mastro (m) | libro - libro mayor

matematica (f) matemática

materasso (m) colchón

materia (f) materia

materiale (m) material

materialista (m) materialista

maternità (f) maternidad

materno maternal

matita (f) lápiz (m)

matrice (f) matriz; molde (m)

matricola (f) matrícula

matrigna (f) madrastra

matrimonio (m) casamiento

mattacchione (m) burlón, guasón

mattina (f) mañana

mattiniero madrugador

matto loco

mattone (m) ladrillo

maturare madurar

maturo maduro

mausoleo (m) mausoleo

mazza (f) maza

mazzo (m) ramillete

me mi

meandro (m) meandro; recoveco

meccánica (f) mecanica

meccanico (m) mecánico

meco conmigo

medaglia (f) medalla

medesimo mismo

media (f) media

mediante por medio de

mediatore (m) intermediario

mediazione (f) corretaje (m)

medicamento (m) medicamento

medicare curar

medicina (f) medicina

medico (m) médico

medio medio

mediocre mediano

medioevo (m) Edad Media (f)

meditazione (f) meditación

Mediterraneo Mediterráneo

megafono (m) megafono

megera (f) bruja

meglio mejor

mela (f) manzana

melagrana (f) granada

melanzana (f) berenjena

melassa (f) melaza

mellifluo meloso

melone (m) melón

melma (f) lodo (m)

melmoso fangoso

melo (m) manzano

melodia (f) melodía

melodioso melodioso

melodramma (m) melodrama

membra (f) miembros (m)

membrana (f) membrana

membro (m) miembro

memorabile memorable

memore (m) agradecido

memoria (f) memoria

memoriale (m) instancia (f)

mendace mendaz

mendicante (m) mendigo

mendicare mendigar

mendico (m) pordiosero

menestrello (m) juglar

meningite (f) meningitis

meno menos

menomato minorado

menomazione (f) mengua

mensa (f) mesa; comedor (m)

mensile mensual

mensola (f) repisa

menta (f) menta

mentalità (f) mentalidad

mente (f) mente

mentire mentir

mentitore (m) mentiroso

mento (m) barbilla (f)

mentre mientras

menzionare mencionar
menzogna (f) mentira
meraviglia (f) maravilla
mercante (m) tratante
mercantile mercantil
mercanzia (f) mercancía
mercato (m) mercado
merce (f) mercancía
mercè (m) merced
mercede (f) salario
Mercoledì Miércoles
mercurio (m) azogue
merda (f) mierda
merenda (f) merienda
meretrice (f) meretriz
meridiano (m) meridiano
meridionale meridional
meriggio (m) mediodía
meringa (f) merengue (m)
meritare merecer
meritevole merecedor
mèrito (m) mérito
merlato almenado
merlatura (f) almenaje (m)
merletto (m) encaje
merlo (m) mirlo
merluzzo (m) bacalao
meschino mezquino
mescita (f) escancia
mescolanza (f) mezcla
mescolare mezclar
mese (m) mes
messa (f) misa
messaggero (m) mensajero
messaggio (m) mensaje
messale misal
messìa (m) mesías
Messico Méjico
messo (m) mensajero
mestamente tristemente
mestica (f) imprimación
mestiere (m) profesión
mestizia (f) tristeza
mesto triste
méstola (f) cucharón
metà (f) mitad
meta (f) término (m)
metafisica (f) metafísica

metafora (f) metáfora
metallico metálico
metallo (m) metal
metalloide (m) metaloide
metallurgia (f) metalurgia
metamorfosi (f) metamórfosis
metèora (f) meteoro (m)
meticcio (m) mestizo
meticolistà (f) meticulosidad
meticoloso meticuloso
metodico metódico
metodista (m) metodista
metodo (m) método
metrica (f) métrica
metro (m) metro
metropoli metrópoli
mettere poner
mezzadria (f) aparcería
mezzanotte (f) medianoche
mezzo medio
mezzogiorno (f) mediodía
mezzosoprano (m) medio soprano (f)
mi me
mia mi
miagolio (m) maullido
miasma (m) miasma
miccia (f) mecha
Michele Miguel
micidiale mortífero
mìcrobo (m) microbio
microfono (m) micrófono
micron (m) micrón
microscopio (m) microscopio
midollo (m) médula (f)
miele (m) miel (f)
mietere segar
mietitura (f) siega
migliaio (m) millar
miglio (m) milla (f)
miglioramento (m) mejora miento
migliorare mejorar
migliore mejor
mìgnolo (m) meñique
migrazione (f) migración
miliardario (m) multimillonario

miliardo (m) mil millones
milione (m) millón
militante (m) militante
militare militar
mílite (m) miliciano
milizia (f) milicia
millantatore (m) bravucón
millantería (f) jactancia
mille mil
millenario (m) milenario
millesimo milésimo
milligrammo (m) miligramo
milza (f) bazo (m)
mimica (f) mímica
mimosa (f) mimosa
mina (f) mina
minaccia (f) amenaza
minacciare amenazar
minaccioso amenazador
minare minar
minareto (m) alminar
minatore (m) minero
minchionare burlar
minchione necio
minerale (m) mineral
minerario minero
minestra (f) sopa
mingherlino delgadito
miniatura (f) miniatura
miniera (f) mina
minimo mínimo
minio (m) minio
ministeriale ministerial
ministero (m) ministerio
ministro (m) ministro
minoranza (f) minoría
minorazione (f) minoración
Minorca Menorca
minore menor
minorenne menor de edad
minuetto (m) minué
minuscolo minúsculo
minuta (f) borrador (m)
minuto (m) minuto
minuzia (f) pequeñez
mio mi; mío
míope miope
mira (f) mira

mirabile admirable
mirácolo (m) milagro
miracoloso milagroso
miraggio (m) ilusión (f)
mirare mirar; tender
miriade (f) miríada
mirino (m) mira (f)
mirra (f) mirra
mirtillo (m) arándano
misantropo (m) misántropo
miscela (f) mezcla
mischia (f) contienda
mischiare mezclar
misconoscere desconocer
miscredente incrédulo, ateo
miscuglio (m) mezcla (f)
miserabile miserable
miseria (f) miseria
misericordia (f) misericordia
misericordioso misericordioso
misero mísero
misfatto (m) crimen
misogino (m) misógino
missile (m) cohete
missionario (m) misionero
missione (f) misión
missiva (f) misiva
misterioso misterioso
mistero (m) misterio
mistico místico
mistificare mistificar
mistificazione (f) engaño (m)
misto mixto
misura (f) medida
misurare medir
mite dulce; módico
mitezza (f) mansedumbre
mitico mítico
mito (m) mito
mitologia (f) mitología
mitria (f) mitra
mitraglia (f) metralla
mitragliare ametrallar
mittente (m) remitente
mobile (agg.) móvil (m) mueble
mobilitare movilizar
mobilitazione (f) movilización

moda (f) moda
modalità (f) modalidad
modellare modelar
modello (m) modelo
moderare moderar
moderazione (f) moderación
modernità (f) modernismo (m)
moderno moderno
modestia (f) modestia
modesto modesto
modifica (f) modificación
modificare modificar
modista modista
modo (m) modo
modulazione (f) modulación
modulo (m) impreso
mògano (m) caoba (f)
mogio abatido, triste
moglie (f) mujer
moine (f pl.) melindres (m)
molare (m) muela (f)
mole (f) mole
molecola (f) molécula
molestare molestar
molesto molesto
molla (f) muelle (m)
molle muelle
molleggiamento (m) elastici-
    dad (f)
molleggiare mollear
mollezza (f) afeminación
mollica (f) miga
mollusco (m) molusco
molo (m) muelle
molteplice múltiple
moltiplicazione (f) multiplica-
    ción
moltitudine (f) multitud
molto mucho; muy
momentaneo momentáneo
momento (m) momento
monaco (m) monje
monarca (m) monarca
monarchia (f) monarquía
monastero (m) monasterio
moncherino (m) muñón
monco manco

mondanità (f) mundanidad
mondano mundano
mondiale mundial
mondina (f) mondadora de
    arroz
mondo (m) mundo
monello (m) chiquillo
moneta (f) moneda
mongolo (m) mogol
monile (m) collar
mónito (m) admonición (f)
monocolo (m) monóculo
monopolio (m) monopolio
monosillabo (m) monosílabo
monotonia (f) monotonía
monotono monótono
monsoni (pl. m) monzones
montaggio (m) montaje
montagna (f) montaña
montanaro (m) montañés
montare montar
montatura (f) exageración
monte (m) monte
monte di pietà monte de
    piedad
montone (m) carnero
monumento (m) monumento
morale moral
moralista (m) moralista
moralità (f) moralidad
morbidezza (f) morbidez
morbido mórbido
morbillo (m) sarampión
morboso morboso
mordace mordaz
mordere morder
morente moribundo
moresco morisco
morfina (f) morfina
morfologia (f) morfología
moribondo (m) moribundo
morire morir
mormorare murmurar
mormorio (m) murmullo
morsa (f) torno (m)
morso (m) mordisco
mortadella (f) mortadela
mortaio (m) mortero

mortalmente mortalmente
morte (f) muerte
mortella (f) mirto (m)
mortificare mortificar
mortificazione (f) mortificación
morto (m) muerto
mosaico (m) mosaico
mosca (f) mosca
moscato moscatel
moscerino (m) mosquito
moschea (f) mezquita
moschetto (m) mosquete
moscio flojo
moscovita moscovita
Mosé Moisés
mossa (f) movimiento (m)
mostarda (f) mostaza
mosto (m) mosto
mostrare enseñar
mostra (f) exposición
mostro (m) monstruo
mostruoso monstruoso
mota (f) barro (m)
motivare motivar
motivo (m) motivo
moto (m) movimiento
motocicletta (f) motocicleta
motonave (f) motonave
motore (m) motor
motteggio (m) mufa (f)
movente (m) motivo
movere mover
movimentato movido
movimento (m) movimiento
mozione (f) moción
mozzare cortar
mozzo (m) grumete
mucca (f) vaca lechera
mucchio (m) montón
muffa (f) moho (m)
muffire enmohecer
muggire mugir
muggito (m) mugido
mughetto (m) muguete
mugnaio (m) molinero
mula (f) mula

mulattiera (f) camino de herradura (m)
mulatto (m) mulato
muliebre mujeril
mulino (m) molino
mulo (m) mulo
multa (f) multa
multicolore multicolor
multiforme multiforme
multiplo múltiplo
mummia (f) momia
mungere ordeñar
municipale municipal
municipio (m) ayuntamiento
munificenza (f) munificencia
munifico munífico
munire dotar
munizione (f) munición
muovere mover
mura (f) murallas
murare murar
muratore (m) albañil
muratura albañilería
muriatico muriático
muricciolo (m) poyo
muro (m) muro
musa (f) musa
muschio (m) almizcle
muscolo (m) músculo
museo (m) museo
museruola (f) bozal (m)
musica (f) música
musicale musical
musicante (m) musico
musicista (m) músico
mussulmano musulmán
muta, di cani (f) jauría
mutabile mudable
mutabilità (f) incostancia
mutamento (m) mutación (f)
mutande (f) calzoncillos (m)
mutare mudar
mutazione (f) mutación
mutilato mutilado
muto mudo
mutuo mutuo

N

nababbo (m) nabab
nácchera (f) castañuela
nafta (f) nafta
nano (m) enano
Napoleone Napoleón
napoletana (f) cafetera
narciso (m) narciso
narcotico (m) narcótico
narrare contar
narrativa (f) prosa
narrazione (f) narración
nasale nasal
nascente naciente
nascita (f) nacimiento (m)
nascóndere esconder
nascondiglio (m) escondite
nascosto escondido
naso (m) nariz (f)
nastro (m) cinta (f)
Natale Navidad
natalizio natalicio
natante natante
nática (f) nalga
natività (f) natividad
nativo natural
nato nacido
natura naturaleza
naturale natural
naturalezza (f) naturalidad
naturalmente por supuesto
naufragare naufragar
naufragio (m) naufragio
nàufrago (m) náufrago
nausea (f) náusea
navale naval
nave (f) buque (m)
navigabile navegable
navigante (m) navegante
navigare navegar
navigazione (f) navegación
nazionale nacional

nazionalista (f e m) naciona-
   lista
nazionalità (f) nacionalidad
nazione (f) país
ne (pron.) de esto
nè ni
neanche ni siquiera
nebbia (f) niebla
necessario necesario
necessità necesidad
necróforo (m) sepulturero
necropoli (f) necrópolis
nefandezza (f) infamia
nefrite (f) nefritis
negare negar
negazione (f) negación
negligente descuidado
negligenza (f) negligencia
negoziante (m) comerciante
negoziare negociar
negozio (m) tienda (f)
negro (m) negro
nel, negli en los
nel, nello en el
nembo (m) tempestad (f)
nemico (m) enemigo
nemmeno tampoco
nenia (f) nenia
neo (m) lunar
neologismo (m) neologismo
neon (m) neón
neonato (m) recién nacido
neppure ni tampoco
nerastro negruzco
nero negro
nervatura (f) nervadura
nervo (m) nervio
nervosismo (m) nervosismo
nervoso nervioso
nespola (f) níspola
nessuno (m) ninguno

nettamente distintamente
neurologo (m) neurólogo
neutrale neutral
neutro neutro
neve (f) nieve
nevicare nevar
nevischio (m) nevisca (f)
nevralgía (f) neuralgia
nevrastenía (f) neurastenia
nevrastenico (m) neurasténico
nicchia (f) nicho (m)
nichel (m) níquel
nichelatura (f) niquelado (m)
nicotina (f) nicotina
nidiata (f) nidada
nido (m) nido
niente nada
nientemeno nada menos
ninfa (f) ninfa
nínnolo (m) dije
nipote (m) nieto; sobrino
nirvana (m) nirvana
nitido nítido
nitrico nítrico
nitrire relinchar
nitrito (m) relincho
nitroglicerina nitroglicerina
no no
nobile noble
nobilitazione (f) ennobleci-
    miento (m)
nobilmente noblemente
nobiltà (f) nobleza
nocchiere (m) piloto
nocciola (f) avellana
nocciolo (m) hueso
noce (m) nogal | nuez (f)
nocivo nocivo
nodo (m) nudo
noi nosotros
noia (f) aburrimiento (m)
noioso pesado
noleggiare fletar
noleggio (m) flete
nolo (m) fletamento; flete
nomade (m) nómada
nome (m) nombre

nomenclatura (f) nomencla-
    tura
nómina (f) elección
nominale nominal
nominare nombrar
nominativo (m) nominativo
nominato nombrado
non no
noncurante descuidado
noncuranza (f) descuido
nondimeno sin embargo
nonno (m) abuelo
nonnulla (m) nadería (f)
nonostante sin embargo
Nord (m) Norte
nordico nordico
norma (f) norma
normale normal
normalità (f) normalidad
normanno normando
nostalgía (f) nostalgía
nostrano de aquí
nostro nuestro
nostromo (m) contramaestre
nota (f) nota; lista
notaio (m) notario
notare notar
notarile notarial
notazione (f) notación
notevole notable
notifica (f) notificación
notificare notificar
notizia (f) noticia
notiziario (m) noticiero
noto conocido
notorietà (f) notoriedad
nottambulo (m) noctámbulo
nottata (f) noche
notte (f) noche
notturno nocturno
novanta noventa
nove nueve
novella (f) cuento (m)
novellino (m) novato
novello nuevo
novembre (f) noviembre
novena (f) novena
nòvero (m) número; cálculo

novità (f) novedad
novizio novicio
nozione (f) noción
nozze (f pl.) bodas
nube (f) nube
nubile soltera
nuca (f) nuca
nudo desnudo
nulla nada
nullo nulo
numerare numerar
numerazione (f) numeración
numero número
numeroso numeroso
numismatico numismático

nunzio (m) nuncio
nuocere perjudicar
nuora (f) nuera
nuotare nadar
nuoto (m) natación (f)
nuova (f) nueva, noticia
nuovo nuevo
nutriente nutritivo
nutrimento (m) nutrimento
nutrice (f) nodriza
nutrire nutrir
nutrizione (f) nutrición
núvola (f) nube
nuvoloso nublado
nuziale nupcial

O

oasi (f) óasis (m)
obbediente obediente
obbedire obedecer
obbiettare objetar
obbiettivo (m) objetivo
obbligare obligar
obbligatorio obligatorio
obbligazione (f) obligación
obbligo (m) obligación (f)
obesità obesidad
obeso obeso
óbice (m) obús
obiettività (f) objetividad
obiezione (f) obieción
oblazione (f) ofrenda
obliquo oblicuo
obló (m) portilla (f)
oblungo oblongo
obolo (m) óbolo
oca (f) ganso (m)
occasione (f) ocasión
occhiaia (f) ojera
occhiali (m) gafas (f)
occhiata (f) mirada
occhiello (m) ojal
occhio (m) ojo

occidentale occidental
occidente (m) occidente
occorrente necesario
occorrenza (f) necesidad
occórrere necesitar
occupare ocupar
occupato ocupado
occupazione (f) ocupación
oceano (m) océano
oculatezza (f) cautela
oculista (m) oculista
ode (f) oda
odiare odiar
odierno de hoy
odio (m) odio
odioso odioso
odontoiatria (f) odontología
odorare oler; husmear
odorato (m) olfato
odore (m) olor
odoroso oloroso
offéndere ofender
offensiva (f) ofensiva
offensore (m) ofensor
offerta (f) ofrecimiento (m)
offesa (f) ofensa

offeso ofendido
officina (f) taller (m)
offrire ofrecer
offuscamento (m) ofuscamiento
offuscare ofuscar
oftalmia (f) oftalmía
oggettività (f) objetividad
oggetto (m) objeto
oggi (m) hoy
oggigiorno hoy día
ogiva (f) ojiva
ogni cada; todo
Ognissanti todos los santos
ognuno cada uno
Olanda Holanda
oleandro (m) adelfa (f)
oleificio (m) fábrica de aceite
oleoso oleoso
olezzante fragrante
olezzo (m) fragrancia (f)
olfatto (m) olfato
olio (m) aceite
oligarchia (f) oligarquía
olimpiade (f) olimpíada
oliva aceituna
oliveto (m) olivar
olivo olivo
olmo (m) olmo
oltraggiare injuriar
oltraggio (m) injuria (f)
oltramontano ultramontano
oltrepassare superar
omaggio (m) homenaje
ombelico (m) ombligo
ombra (f) sombra
ombreggiare sombrear
ombrello (m) paraguas
ombrosità (f) susceptibilidad
omelia (f) homilía
omeopatia (f) homeopatía
ómero (m) hombro
Omero Homero
omesso omiso
omettere omitir
omicida (m) homicida
omogeneità (f) homogeneidad
omogeneo homogéneo

omologazione (f) homologación
omonimia (f) homonimia
oncia (f) onza
onda (f) ola
ondeggiare ondear
ondulare ondular
ónere (m) gravamen
onestà (f) honradez
onesto honrado
onice (m) ónix
onore (m) honra (f)
onorificenza (f) condecoración
ontano (m) aliso
opaco (f) opaco
opera (f) obra
operaio obrero
operare obrar
operato (m) conducta (f)
operatore (m) operador
operazione (f) operación
operetta zarzuela
operosità (f) laboriosidad
opificio (m) taller
opinione (f) opinión
Oporto Porto
oppio (m) opio
opponibile oponible
opporre oponer
opportunista (m) oportunista
opportunità (f) ocasión
opportuno oportuno
opposizione (f) oposición
opposto (m e agg.) contrario
oppressione (f) opresión
oppressore (m) opresor
opprimente pesado
oppure o
opulento opulento
opuscolo opúsculo
opzione (f) opción
ora ahora (avv.) | hora (f)
oracolo (m) oráculo
orale oral
orario (m) horario
oratore (m) orador
orazione (f) plegaria
orbita (f) órbita

orchestra (f) orquesta
orchestrazione (f) orquestación
orchidea (f) orquidea
orciolo (m) cántaro
ordigno (m) instrumento
ordinale ordinal
ordinanza (f) ordenanza
ordinario ordinario
ordinare ordenar
ordinazione (f) pedido (m)
ordine (m) orden (m)
ordire urdir
orecchino (m) pendiente
orecchio (m) oreja (f)
orecchioni (m pl.) parótidas (f)
orefice (m) joyero
oreficeria (f) joyería
orfano huérfano
orfanotrofio (m) orfanato
organo (m) órgano
organico orgánico
organismo (m) organismo
organizzare organizar
orgasmo (m) orgasmo
orgia (f) juerga
orgoglio (m) orgullo
orgoglioso orgulloso
orientale oriental
orientamento (m) orientación (f)
orientare orientar
oriente (m) oriente
orifizio (m) orificio
origano (m) orégano
originale original
originalità (f) originalidad
originare originar
origine (f) origen (m)
origliare escuchar
orina (f) orina
oriundo originario
orizzontale horizontal
orizzonte (m) horizonte
orlatura (f) ribete (m)
orlo (m) borde
orma (f) huella

ormai ya, ahora ya
ormeggio (m) amarra (f)
ornamentale ornamental
ornamento (m) ornamento
ornare adornar
ornato adornado
ornitologo (m) ornitólogo
oro (m) oro
orologiaio (m) relojero
orologio (m) reloj
oroscopo (m) horóscopo
orrendo horroroso
orribile horrible
orrore (m) horror
orsacchiotto (m) osezno
orso (m) oso
orsù! vamos!
ortaggi (m pl.) hortaliza (s. f.)
ortensia (f) hortensia
ortica (f) ortiga
orticoltura horticultura
orto (m) huerto
ortodosso ortodoxo
ortograa (f) ortografia
ortolano (m) hortelano
ortopedico (m) ortopedista
orzata (f) horchata
orzo (m) cebada (f)
osanna (m) hosanna
osare osar
oscenità (f) obscenidad
osceno obsceno
oscillare oscilar
oscillazione (f) oscilación
oscuramento (m) obscurecimiento
oscurità (f) obscuridad
oscuro obscuro
ospedale (m) hospital
ospitalità (f) hospitalidad
ospitare hospedar
ospite (m) huésped
ospizio (m) hospicio
ossario (m) osario
ossatura (f) osamenta
ósseo óseo
ossequiare obsequiar

ossequiente obsecuente
ossequio (m) obsequio
ossequioso obsequioso
osservanza (f) consideración
osservare observar
osservatore (m) observador
osservatorio (m) observatorio
ossessione (f) obsesión
ossesso (m) endemoniato
ossia es decir
ossidabile oxidable
ossidare oxidar
ossidazione (f) oxidación
óssido óxido
ossigenare oxigenar
ossigeno (m) oxígeno
osso (m) hueso
ostacolare contrariar
ostacolo (m) obstáculo
ostaggio (m) rehén
ostello (m) albergue
ostentare ostentar
ostentazione (f) ostentación
osteria (f) colmado (m)
ostetrica (f) partera
ostia (f) hostia
ostile hostil
ostilità (f) hostilidad
ostinarsi porfiar
ostinatezza (f) obstinación
ostinato porfiado
ostracismo (m) ostracismo

óstrica (f) ostra
ostruire obstruir
ostruzionismo (m) obstruccio-
nismo
ottanta ochenta
ottavo octavo
ottenere obtener
ottica (f) óptica
ottico (m) óptico
ottimismo (m) optimismo
ottimista (m) optimista
ottimo óptimo
otto ocho
ottobre (m) octubre
ottone (m) latón
otturatore (m) obturador
otturazione (f) obturación
ottusità (f) torpeza
ottuso obtuso
ovale ovalado
ovatta (f) algodón (m)
ovazione (f) ovación
ove donde
ovest oeste
ovile (m) redil
ovunque doquiera
ovvero o bien
oziare ociar
ozioso ocioso
ozono ozono
ovino ovejuno

P

pacatezza (f) calma
pacato calmoso
pacchetto (m) paquete
pacco (m) paquete
pace (f) paz
Pacifico Pacífico
pacificare pacificar
padella (f) sartén
padiglione (m) pabellón

padre (m) padre
padrino padrino
padronanza (f) autoridad
padrone dueño; amo
Padova Padua
paesaggio (m) paisaje
paesano (m) aldeano
paese (m) pueblo
Paesi Bassi Países Bajos

paffuto rollizo
paga (f) sueldo (m)
pagamento (m) pago
pagare pagar
pagella (f) las notas (pl.)
pagella (f) las notas (pl.)
paggio (m) paje
pagina (f) página
paglia (f) paja
pagliaccio (m) payaso
pagliericcio (m) jergón
pagnotta (f) panecillo (m)
paio par; pareja (f)
paiolo (m) caldero
pala (f) pala
palanchino (m) palanquín
palato (m) paladar
palazzo (m) palacio
palco (m) palco
palcoscenico (m) escenario
palestra (f) palestra
Palestina Palestina
paletò (m) abrigo
palio (m) palio
palizzata (f) estacada
palla (f) pelota
Pallade Pallas
palladio (m) paladio
pallido pálido
pallini (m pl.) perdigones
pallone pelota (f); balón
pallore (m) palidez (f)
pallottola (f) bolita; bala
pallottoliere (m) ábaco
palma (f) palmera
palmeto (m) palmar
palo (m) palo; poste
palombaro (m) buzo
pálpebra (f) párpado (m)
palpitare palpitar
palpitazione (f) palpitación
pálpito (m) latido
palude (f) pantano (m)
palustre palustre
pampa (f) pampa
Pánama (m) Pánama
panca (f) banco (m)
pancia (f) barriga

panciotto (m) chaleco
pandemonio (m) barullo
pane (m) pan
panegirico (m) panegírico
panettiere (m) panadero
panfilo (m) yate
panico (m) pánico
paniere (m) canasta (f)
panificio (m) panadería
panino (m) panecillo
panna (f) nata
panno (m) paño
pannocchia (f) panoja
panorama (m) panorama
pantaloni (m pl.) pantalón (s.)
pantano (m) pantano
pantera (f) pantera
pantofola (f) zapatilla
panzana (f) patraña
Paolo Pablo
paonazzo morado
papa (m) papa
papà (m) papá
papavero (m) amapola (f)
papiro (m) papiro
pappagallo (m) loro
parabola (f) parábola
paracadute (m) paracaídas
paracarro (m) pilar
paradiso (m) paraíso
paradosso (m) paradoja (f)
parafango (m) guardabarros
paraffina (f) parafina
parafulmine (m) pararrayos
paraggi (m pl.) parajes
páragonabile comparable
paragonare comparar
paragone (m) comparación (f)
paragrafo (m) párrafo
paralisi (f) parálisis
paralitico paralítico
paralizzare paralizar
parallelo (m) paralelo
paralume (m) pantalla (f)
paramento (m) paramento
parapetto (m) antepecho
parapioggia (f) paraguas

parare parar; evitar
parasole (m) quitasol
parassita (m) parásito
parata (f) parada
paravento (m) biombo
parcheggio (m) aparcamiento
parco (m) parque
parecchi varios
pareggiare igualar
pareggio (m) balanco
parente (m) pariente
parentela (f) parentesco (m)
parentesi (f) paréntesis
parere (m e v.) parecer
parete (f) pared
pargolo (m) nene
pari igual; par
Parigi París
Pàride Paris
paria (m) paria
parificazione (f) equiparación
parigino parisiense
parità (f) paridad
parlamentare parlamentario
parlamento (m) parlamento
parlare hablar
parlata (f) habla
paralatorio (m) parlatorio
parodìa (f) parodía
parola (f) palabra
parossismo (m) paroxismo
parricida (m) parricida
parrocchia (f) parroquia
parrocchiano (m) feligrés
parroco (m) párroco
parrucca (f) peluca
parrucchiere (m) peluquero
parsimonia (f) parsimonia
parte (f) parte
partecipante partecipante
partecipare tomar parte
partecipazione (f) partecipación
parteggiare ser partidario de
partenza (f) salida
particella (f) particula
particolare particular
particolarità (f) particularidad

partigianeria (f) partidismo (m)
partigiano (m) partidario
partire marcharse; salir
partita (f) partido (m)
partito (m) partido
parto (m) parto
partorire parir
parvenza (f) aparencia
parziale parcial
parzialità (f) parcialidad
pascià (m) bajá
pascolare pastar
páscolo (m) pastura (f)
Pasqua Pascua
passabile aceptable
passaggio (m) pasaje
passamano (m) pasamano
passante (m) transeunte
passaporto (m) pasaporte
passare pasar
passatempo (m) pasatiempo
passato (m) pasado
passeggiare pasear
passeggiata (f) paseo (m)
passeggiero (m) viajero
passerella (f) pasarela
pássero (m) gorrión
passione (f) pasión
passività (f) pasividad
passivo pasivo
passo (m) paso
pasta (f) pastel (m)
pasticcere (m) pastelero
pasticcione (m) chapucero
pastiglia (f) pastilla
pasto (m) comida (f)
pastorale pastoril
pastore (m) pastor
pastorella (f) zagala
pastrano (m) gabán
patata (f) patata
patente (f) carnet de conducir (m)
paternale (f) reprimenda
paternità (f) paternidad
paterno paterno
patibolo (m) patíbulo

patimento (m) padecimiento
patinare patinar
patire padecer; sufrir
patologia (f) patología
patria (f) patria
patriarca (m) patriarca
patrigno (m) padastro
patrimonio patrimonio
patriota (m) patriota
patriottismo (m) patriotismo
patrizio (m) patricio
patrono (m) patrono
patteggiare negociar
pattinaggio (m) patinaje
páttino (m) patín
patto (m) pacto
pattuglia (f) patrulla
pattume (m) basura (f)
paturnie (f pl.) mal humor (m)
paura (f) miedo (m)
pauroso medroso
pausa (f) pausa
paventare temer
pavimento (m) suelo
pavone (m) pavo real
pazientare tener paciencia
pazienza (f) paciencia
pazzesco desatinado
pazzia (f) locura
pazzo loco
pecca (f) falta
peccare pecar
peccato (m) pecado; | lástima | (interj.)
peccatore pecador
pece (f) pez
pecora (f) oveja
peculio (m) peculio
pedagogia (f) pedagogía
pedalare pedalear
pedale (m) pedal
pedana (f) tarima
pedante pedante
pedata (f) puntapié (m)
pediatra (m) pediatra
pedina (f) peón (m)
pedinare seguir

pedissequo servil
pedone (m) peatón
peggio, peggiore peor
peggioramento (m) peoría (f)
peggiorare empeorar
pegno (m) prenda (f)
pelame (m) pelaje
pelare pelar
pelle (f) piel; cuero (m)
pellegrinaggio (m) peregrinación (f)
pellegrino (m) peregrino
pellicano (m) pelícano
pelliccería (f) peletería
pellicola película
pelliccia (f) abrigo de pieles (m)
pellirossa (pl.) Pieles-Rojas
pelo los pelos
peloso peludo
pena (f) pena
penale penal
penare penar
pendente pendiente
pendenza (f) inclinación
péndere pender
pendío (m) cuesta (f)
pèndolo (m) péndulo
Penelope Penélope
penetrante penetrante
penetrare penetrar
penetrazione (f) penetración
penicillina (f) penicilina
penisola (f) península
penitenza (f) penitencia
penitenziario (m) penitenciario
penna (f) pluma
pennacchio (m) penacho
pennellata (f) pincelada
pennello (m) pincel
pennuto plumado
penombra (f) penumbra
penoso penoso
pensare pensar
pensiero (m) pensamiento
pensieroso pensativo
pensilina (f) cobertizo (m)

pensionante (m) pupilo
Pensilvania Pensilvania
pensionato pensionado
pensione (f) pensión
pensoso pensativo
pentagono (m) pentágono
pentapoli (f) pentápolis
Pentecoste Pentecostes
pentimento (m) arrepentimiento
pentirsi arrepentirse
pèntola (f) olla
penultimo penúltimo
penuria (f) carencia
peónia (f) peonía
pepato picante
pepe (m) pimienta (f)
peperone (m) pimiento
pepita (f) pepita
per por; para
pera (f) pera
perbacco! ¡caramba!
perbene formal
percentuale (f) porcentaje (m)
percepire percibir
percettibile perceptible
percezione (f) percepción
perchè porque; por qué; para
que
perciò por eso
percorrere recorrer
percossa (f) golpe (m)
percuotere golpear
pérdere perder
perdita (f) pérdida
perdizione (f) perdición
perdonare perdonar
perdono (m) perdón
perdurare perdurar
perdutamente perdidamente
peregrinare peregrinar
perenne perenne
perentorio perentorio
perfetto perfecto
perfezionamento (m) perfec-
cionamiento
perfezionare parfeccionar
perfezione (f) perfección

perfidia (f) perfidia
perfido pérfido
perforatrice (f) perforadora
pergamena (f) pergamino (m)
pèrgola (f) parra
pericolante en peligro
pericolo (m) peligro
pericoloso peligroso
periferia (f) periferia
perifrasi (f) perífrasis
perimetro (m) perímetro
periodicità (f) periodicidad
periodico periódico
periodo (m) período
peripezia (f) peripecia
perire perecer
periscopio (m) periscopio
perito perito
peritonite (f) peritonitis
perizia (f) peritación
perla (f) perla
perlaceo perlino
perlustrare explorar
perlustrazione (f) exploración
permaloso susceptible
permanente permanente
permanenza (f) estancia
permeabile permeable
permesso (m) permiso
permettere permitir
permuta (f) permutación
permutare permutar
pernice (f) perdiz
pernicioso pernicioso
perno (m) pernio
pernottare pernoctar
pero (m) peral
però pero
perorare perorar
perorazióne (f) peroración
perpendicolare perpendicular
perpetuo perpetuo
perplessità (f) perplejidad
perplesso perplejo
perquisizione (f) inspección
persecuzione (f) persecución
perseguitare perseguir
perseverante perseverante

perseverare perseverar
persiana persiana
persiano persa
Persia Persia
persino hasta
persistente persistente
persona (f) persona
personaggio (m) personaje
personale personal
personalità (f) personalidad
personificare personificar
perspicace perspicaz
perspicacia (f) perspicacia
persuadére persuadir
persuasione (f) persuasión
persuasivo persuasivo
persuaso persuadido
pertanto por lo tanto
pertica (f) pértiga
pertinacia (f) pertinacia
pertinenza (f) pertinencia
perturbare perturbar
perturbazione (f) perturbación
pervenire llegar
perversione (f) perversión
perversità (f) perversidad
perverso perverso
pervertire pervertir
pesante pesado
pesantezza (f) pesantez
pesare pesar
pesca (f) melocotón (m)
pescare pescar
pesce (m) pez; pescado
pesco (m) melocotonero
peso (m) peso
pessimista (m) pesimista
pessimo pésimo
pestare pisar
peste (f) peste
pestilenza (f) pestilencia
petardo (m) petardo
petizione petición
Petrarca Petrarca
petroliera (f) petrolera
petrolifero petrolífero
petrolio (m) petróleo
pettegolezzo (m) chisme

pettégolo chismoso
pettinare peinar
pettinatrice (f) peluquera
pettinatura (f) peinado (m)
pettine (m) peine
petto (m) pecho
petulante petulante
petulanza (f) petulancia
pezza (f) pieza
pezzente (m) harapiento
pezzo (m) trozo
piacente agradable
piacere (m) gusto; gustar (v)
piacevole agradable
piacimento (m) agrado
piaga (f) llaga
piagnucolare lloriquear
piallare cepillar
pianeta planeta (m)
piangente llorando
piàngere llorar
pianista (m) pianista
piano (m) llano; piso; despacio (avv.)
pianoforte (m) piano
pianta (f) planta
piantagione (f) plantación
piantare plantar
pianterreno (m) piso bajo
pianto (m) llanto
piantone (m) plantón
pianura (f) llanura
piastra (f) chapa; piastra (moneta)
piastrella (f) baldosa
piatto (m) plato
piazza (f) plaza
piazzale (m) plaza grande (f)
piazzista (m) comisionista
piccante picante
picchetto (m) piquete
picchiare pegar
picchiatello tocado
picchio (m) pico
piccino (agg. e m) chiquillo
piccione (m) palomo
picco (m) pique
píccolo pequeño

piccone (m) azadó
pidocchio (m) piojo
piede (m); pie; in piedi de pie
piega (f) pliegue (m)
piegare doblar
Piemonte (m) Piamonte
piena (f) crecida
pienezza (f) plenitud
pieno lleno
pietà (f) piedad
pietanza (f) plato de comida
pietoso piadoso
pietra (f) piedra
pietrisco (m) pedrisco
Pietro Pedro
Pietroburgo Petesburgo
pieve (f) parroquia
piffero (m) pífano
pigiama (m) pijama
pigiare apretar
pigiatura (f) pisa; compresión
pigmeo (m) pigmeo
pignólo (m) meticuloso
pignorare embargar
pigrizia (f) pereza
pigro perezoso
pila (f) pila
pilastro (m) pilar
pillola (f) píldora
pilone (m) pilar
pilota (m) piloto
pilotare pilotar
pinacoteca (f) pinacoteca
pindarico pindárico
pineta (f) pinar (m)
pingue pingue
pinguedine (f) obesidad
pinguino (m) pingüino
pinna (f) aleta
pinnacolo (m) pináculo
pino (m) pino
Pinocchio Pinocho
pinolo (m) piñón
pinzette (f) pinzas
Pio Pío
pioggia (f) lluvia
piombo (m) plomo

pioniere (m) precursor
pioppo (m) chopo
piòvere llover
piovoso lluvioso
pipa (f) pipa
pipistrello (m) murciélago
piramide (f) pirámide
Pirenei Pirineos
pirateria piratería
piroga (f) piragua
piróscafo (m) buque
piscina (f) piscina
pisello (m) guisante
pista (f) pista
pistacchio (m) pistacho
pistillo (m) pistilo
pistola (f) pistola
pistone (m) pistón
pitocco (m) tacaño
pitone (m) pitón
pittore (m) pintor
pittoresco pintoresco
pittura (f) pintura
più más
piuma pluma
piumino (m) edredón
piuttosto más bien
pizzicágnolo (m) tocinero
pizzicare pellizcar
pizzicotto (m) pellizco
pizzo (m) encaje; (f) perilla (della barba)
placare sosegar
placidezza (f) placidez
placca (f) plancha; letrero (m)
placcato chapeado
plagio (m) plagio
planare planear
planetario planetario
plasma (m) plasma
plasmare plasmar
plàstica (f) plástica
plastico plástico
platano (m) plátano
platea (f) platea
platinatura (f) platinado (m)
platino (m) plátino
platonico platónico

Platone Platón
plausibile plausible
plauso (m) aplauso
plebaglia (f) populacho (m)
plebe (f) plebe
plebeo plebeyo
plebiscito (m) plebiscito
plenario plenario
plenilunio (m) plenilunio
plenipotenziario plenipoten-
ciario
pleonastico pleonástico
pleurite (f) pleuresía
plico (m) pliego
plotone (m) pelotón
plurale plural
plutocrazía (f) plutocracia
Plutone Plutón
pneumàtico pneumático
poco poco
podere (m) granja (f)
poderoso poderoso
podestà (f) alcade
podio (m) podio
podismo (m) pedestrismo
poema (m) poema
poesia (f) poesía
poeta (m) poeta
poetessa (f) poetisa
poetico (m) poético
poggio (m) cerro
poi después
poiché ya que
Polonia Polonia
polare polar
polarizzare polarizar
polemica (f) polémica
polenta (f) polenta
poliedro (m) poliedro
poligamo polígamo
poliglotta (m) poligloto
poligono (m) polígono
pólipo (m) pólipo
politecnico (m) escuela poli-
técnica (f)
politeismo (m) politeismo
politica (f) política
politicante politiquero

poliziotto (m) policía
polizia (f) policía
pòlizza (f) póliza
pollaio (m) gallinero
pollame (m) volatería (f)
pollice (m) pulgar
polline (m) polen
pollo (m) pollo
polmone (m) pulmón
polmonite (f) pulmonía
polo (m) polo
polpa (f) pulpa
polpaccio (m) pantorrilla (f)
polpastrello (m) yema (f)
polpetta (f) albóndiga
polsino (m) puño
polso (m) muñeca
poltiglia (f) fango (m)
poltrona (f) butaca
polvere polvo (m); (f) pólvora (da sparo)
polveriera (f) polvorín (m)
polverone (m) polvareda (f)
pomata (f) pomada
pomeridiano de la tarde
pomeriggio (m) tarde (f)
pomice (f) pómez
pomidoro (m) tomate
pomo (m) pomo
pompelmo (m) toronja (f)
pompa (f) bomba; (far) lucir
Pompei Pompeya
Pompeo Pompeyo
pompiere (m) bombero
pomposo pomposo
poncio (m) poncho
ponderabile ponderable
ponderazione (f) ponderación
ponente (m) poniente
ponte (m) puente
pontefice (m) pontífice
pontificale pontifical
pontificio pontificio
pontile (m) embarcadero
popolare popular
popolarità (f) popularidad
popolato poblado
popolazione (f) población

pópolo (m) pueblo
popone (m) melón
poppare mamar
porcellana (f) porcelana
porcheria (f) porquería
porchetta (f) tostón (m)
porco (m) cerdo
porfido (m) pórfido
porgere ofrecer
pornografico pornográfico
poro (m) poro
poroso poroso
porpora (f) púrpura
porporina (f) purpurina
porre poner
porro (m) verruga (f)
porta (f) puerta
portabagagli (m) mozo
portabile portátil
portacenere (m) cenicero
portacipria (m) polvera (f)
portafogli (m) cartera (f)
portafortuna (m) amuleto
portalettere (m) cartero
portamento (m) porte
portamonete (m) portamonedas
portantina (f) las andas
portare llevar; traer
portasigarette (m) pitillera (f)
portata (f) cabida (f)
portatile portátil
portatore portador
portavoce (m) portavoz
portento (m) portento
portentoso portentoso
pórtico (m) soportal
portiera (f) cortina; portera
portiere (m) portero
portinaio (m) portero
porto puerto; -franco porte debido
Portogallo Portugal
portoghese portugués
Portorico Puerto-Rico
porzione (f) porción
posa (f) afectación

posacenere (m) cenicero
posare posar
posata (f) cubierto (m)
posatezza (f) calma
posdomani (m) pasado mañana
positivo positivo
posizione (f) posición
posporre posponer
posposto pospuesto
possedere poseer
possedimento (m) posesión (f)
possente poderoso
possesso (m) posesión (f)
possessore (m) posesor
possibile posible
possibilità (f) posibilidad
possidente (m) proprietario
posta (f) correo (m) - **fermo** lista de correos
postale postal
posteggio (m) aparcamiento
posteri (m pl.) posteridad (f)
posteriore posterior
posticcio postizo
posticipare aplazar
postilla (f) apostilla
postino (m) cartero
posto (m) puesto; asiento; empleo
postríbolo (m) mancebía (f), casa de diversión
postulante (m) solicitante
postulato (m) postulado
postumo póstumo
potabile potable
potare podar
potatura (f) poda
potassa (f) potasa
potassio (m) potasio
potente potente
potenza (f) potencia
potenziale potencial
potenziamento (m) valoración (f)
potere (m e v) poder
potestà (f) potestad

povero (m) pobre
poyertá (f) pobreza
pozzanghera (f) charco (m)
pozzo (m) pozo
Praga Praga
pranzare almorzar
pranzo (m) almuerzo
prateria (f) pradera
pratica práctica
praticabile practicable
praticamente prácticamente
praticare practicar
praticità (f) lo práctico (m)
pratico práctico
prato (m) prado
preambolo (m) preámbulo
preannunziare anunciar de antemano
preavvisare avisar de antemano
preavviso (m) aviso previo
precauzione (f) precaución
precedente precedente
precedenza (f) precedencia
precédere preceder
precetto (m) precepto
precettore (m) preceptor
precipitare precipitar
precipitato (m) precipitado
precipitoso precipitoso
precipizio (m) despeñadero
precisazione (f) exposición, exacta
precisione (f) precisión
preciso preciso; exacto
preclúdere cerrar
precluso cerrado
precoce precoz
preconcetto (m) prevención
preda (f) botín (m)
predare depredar
predecessore (m) predecesor
predellino (m) estribo
predestinato predestinado
predetto predicho
predica (f) prédica
predicare predicar
predicazione (f) predicación

predicatore (m) predicador
prediletto predilecto
predire predecir
predisporre predisponer
predominante predominante
predone (m) salteador
preesistente preexistente
prefazione (f) prefacio (m)
preferenza (f) preferencia
preferibile preferible
preferire preferir
prefetto (m) gobernador civil
prefettura (f) gobierno civil (m)
prefiggere prefijar
prefisso prefijado
pregare rogar; rezar
pregevole apreciable
preghiera (f) plegaria; petición
pregiato apreciado
pregiudicato perjudicado; vigilado (m)
pregiudizio (m) prejuicio
pregustare gustar de antemano
preistoria (f) prehistoria
prelato (m) prelado
prelevamento (m) cobro parcial
prelevare retirar, cobrar
prelibato exquisito
preliminare preliminar
preludio (m) preludio
prematuro prematuro
premeditare premeditar
premeditato premeditado
premere apretar; urgir
premessa (f) premisa
premesso premiso
premettere declarar antes
premiare premiar
premiazione (f) reparto de premios (m)
premio (m) premio
premunire precaver
premura (f) prisa; cuidado (m)

premuroso atento
prendere tomar; coger
prenotare prenotar
prenotazione (f) reserva
preoccupare preocupar
preoccupazione (f) preocupación
preparare preparar
preparativo (m) preparativo
preparato (m) preparado
preparazione (f) preparación
preponderante preponderante
preporre preponer
preposizione (f) preposición
prepotente prepotente
prepotenza (f) prepotencia
prerogativa prerrogativa
presa (f) presa
presagio (m) presagio
presbite (m) présbita
prescindere prescindir
prescritto prescrito
prescrizione (f) prescripción
presentare presentar
presente presente
presentimento (m) presentimiento
presenza (m presencia
presepio (m) pesebre
preservare preservar
preside (m) director
presidente (m) presidente
presidio (m) presidio
preso cogido
pressa (f) prensa
pressante urgente
pressapoco aproximadamente
pressare apretar
pressione (f) presión, tension
prestabilire prefijar
prestanome (m) testaferro
prestanza (f) prestancia
prestare prestar
prestigiatore (m) prestigiador
prestigio (m) prestigio
préstito préstamo
presto pronto; temprano
presule (m) alto prelado

presumibile presumible
presuntivo presuntivo
presuntuoso presumido
presunzione (f) presunción
presupporre presuponer
presupposto presupuesto
prete (m) cura
pretendente pretendiente
preténdere pretender
pretesa (f) pretensión
pretesto (m) pretexto
pretore (m) juez municipal
prevalente prevaleciente
prevalere prevalecer
prevalenza (f) preponderancia
prevedere prever
prevedibile previsible
prevenire prevenir
preventivo (m) presupuesto
prevenuto prevenido
prevenzione (f) prevención
previdente atento
previdenza (f) previsión social
previsione (f) previsión
previsto previsto
prezioso precioso
prezzemolo (m) perejil
prezzo (m) precio
prigione (f) prisión
prigioniero prisionero
prima (avv) antes
primate (m) primado
primato (m) primacía (f)
Primavera Primavera
primaverile primaveral
primitivo primitivo
primizia (f) primicia
primo primero
primogenito primogénito
primordio (m) principio
primula (f) prímula
principale principal
principe (m) príncipe; -essa princesa
principiante principiante
principio (m) principio
prisma (m) prisma
privato (m) particular

privare privar
privazione (f) privación
privilegiato privilegiado
privilegio (m) privilegio
privo exento
pro' provecho
probabile probable
probabilità (f) probabilidad
problema (m) problema
problemático problemático
proboscide (f) trompa
procace procaz
procedere proceder
procedimento (m) procedimiento
procedura (f) procedimiento (m)
procelloso proceloso
processare procesar
processione (f) procesión
processo (m) proceso
proclama (m) proclama
proclamare proclamar
proclive propenso
proclamazione (f) proclamación
proconsole (m) procónsul
procrastinare aplazar
procura (f) poder (m)
procurare procurar
procuratore (m) apoderado; procurador
prodezza (f) hazaña
prodigalità (f) prodigalidad
prodigare prodigar
prodigio (m) prodigio
prodigo pródigo
prodotto (m) producto
produrre producir
produttore (m) productor
produzione (f) producción
proemio (m) proemio
profanare profanar
profano profano
proferire proferir
professare profesar
professionale profesional
professione (f) profesión

professore (m) profesor
-ssa profesora (f)
profeta (m) profeta
profetizzare profetizar
profezia (f) profecía
proficuo proficuo
profilassi (f) profilaxis
profilo (m) perfil
profittare aprovechar
profittatore (m) aprovechado
profitto (m) provecho
profondo profundo
profugo (m) prófugo
profumare perfumar
profumeria (f) perfumería
profumiere (m) perfumero
profumo (m) perfume
profusione (f) profusión
progenie (f) progenie
progettare proyectar
progetto (m) proyecto
prógnosi (f) prognosis
programma (m) programa
programmazione (f) proyección; programación
progredire adelantar
progressista (m) progresista
progresso (m) progreso
proibire prohibir
proibito prohibido
proiettare proyectar
proiettile (m) proyéctil
proiezione (f) proyección
proletario proletario
porolífico prolífico
prolisso prolijo
prologo (m) prólogo
prolungare prolongar
promessa (f) promesa
promettere prometer
promiscuità (f) promiscuidad
promontorio (m) promontorio
promosso aprobado
promotore (m) promovedor
promozione (f) aprobación
promulgare promulgar
promuovere promover; aprobar

pronome (m) pronombre
pronostico pronóstico
prontezza (f) prontitud
pronto pronto
prontuario (m) prontuario
pronuncia (f) pronunciación
pronunciare pronunciar
propaganda (f) propaganda
propagandista (m) propagandista
propagare propagar
propenso propenso
propinare propinar
propiziare propiciar
propizio propicio
proporre proponer
proporzionale proporcional
proporzionato proporcionado
proporzione (f) proporción
proposito (m) propósito
proposizione (f) proposición
proposta (f) propuesta
proprietà (f) propiedad
proprietario (m) propietario
propulsore (m) propulsor
prora (f) proa
proroga prórroga
prorompere prorrumpir
prosa (f) prosa
proscenio (m) proscenio
proscioglimento (m) exoneración
prosciolto absuelto
prosciugamento (m) desagüe
prosciutto (m) jamón
proseguire proseguir
prosopopea (f) prosopopeya
prosperare prosperar
prospero próspero
prospettiva (f) perspectiva
prospetto (m) prospecto
prossimamente próximamente
prossimo prójimo (m); próximo (adj)
prostrazione postración
prostituta (f) prostituta
prostrare postrar
prostrazione (f) postración

protagonista (m) protagonista
protasi (f) prótasis
proteggere proteger
proteina (f) proteína
protervo obstinado, insolente
protesta (f) protesta
protestante (m) protestante
protestare protestar
protesto (m) protesto
protetto protegido
protettorato (m) protectorado
protezione (f) protección
proto (m) regente de imprenta
protocollo (m) protocolo
prototipo (m) prototipo
protrarre prorrogar
protuberanza (f) protuberancia
prova (f) prueba
proveniente procedente
provenienza (f) procedencia
provento (m) renta (f)
Provenza Provenza
proverbio (m) refrán
provetta (f) probeta
provetto provecto
provincia (f) provincia
provinciale provinciano
provino (m) probeta (f); avance (m)
provocante provocador
provocare provocar
provocatore (m) provocador; provocativo
provocazione (f) provocación
provvedere proveer
provvedimento (m) providencia (f)
provveditore (m) proveedor; provisor
provvidenza (f) providencia
provvidenziale providencial
provvigione (f) comisión
provvisorietà (f) interinidad
provvisorio provisional
provvista (f) provisión
provvisto provisto

privare privar
privazione (f) privación
privilegiato privilegiado
privilegio (m) privilegio
privo exento
pro' provecho
probabile probable
probabilità (f) probabilidad
problema (m) problema
problematico problemático
proboscide (f) trompa
procace procaz
procedere proceder
procedimento (m) procedimiento
procedura (f) procedimiento (m)
procelloso proceloso
processare procesar
processione (f) procesión
processo (m) proceso
proclama (m) proclama
proclamare proclamar
proclive propenso
proclamazione (f) proclamación
proconsole (m) procónsul
procrastinare aplazar

professore (m) profesor
-ssa profesora (f)
profeta (m) profeta
profetizzare profetizar
profezia (f) profecía
proficuo proficuo
profilassi (f) profilaxis
profilo (m) perfil
profittare aprovechar
profittatore (m) aprovechado
profitto (m) provecho
profondo profundo
profugo (m) prófugo
profumare perfumar
profumeria (f) perfumería
profumiere (m) perfumero
profumo (m) perfume
profusione (f) profusión
progenie (f) progenie
progettare proyectar
progetto (m) proyecto
prognosi (f) prognosis
programma (m) programa
programmazione (f) proyección; programación
progredire adelantar
progressista (m) progresista
progresso (m) progreso
proibire prohibir

pronome (m) pronombre
pronostico pronóstico
prontezza (f) prontitud
pronto pronto
prontuario (m) prontuario
pronuncia (f) pronunciación
pronunciare pronunciar
propaganda (f) propaganda
propagandista (m) propagandista
propagare propagar
propenso propenso
propinare propinar
propiziare propiciar
propizio propicio
proporre proponer
proporzionale proporcional
proporzionato proporcionado
proporzione (f) proporción
proposito (m) propósito
proposizione (f) proposición
proposta (f) propuesta
proprietà (f) propiedad
proprietario (m) propietario
propulsore (m) propulsor
prora (f) proa
proroga prórroga
prorompere prorrumpir
prosa (f) prosa

protagonista (m) protagonista
protasi (f) prótasis
protéggere proteger
proteina (f) proteína
protervo obstinado, insolente
protesta (f) protesta
protestante (m) protestante
protestare protestar
protesto (m) protesto
protetto protegido
protettorato (m) protectorado
protezione (f) protección
proto (m) regente de imprenta
protocollo (m) protocolo
protótipo (m) prototipo
protrarre prorrogar
protuberanza (f) protuberancia
prova (f) prueba
proveniente procedente
provenienza (f) procedencia
provento (m) renta (f)
Provenza Provenza
proverbio (m) refrán
provetta (f) probeta
provetto provecto
provincia (f) provincia
provinciale provinciano

prua (f) proa
prudente prudente
prudenza prudencia
prúdere picar
prugna (f) ciruela
pruneto (m) zarzal
prurito (m) comezón
Prussia Prusia
pseudonimo (m) seudónimo
psiche (f) alma, conciencia
psichiatra (m) psiquiatra
pubblicare publicar
pubblicazione (f) publicación
pubblicità (f) publicidad
pubblico (m e agg.) público
pudore (m) pudor
puerile pueril
puerizia (f) puericia
puerpera (f) puérpera
pugilato (m) boxeo
pugnalare apuñalar
pugnalata (f) puñalada
pugnale puñal
pulce (f) pulga
pulcinella (m) polichinela
pulcino (m) polluelo
puledro (m) potro
pugno (m) puño
pulire limpiar
pulito limpio
pulizia (f) limpieza
pulpito (m) púlpito
pulsante (agg.) pulsante
pulsare pulsar; latir
pulsazione (f) pulsación
pulviscolo (m) polvillo
pungente picante
pungere picar
pungiglione (m) aguijón
pungolo (m) aijada (f)
punibile punible
punire castigar

punito castigado
punizione (f) castigo (m)
punta (f) punta
puntale (m) contera (f)
puntare apuntar; apostar
puntata (f) apuesta
punteggiatura (f) puntuación
punteggio (m) tanteo
puntellare apuntalar
puntiglio (m) puntillo
puntina (f) chincheta
punto (m) punto
puntuale puntual
puntualità (f) puntualidad
puntura (f) picadura
punzecchiare picar
punzonare (macchine) marcar
pupazzo (m) títere
pupilla (f) pupila
purchè con tal que
pure también
purezza (f) pureza
purgante (m) purgante
Purgatorio Purgatorio
purificare purificar
purificazione (f) purificación
purista (m) purista
purità (f) pureza
puritanesimo (m) puritanismo
puro puro; castizo
purosangue (m) pura sangre
purtroppo desgraciadamente
pusillanime (m) pusilánime
putativo putativo
putiferio (m) batahola (f)
putredine (f) podredumbre
putrefare pudrir
putrido pútrido
puzza (f) hedor (m)
puzzare oler mal
puzzolente hediondo

Q

qua acá
quaderna (f) cuaterna
quaderno (m) cuaderno
quadrante (m) cuadrante
quadrato (m) cuadrado
quadrifoglio (m) trebol de 4 hojas
quadro (m) cuadro; escena
quadrupede cuádrupedo
quadruplo cuádruplo
quaggiù aquí abajo
quaglia (f) codorniz
quaglio (m) cuajo
qualche algún, alguna; algunos, algunas
qualcosa algo
qualcuno alguno
quale cual
qualifica (f) calificación
qualificare calificar
qualificazione (f) calificación
qualità (f) calidad
qualora si
qualsiasi cualquiera
qualunque cualquiera
quando cuando (di -in) de vez en-
quantità (f) cantidad
quantitativo cuantitativo
quanto cuanto, como
quantunque aunque
quaranta cuarenta
quarantena (f) cuarentena
quaresima (f) cuaresma
quartetto (m) cuarteto
quarto cuarto
quarzo (m) cuarzo
quasi casi
quassù aquí arriba
quattordici catorce
quattrini (m) dinero

quattro cuatro
quattrocento cuatrocientos
quel: quello aquel; ése
quercia (f) encina
querela (f) querella
querelante (m) querellante
querelare presentar querelia
querelato demandado
querimonia (f) quejumbre
quesito (m) cuestión (f)
questi (m) éste
questionario cuestionario
questione cuestión
questo este
questore (m) jefe superior de policía
questua (f) cuestación
questura (m) jefatura de policía
questurino (m) policía
qui aquí
quiescenza (f) consentimiento (m)
quietanza (f) recibo (m)
quiete (f) quietud
quieto quieto
quindi pues
quindici quince
quindicina (f) quincena
quinquennale quinquenal
quinquennio (m) quinquenio
quinta (f) bastidor
quintale (m) quintal
quinto quinto
quintuplo quíntuplo
quisquilia (f) bagatela
quota (f) cuota
quotazione (f) cotización
quotidiano cotidiano
quoziente (m) cociente

R

rabárbaro (m) ruibarbo
rabbia (f) rabia
rabbino (m) rabino
rabbioso rabioso
rabbonire apaciguar
rabbrividire estremecerse
rabbuffo (m) reproche
rabdomanzía (f) rabdomancia
raccapricciante horroroso
raccapriccio (m) horror
racchetta (f) raqueta
racchiudere encerrar
raccogliere recoger
raccoglimento (m) recogimiento
raccoglitore (m) recogedor
raccolta (f) cosecha; colección
raccolto recogido; cosecha (f)
raccomandare recomendar; certificar
raccomandata (f) carta certificada
raccomandato recomendado
raccomandazione (f) recomendación
raccontare contar
racconto (m) cuento
raccordo (m) empalme
rachitico raquítico
racimolare recoger
rada (f) ensenada
radar (m) radar
raddolcire endulzar
raddoppiamento (m) duplicación (f)
raddoppiare redoblar
raddrizzare enderezar
radere afeitar; raer
radiante radiante
radiare radiar
radiatore (m) radiador

radiazione (f) radiación
radicale radical
radicare arraigar
radicchio (m) achicoria (f)
radice (f) raíz
radio (f) radio
radiografia radiografía
radioscopía (f) radioscopia
radioso radioso
radunare reunir
raffica (f) ráfaga
raffigurare reproducir
raffigurante reproduciendo
raffinare refinar
raffinato refinado
rafforzare reforzar
raffreddamento (m) enfriamiento
reffreddare resfriar
raffreddore (m) resfriado
raffronto (m) comparación (f)
raganella (f) rubeta
ragazzata (f) muchachada
ragazzo (m) muchacho; chico
raggiante radiante
raggiera (f) aureola
raggio (m) rayo; radio
raggirare enredar
raggiro (m) trampa (f)
raggiungere alcanzar
raggruppamento (m) agrupación (f)
raggruppare agrupar
ragionamento (m) razonamiento
ragionare razonar
ragionato razonado
ragione (f) razón
ragioneria (f) teneduría de libros
ragionevole razonable
ragionevolezza (f) racionalidad

ragioniere (m) contador
raglio (m) rebuzno
ragnatela (f) telaraña
ragno (m) araña (f)
ragù (m) salsa (f) de carne y tomate
raid (m) raid
rallegramento (m) felicitación (f)
rallegrarsi felicitarse
rallentamento (m) moderación (f)
rallentare moderar
ramaiolo (m) cazo
ramanzina (f) reprimenda
ramazza (f) escoba
rame (m) cobre
ramificazione (f) ramificación
rammaricarsi quejarse
rammendare remendar
rammarico (m) queja (f)
rammendatrice (f) zurcidora
rammentare recordar
rammollire aflojarse
rammolito chocho
ramo (m) rama (f)
rampicante (m) trepador
rampino (m) gancho
rana (f) rana
rancido rancio
rancio (m) rancho
rancore (m) rencor
randagio errante
randello (m) palo
rango (m) rango
rannicchiarsi acurrucarse
ranocchio (m) rana (f)
rántolo (m) estertor
rapa (f) nabo (m); tonto
rapace rapaz
rapacità (f) rapacidad
rapare repar rapar
rápida (f) recial (m)
rapidamente rápidamente
rapido rápido
rapimento (m) arrobamiento; rapto
rapina (f) robo (m)

rapinatore (m) rapiñador
rapire robar
rapito robado
rappacificare apaciguar
rappacificazione (f) reconciliación
rappezzare remendar
rapporto (m) relato; proporción
rappresaglia (f) represalia
rappresentante (m) representante
rappresentare representar
rappresentazione (f) representación
rapsodía (f) rapsodia
raramente raramente
rarefare rarefacer
rarefatto rarefacto
rarefazione (f) rarefacción
rarità (f) rareza
raro raro
rasare afeitar
raschiare rascar
rasente al ras de
rasoio (m) navaja (f)
raspare raspar
rassegna (f) reseña
rassegnare resignar
rassegnarsi resignarse
rasserenato serenado
rassettare arreglar
rassicurante tranquilizador
rassicurare tranquilizar
rassomigliante semejante
rassomiglianza (f) semejanza
rassomigliare semejar
rastrellamento (m) rastrillaje
rastrellare rastrillar
rastrello (m) rastrillo
rata (f) cuota; a rate a plazos
ratífica (f) ratificación
ratificare ratificar
rattoppare remendar
rattoppo (m) remiendo
rattrappire entumecer
rattristare entristecer

raucedine (f) ronquera
rauco ronco
ravanello (m) rábano
ravvedersi arrepentirse
ravveduto arrepentido
ravviata (f) arreglo (m)
ravvisare reconocer
ravvivare avivar
ravvolto envuelto
razionale racional
razionalista (m) racionalista
razionalità (f) racionalidad
razione (f) ración
razza (f) raza; clase
razzìa (f) saqueo (m)
razzo (m) cohete
re (m) rey
reagente (m) reactivo
reagire reaccionar
reale real
realista (m) realista
realizzabile realizable
realizzare realizar
realizzazione (f) realización
realmente en realidad
realtà (f) realidad
reame (m) reino
reato crimen
reattivo reactivo
reazionario reaccionario
reazione (f) reacción
recapitare entregar
recapito (m) señas (f pl.)
recare llevar
recedere retirarse
recensione (f) crítica
recensire (f) criticar
recensore (m) crítico
recente reciente
recezione (f) recepción
recidere cortar
recidivo reincidente
recinto (m) recinto
recipiente (m) recipiente
reciproco recíproco
recita (f) función
recitare recitar
recitazione (f) recitación

reclamare reclamar
reclame (f) publicidad
reclamo (m) reclamación (f)
reclinare reclinar
reclusione (f) reclusión
récluta (f) recluta
reclutamento (m) alistamiento
reclutare alistar
recondito recóndito
record (m) record
recriminazione (f) recrimina-
  ción
recuperare recuperar
redarguire reprochar
redattore (m) redactor
redazione (m) redacción
redditizio provechoso
reddito (m) renta (f)
redenzione (f) redención
redígere redactar
redimere redimir
rédini (f) riendas
redivivo redivivo
reduce (m) veterano, repa-
  triado
refe (m) hilo
referendum (m) referéndum
referenza (f) referencia
referto (m) parte
refettorio (m) refectorio
refrattario refractario
refrigerante refrigerante
refrigerio (m) refrigerio
refurtiva (f) lo robado (m)
regalare regalar
regale real
regalo (m) regalo
regata (f) regata
reggente (m) regente
reggenza (f) regencia
reggere regir; sostener
reggia (f) palacio real (m)
reggimento (m) regimiento
regìa (f) dirección artística
regime (m) régimen
regina (f) reina
ragionale regional

regione (f) región
regista (m) director de cine
registrare registrar
registratore (m) registrador
registrazione (f) inscripción
registro (m) registro
regnante reinante
regnare reinar
regno (m) reino, reinado
régola (f) regla
regolamento (m) reglamento
regolare regular
regolarità (f) regularidad
regolatore (m) regulador
regolo (m) calculador
regressione (f) regresión
regresso (m) regresión
reintegrare reintegrar
reintegrazione (f) reintegro (m)
reiterare reiterar
reiterazione (f) reiteración
relatività (f) relatividad
relativo relativo
relatore (m) relator
relazione (f) relación
relegare relegar
religione (f) religión
religioso religioso
reliquia (f) reliquia
relitto (m) despojo
remare remar
remata (f) bogada
reminiscenza (f) reminiscencia
remissione (f) remisión
remissività (f) sumisión
remissivo remisivo
remo (m) remo
rèmora (f) rémora
remoto remoto
remunerare remunerar
rena (f) arena
réndere rentar
rendiconto (m) relación (f)
rendimento (m) rendimiento
réndita (m) renta
rene (m) riñón

renna (f) reno (m)
reo reo
reparto (m) sección (f)
repentaglio (m) riesgo
repente (di) de repente
reperibile fácil de hallar
repertorio repertorio
replica (f) réplica
replicare replicar
reporter (m) corresponsal
repressione (f) represión
reprímere reprimir
repubblica (f) república
repubblicano republicano
repulsione (f) repulsión
reputare reputar
reputazione (f) reputación
requisire embargar
requisitoria (f) arenga
requisizione (f) requisición
resa (f) rendición
residente residente
residenza (f) residencia
residuo (m) resto
résina (f) resina
resistente resistente
resistenza resistencia
resístere resistir
resoconto (m) rendición de cuentas
respingere rechazar
respinto rechazado
respirabile respirable
respirare respirar
respirazione (f) respiración
respiro (m) respiro
responsabile responsable
responso (m) respuesta (f)
restare quedar
restaurare restaurar
restauro (m) restauración (f)
restío reacio
restituire devolver
restituzione (f) restitución
resto (m) resto; del- por lo demás
restríngere restringir
restrizione (f) restricción

resurrezione resurrección
resuscitare resucitar
retaggio (m) herencia (f)
retata (f) redada
rete (f) red
reticente reticente
reticenza (f) reticencia
reticolato (m) alambrada (f)
rétina (f) retina
retorica (f) retórica
retribuzione (f) retribución
retribuire retribuir
retrivo retrógrado
retro al dorso
retroattivo retroactivo
retrocessione (f) retrocesión
retrogrado retrógrado
retromarcia (f) marcha atrás
retroscena (m) intrigas (f pl.)
rettangolare rectangular
rettangolo (m) rectángulo
rettifica (f) rectificación
rettificare rectificar
rettile (m) réptil
rettilineo rectilíneo
rettitudine (f) rectitud
retto recto
rettore (m) rector
reuma (m) reumatismo
reumatico reumático
reverente reverente
reverenza (f) reverencia
reversibile reversible
reversibilità (f) reversibilidad
revisione (f) revisión
revisore (m) revisor
revoca (f) revocación
revocare revocar
revolver (m) revólver
riabilitare rehabilitar
riabilitazione (f) rehabilita-
ción
riaccendere volver a encender
riaffermare afirmar de nuevo
rialzare levantar
rialzo (m) aumento, alza (f)
riapertura (f) nueva apertura
riarmare armar de nuevo

riassumere resumir
riassunto (m) resumen
ribalta (f) escena
ribaltare volcar
ribasso (m) rebaja (f)
ribattere rebatir
ribellarsi rebelarse
ribelle (m) rebelde
ribellione (f) rebelión
ribes (m) grosella (f)
ribollimento (m) hervor
ribrezzo (m) asco
ributtante repugnante
ricadere volver a caer
ricaduta (f) recaída
ricalcare recalcar
ricamare bordar
ricamatrice (m) bordadora
ricambio (m) cambio, recambio
ricapitolare recapitular
ricattare hacer chantajes
ricattatore chantajista
ricatto (m) chantaje
ricavare recavar; ganar
ricchezza (f) riqueza
riccio (m) rizo; bucle
ricco rico
ricerca (f) pesquisa
ricercare buscar
ricetta (f) receta
ricevente recibidor; receptor
ricévere recibir
ricevimento (m) recepción
(f)
ricevitore (m) recibidor, au-
ricular
ricevuta (f) recibo (m)
richiamo (m) llamada (f)
richiedere solicitar
richiesta (f) pedido (m); petición (f)
richiesto pedido, solicitado
richiudere volver a cerrar
ricino (m) ricino
ricognizione reconocimiento
(m)
ricolmo lleno, colmado

ricominciare volver a empezar
ricomparire reaparecer
ricompensa (f) recompensa
ricomporre recomponer
riconciliare reconciliar
riconciliazione (f) reconciliación
ricondurre conducir de nuevo
riconferma (f) reválida
riconfermare confirmar de nuevo
ricongiúngere reunir
ricongiungimento (m) reunión (f)
riconoscente reconocido
riconoscenza (f) agradecimiento (m)
riconóscere reconocer
riconosciuto reconocido
riconquistare reconquistar
riconsegna (f) devolución
ricoperto cubierto
ricoprire cubrir
ricopiare copiar
ricopiatura (f) nueva copia
ricordare recordar
ricordo (m) recuerdo
ricorrenza (f) aniversario (m)
ricorso (m) instancia (f)
ricostituente reconstituyente
ricostituire reconstituir
ricostruire reconstruir
ricostruzione (f) reconstrucción
ricotta (f) requesón (m)
ricoverare hospedar
ricóvero (m) asilo
ricreare recrear
ricreazione (f) recreo (m)
recuperabile recuperable
ricuperare recuperar
ricúpero (m) recuperación (f)
ricusa (f) recusación
ricusare rehusar
ridda (f) confusión
rídere reír
ridestare despertar
ridicolo ridículo

ridondanza (f) redundancia
ridotto (m) reducto
ridurre reducir
riduttore (m) reductor
riedificare reedificar
rieleggere elegir de nuevo
riempire llenar
rientrare volver a entrar
rientrato regresado
reipílogo (m) recapitulación
riesaminare examinar de nuevo
rifacimento (m) rehacimiento
rifare rehacer
rifatto rehecho
riferimento (m) referencia (f)
riferire referir; relatar
rifinire pulir
rifinitura (f) última mano
rifiorire reflorecer
rifiutare rehusar
rifiuto (m) recusación (f)
riflessione (f) reflexión
riflesso (m) reflejo
rifléttere reflexionar
riflettore (m) reflector
riflusso (m) reflujo
rifocillare dar de comer
riforma (f) reforma
riformare reformar
riformista (m) reformista
rifornimento (m) provisión (f)
rifornire abastecer
rifugio (m) refugio
rifúlgere resplandecer
riga (f) raya
rigare rayar
rigato rayado
rigattiere (m) ropavejero
rigeneratore (m) regenerador
rigettare rechazar
rigido rígido
rigirare dar vueltas
rigoglioso lozano
rigore (m) rigor
rigonfiare hinchar
rigoroso riguroso

riguardante tocante

riguardare remirar

riguardo (m) cuidado; **-a** con respecto a

rigúrgito (m) regurgitación (f)

rilancio (m) rebote; puja (f)

rilasciare soltar

rilascio (m) expedición (f); libertad (f)

rilassare relajar

rilegare encuadernar

rilegatura (f) encuadernación

rileggere volver a leer

rilevamento (m) realce

rilevante relevante

rilevare notar

rilievo (m) relieve

rilucente reluciente

riluttanza (f) repugnancia

rima (f) rima

rimandare aplazar

rimando (m) envío | **di - de** rebote

rimaneggiare rehacer

rimanenza (f) resto (m)

rimanere quedar

rimare rimar

rimasuglio (m) sobras (f pl.)

rimbalzare rebotar

rimbalzo (m) rebote

rimbambito chocho

rimbocco (m) arremango

rimbombo retumbo

rimborsare reembolsar

rimborso (m) reembolso

rimboschimento repoblación de árboles

rimbrotto (m) reproche

rimediare remediar

rimedio (m) remedio

rimembrare recordar

rimescolare mezclar

rimescolío (m) revolvimiento

rimessa (f) daño (m); garaje (m)

rimettere remitir; perder

rimodernare modernizar

rimorchiare remolcar

rimorchiatore (m) remolcador

rimorchio (m) remolque

rimorso (m) remordimiento

rimozione (f) remoción

rimpasto (m) recomposición (f)

rimpatrio (m) repatriación (f)

rimpiangere añorar

rimpianto (m) añoranza (f)

rimpiazzare reemplazar

rimproverare reprochar

rimprovero (m) reproche

rimunerazione (f) remuneración

rimuovere remover

rináscere renacer

rinascita (f) renacimiento (m)

rincantucciare arrinconar

rincarare encarecer

rincaro (m) encarecimiento

rincasare regresar a casa

rinchiúdere encerrar

rincórrere perseguir

rincorsa (f) carrerilla

rincrescere sentir

rincrescimento (m) pesar

rinforzare reforzar

rinforzo (m) refuerzo

rinfrancare reanimar

rinfrescare refrescar

rinfresco (m) refresco

rinfusa | alla - sin orden

ringhiera (f) baranda

ringhio (m) gruñido

ringiovanire remozar

ringraziare dar las gracias

ringraziamento (m) gracias (f pl.)

rinnegare renegar

rinnovare renovar

rinnovazione (f) renovación

rinnovo (m) renovación (f)

rinoceronte (m) rinoceronte

rinomato renombrado

rinsaldare consolidar

rinsanguare aumentar la sangre

rintoccare repicar

rintocco (m) repique de campanas

rintracciare hallar

rinuncia (f) renuncia

rinunciare renunciar

rinvenimento (m) hallazgo

rinvenire descubrir; volver en sí

rinviare aplazar

rinvio (m) aplazamiento

rione (m) barrio

riordinamento (m) ordenamiento

riordinare ordenar

riorganizzare reorganizar

ripa (f) ribera

ripagare recompensar

riparare reparar

riparatore (m) reparador

riparazione (f) reparación

riparo (m) refugio

ripartire repartir; volver a salir

ripartizione (f) repartición

ripassare repasar

ripasso (m) repaso

ripensare volver a pensar

ripescare encontrar

ripetente (agg) que repite

ripétere repetir

ripetizione (f) repetición

ripetuto repetido

ripiano (m) rellano

ripicca (f) despecho (m)

rípido escarpado

ripiegamento (m) repliegue

ripiegare replegar

ripiego (m) expediente

ripieno (m) relleno

ripopolare repoblar

riporre poner

riportare conseguir, recibir

riporto (m) suma anterior (f)

riposante sosegado

riposare descansar

riposato descansado

riposo (m) descanso

ripostiglio (m) escondrijo

riposto escondido

riprendere volver a tomar

ripresa (f) continuación

ripristinare restaurar

ripristino (m) restablecimiento

riprodurre reproducir

riproduzione (f) reproducción

riprova (f) comprobación

riprovare reensayar; desaprobar

riprovazione (f) desaprobación

riprovevole reprobable

ripudiare repudiar

ripudio (m) repudio

ripugnante repugnante

ripugnanza (f) repugnancia

ripugnare repugnar

risacca (f) resaca

risaia (f) arrozal (m)

risalire volver a subir

risaltare resaltar

risanamento (m) saneamiento

risanare sanar

risarcimento (m) resarcimiento

risarcire resarcir

risata (f) carcajada

riscaldamento (m) calefacción (f)

riscaldare calentar

riscaldo (m) inflamación (f)

riscattare rescatar

riscatto (m) rescate

rischiarare aclarar

rischiare arriesgar

rischio (m) riesgo

rischioso arriesgado

risciacquare enjuagar

risciacquata (f) enjuague (m)

riscontro (m) cotejo | in - en contestación

riscossa (f) revancha

riscossione (f) cobro (m)

riscuotere cobrar

risentimento (m) resentimiento

risentirsi resentirse

riserbo (m) recato
riserva (f) reserva; vedado (m)
riservatezza (f) discreción
riservato reservado
risiedere residir
riso (m) arroz; risa (f)
risollevare levantar de nuevo
risolto resuelto
risolubile resoluble
risolutivo resolutorio
risoluto decidido
risoluzione (f) resolución
rivòlvere resolver
risonanza (f) resonancia
risonare resonar
risòrgere resurgir
risorgimento (m) resurgimiento
risorsa (f) recurso (m)
risorto resucitado
risotto (m) paella (f)
risparmiare ahorrar
risparmio (m) ahorro
rispecchiare reflejar
rispedire volver a enviar
rispettabile respetable
rispettabilità (f) respetabilidad
rispettare respetar
rispettivo correspondiente
rispetto (m) respeto
rispettoso respetuoso
risplendere resplandecer
rispondente correspondiente
rispondenza (f) correspondencia
rispóndere contestar
risposta (f) contestación
rissa (f) riña
rissoso reñidor
ristabilire restablecer
ristagnare estancarse
ristagno (m) remanso
ristampa (f) reimpresión
ristorante (m) restaurante
ristorare restaurar
ristoro (m) alivio

ristrettezza (f) estrechez
ristretto reducido
risultante resultante
risultare resultar
risultato (m) resultado
risuolare remontar
risuonare resonar
risvegliare despertar
risveglio (m) despertar
risvolto (m) solapa (f)
ritagliare recortar
ritaglio (m) recorte
ritardare atrasar
ritardatario (m) atrasado
ritardo (m) retraso
ritegno (m) recato
ritenere creer; tener por
ritentare intentar de nuevo
ritenuta (f) retención
ritirare retirar; cobrar
ritirarsi retirarse
ritirata (f) retirada; retrete (m)
ritiro (m) retiro; cobro
ritmico rítmico
ritmo (m) rítmo
rito (m) rito
ritoccare retocar
ritoccata (f) retoque (m)
ritorcere retorcer
ritornare regresar
ritornello (m) estribillo
ritorno (m) vuelta (f)
ritrattare retracter
ritrattazione (f) retractación
ritratto (m) retrato
ritroso reluctante
ritrovamento (m) hallazgo
ritrovare hallar
ritrovo (m) local; casino
ritto derecho; erguido
rituale ritual
riunione (f) reunión
riunire reunir
riuscire lograr
riuscita (f) éxito (m)
riva (f) ribera; orilla
rivale (m) rival

rivalità (f) rivalidad

rivalutazione (f) revalorización

rivangare recavar

rivedere ver de nuevo

riveduta (f) repaso (m)

riveduto revisado

rivelare revelar

rivelazione (f) revelación

rivéndere revender

rivendicare reivindicar; volver a vengar

rivendicazione (f) reivindicación

rivéndita (f) estanco (m)

rivenditore (m) revendedor

rivérbero (m) reverberación

riverente reverente

riverenza (f) reverencia

riverire reverenciar

riversare echar

riversibilità (f) reversibilidad

rivestimento (m) revestimiento

rivestire cubrir

riviera (f) playa

rivíncita (f) desquite (m)

rivista (f) revista

rivivere revivir

rivo (m) riachuelo

rivólgere dirigir

rivolgimento (m) revolución (f)

rivolta (f) rebelión

rivoltare revolver

rivoltella (f) revólver (m)

rivoltoso rebelde

rivoluzione (f) revolución

rizzare erizar

roba (f) ropa; género (m)

robustezza (f) robustez

robusto robusto

rocca (f) fortaleza

rocchetto (f) carrete

roccia (f) roca

roco ronco

rodaggio (m) rodaje

ródere roer; carcomer

rodimento (m) roedura

roditore (m) roedor

rógito (m) escritura (f); acta (f)

rogna (f) sarna

rognone (m) riñón

rogo (m) hoguera (f)

Rolando Roldán

rollío (m) balanceo

romanità (f) romanidad

romano romano

Romania Rumanía

romantico romántico

romanza (f) romanza

romanzesco novelesco

romanziere (m) novelista

romanzo (m) novela (f)

rombare zumbar

rombo (m) zumbido

romitaggio (m) eremitorio

rómpere romper

rompicapo (m) rompecabezas

rompicollo (m) calavera

rompighiaccio (m) rompehielos

róncola (f) podadera

ronda (f) ronda

róndine (f) golondrina

ronzare zumbar

ronzino (m) rocín

ronzío (m) zumbido

rosa (f) rosa

rosicante (m) roedor

rosicchiare roer

rosmarino (m) romero

roso roído

rosolia (f) sarampión (m)

rospo (m) sapo

rossastro rojizo

rossetto (m) carmín

rossore (m) rubor

rosso rojo

rostro (m) rostro

rotábile transitable

rotaia (f) raíl (m)

rotativa (f) rotativa

rotatorio rotatorio

rotazione (f) rotación

roteare rotar

rotella (f) ruedecilla
rotocalco (m) rotativo
rotolare rodar
rótolo (m) rollo
rotondo redondo
rotta (f) rumbo (m); derrota (f)
rottame (m) derribo
rotto roto
rottura (f) rotura
rovente candente
rovescia (alla) al revés
rovesciare volcar
rovina (f) ruina
rovinare arruinar
rovinoso ruinoso
rovo (m) zarza (f)
rozzo grosero
rubare hurtar
rubería (f) hurto (m), robo (m)
rubicondo rubicundo
rubinetto (m) grifo
rubino (m) rubí
rubrica (f) registro (m)
rude rudo
rúdere (m) ruina (f)
rudimentale rudimental

rudimento (m) rudimento
ruffiano rufián
ruga (f) arruga
ruggine (f) orín (m)
ruggito (m) rugido
rugiada (f) rocío (m)
rugoso arrugado
rullo (m) rollo
rum (m) ron
ruminante (m) rumiante
rumore (m) ruido
rumoroso ruidoso
ruolo (m) registro
ruota (f) rueda
rupe (f) roca
rurale rural
ruscello (m) arroyo
russare roncar
Russia Rusia
russofilo rusófilo
rusticano rústico
rustichezza (f) rusticidad
rustico rústico
rutto (m) eructo
ruvidezza (f) aspereza; rudeza
ruvido áspero; tosco
ruzzolare resbalar
ruzzolone (m) revuelco

S

sabato (m) sábado
sabbia (f) arena
sabbioso arenoso
sabotare sabotear
sabotatore saboteador
saccarina (f) sacarina
saccarosio (m) sacarosa (f)
saccheggiare saquear
saccheggio (m) saqueo
sacco (m) saco; saqueo
sacerdote (m) sacerdote
sacramentale sacramental
sacramento (m) sacramento

sacrario (m) sagrario
sacrificare sacrificar
sacrificato sacrificado
sacrificio (m) sacrificio
sacrilegio (m) sacrilegio
sacrilego (m) sacrílego
sacristia (f) sacristía
sacro sagrado
sadismo (m) sadismo
saetta (f) saeta
saettata (f) saetazo (m)
sagace sagaz
sagacia (f) sagacidad

saggezza (f) sabiduría
saggio sabio - (m) ensayo
sagittario (m) arquero; sagitario
sagoma (f) ságoma; porte (m)
sagra (f) fiesta
sagrestano (m) sacristán
saio (m) sayo
sala (f) salón (m)
salamandra (f) salamandra
salame (m) salchichón
salare salar
salasso (m) sangría (f)
salato salado
saldare soldar
saldatura (f) soldadura
saldo (m) saldo - firme (agg.)
sale (m) sal (f)
salgemma (m) salgema
salice (m) sauce
saliente subiente
saliera (f) salero (m)
salificazione (f) salificación
salina (f) salina
salire subir
saliscendi (m) picaporte
salita (f) subida
saliva (f) saliva
salmastro salobre
salmì (m) salmorejo
salmo (m) salmo
salmone (m) salmón
salnitro (m) salitre
salotto (m) salón
salpare zarpar
salsa (f) salsa
salsedine (f) salsedumbre
salsiccia (f) longaniza
salsicciotto (m) chorizo
saltare saltar
saltimbanco (m) saltabanco
salto (m) salto; brinco
saltuario discontinuo
salubre salubre
salubrità (f) salubridad
salume (m) embutido
salumeria (f) tocinería

salutare saludar
salute (f) salud
saluto (m) saludo
salvacondotto (m) salvoconducto
salvadanaio (m) hucha (f)
salvaguardia (f) salvaguardia
salvagente (m) salvavidas
salvaguardare salvaguardar
salvare salvar
salvataggio (m) salvamento
salvatore (m) salvador
salve! ¡salve!
salvezza (f) salvación
salvia (f) salvia
salvietta (f) servilleta
salvo salvo
samba (f) samba (m)
sambuco (m) saúco
sanare sanar
sanatorio (m) sanatorio
sancire sancionar
sándalo (m) alpargata (f); sandalia (f)
sandolino (m) botecito (de regata)
sangue (m) sangre (f)
sanguigno sanguíneo
sanguinaccio (m) morcilla (f)
sanguinante sangriento
sanguisuga (f) sangüijuela
sanità (f) sanidad
sanitario (m) médico
sano sano
sanscrito (m) sánscrito
santificare santificar
santino (m) imagen sacra (f)
santità (f) santidad
santo santo
santone (m) santón
santuario (m) santuario
sanzionare sancionar
sanzione (f) sanción
sapere saber
sapiente (m) sabio
sapienza (f) sabiduría
saponata jabonadura
sapone (m) jabón

saponetta (f) pastilla de jabón

saponificare saponificar

sapore (m) sabor

saporito sabroso

sarabanda (f) zarabanda

saracinesca (f) cierre (m)

sarcasmo (m) sarcasmo

sarcastico sarcástico

sarchiatura (f) sachadura

sarcofago (m) sarcófago

sardella sardina

Sardegna Cerdeña

sardo sardo

sarta (f) modista

sartie (f pl.) jarcias

sartina (f) modistilla

sarto (m) sastre

sartoría (f) sastrería

sassata (f) pedrada

sasso (m) piedra (f)

sassofono (m) saxófono

Satana Satanás

satanico satánico

satrapo (m) sátrapa

satellite (m) satélite

satira (f) sátira

satirico satírico

saturare saturar

saturazione (f) saturación

Saturno Saturno

saturo saturado

savana (f) sabana

Saverio Javier

sazietà (f) saciedad

sazio saciado

sbadataggine (f) distracción

sbadato distraído

sbadigliare bostezar

sbadiglio (m) bostezo

sbafare comer de gorra

sbagliare equivocarse

sbagliato equivocado

sbaglio (m) falta (f)

sballottare traquetar

sbalordire asombrar

sbalordito pasmado

sbalzo (m) brinco

sbandamento (m) desbandada (f)

sbandato desbandado

sbandierare ostentar

sbaragliare derrotar

sbaraglio (m) derrota (f)

sbarazzare despejar

sbarbato afeitado

sbarcare desembarcar

sbarco (m) desembarque

sbarra (f) tranca

sbarramento (m) obstrucción (f)

sbarrare obstruir

sbattere sacudir

sbattimento (m) sacudimiento

sbattuto sacudido

sberleffo (m) mueca (f)

sbiadire descolorarse

sbiadito descolorado

sbieco (di) sesgado

sbigottimento (m) estupor

sbigottire asustar

sbilanciare desequilibrar

sbirciata (f) vistazo (m)

sbirro (m) esbirro

sbizzarrire desencaprichar

sbocciare abrirse

sboccio (m) brote

sbocco (m) salida (f)

sbornia (f) merluza

sborniarsi emborracharse

sborsare desembolsar

sborso desembolso

sbottonare desabrochar

sbraitare vocear

sbranare desgarrar

sbriciolare desmigajar

sbrigare despachar

sbrigativo expeditivo

sbrigliatezza (f) desenfreno (m)

sbrogliare desenredar

sbucare salir

sbucciare mondar

scabbia (f) roña

sbuffare bufar

scabroso escabroso

scacchi (m. pl.) el ajedrez

scacchiera (f) tablero (m)

scacciare expulsar

scacco (m) escaque

scadente ordinario

scadenza (f) vencimiento (m)

scadere vencer

scaduto vencido

scafandro (m) escafandra (f)

scaffale (m) estante

scafo (m) casco

scagionare disculpar

scaglia (f) escama

scagliare arrojar

scaglione (m) escalón

scala (f) escalera

scalare escalar

scalata (f) escalada

scaldare calentar

scaldino (m) braserillo

scalfire arañar

scalfittura (f) arañazo (m)

scalinata (f) escalinata

scalino (m) peldaño

scalo (m) muelle

scalogna (f) mala suerte

scalpello (m) cincel

scalpitare patalear

scalpore (m) ruido

scaltrezza (f) astucia

scaltro cuerdo; astuto

scalzo descalzo

scambiare cambiar

scambievole recíproco

scambio (m) intercambio

scamiciato descamisado

scamosciato agamuzado

scampagnata (f) excursión

scampanellare campanillear

scampanellata (f) campanilla-
zo (m)

scampare salvarse

scampo (m) salvación (f)

scámpolo (m) retal

scandagliare sondear

scandalizzare escandalizar

scandalo (m) escándalo

scandaloso escandaloso

Scandinavia Escandinavia

scannellatura (f) acanaladura

scanno (m) escaño

scansía (f) estante (m)

scapaccione (m) pescozón

scapestrato (m) calavera

scápito (m) perjuicio

scapola (f) escápula

scápolo (m) soltero

scappamento (m) escape

scappare escapar

scappatoia (f) escapatoria

scappellotto (m) pescozón

scarabeo (m) escarabajo

scarafaggio (m) cucaracha (f)

scaraventare arrojar

scarcerare desencarcelar

scardinare desquiciar

scarica (f) descarga

scaricare descargar

scaricatore (m) descargador

scarico (m) descarga (f)

scarlattina (f) escarlatina

scarno descarnado

scarpa (f) zapato (m)

scarrozzare dar vueltas

scarseggiare escasear

scarsità (f) escasez

scarso escaso

scartafaccio (m) cartapacio

scartare evitar

scartato reformado; evitado

scarto (m) desecho

sartoffie (f pl.) papelotes (m)

scassinare descerrajar

scatenare desencadenar

scátola (f) caja

scatto (m) disparo

scattare disparar

scaturire manar; brotar

scavalcare descabalgar

scavare excavar

scavatrice (f) excavadora

scavo (m) excavación (f)

scegliere escoger

sceicco (m) jeque

scellerataggine (f) perfidia
scellerato malvado
scellino (m) chelín
scelta (f) selección
scemo tonto; bobo
scempio (m) estrago
scena (f) escena
scenario (m) escenario
scenata (f) escándalo (m)
scendere bajar
sceneggiatura (f) escenificación
sceriffo (m) jerife
scervellare trastornar
scetticismo (m) escepticismo
scettico escéptico
scettro (m) cetro
scheda (f) papeleta
schedario (m) fichero
scheggia (f) astilla
scheletrico esquelético
schéletro (m) esqueleto
schema (m) esquema
schermaglia (f) contienda
scherma (f) esgrima
schermo (m) pantalla; reparo
schenire escarnecer
scherno (m) escarnio
scherzare bromear
scherzo (m) broma (f)
scherzoso ameno
schiacciare aplastar
schiaffo (m) bofetada (f)
schiamazzo (m) alboroto
schiantare quebrantar
schianto (m) estruendo
schiarimento (m) aclaración (f)
schiarire aclarar
schiarita (f) escampo (m)
schiatta (f) estirpe
schiavitù (f) esclavitud
schiavo (m) esclavo
schiena (f) espalda
schieramento (m) formación (f)
schietto castizo, puro
schifo (m) asco

schifoso asqueroso
schiodare desenclavar
schioppo (m) escopeta (f)
schiuma (f) espuma
schivare esquivar
schizzare rociar
schizzo (m) chorro; esbozo
scia (f) estela
sciábola (f) sable (m)
sciacquare enjuaguar
sciagura (f) desgracia
sciagurato desdichado
scialacquare malgastar
sciaile (m) chal
scialuppa (f) chalupa
sciame (m) enjambre
sciare esquiar
sciarpa (f) bufanda
sciatica (f) ciática
sciatore (m) esquiador
scientifico científico
scienza (f) ciencia
scienziato (m) sabio
scimitarra (f) cimitarra
scimmia (f) mono (m)
scimmiottare remedar
scimpanzè (m) chimpancé
scimunito necio
scindere separar
scintilla (f) chispa
scintillante brillante
sciocchezza (f) necedad
sciocco necio; tonto
sciogliere disolver; soltar
scioglimento (m) derretimien-to
scioltezza (f) soltura
sciolto suelto; anulado
scioperante (m) huelguista
scioperare holgar
sciopero (m) huelga (f)
scipitaggine (f) insipidez
scirocco (m) siroco
sciroppo (m) almíbar
scisma (m) cisma
scissione (f) escisión
scissura (f) grieta
sciupare aiar; estropear

sciupato estropeado
sciupío (m) estropeo
sciupone derrochador
scivolare resbalar
scivolone (m) resbalón
sclerosi (f) esclerosis
scocciare aburrir
scocciatura (f) lata
scodella (f) escudilla
scodinzolare colear
scoglio (m) escollo
scoiáttolo (m) ardilla
scolaresca (f) los alumnos (m pl.)
scolaro (m) alumno
scolástico escolar
scollare despegar
scollatura (f) escote (m)
scolo (m) escurrimiento
scolorare descolorar
scolpire esculpir
scombinare desconcertar
scombussolare trastornar
scommessa (f) apuesta
scommettere apostar
scommettitore (m) apostante
scomodare incomodar
scomodo incómodo
scomodità (f) incomodidad
scompaginare desarreglar
scomparire desaparecer
scomparsa (f) desaparición
scomparso desaparecido
scompartimento (m) departamento
scompigliare trastornar
scompiglio (m) desbarajuste
scomporre descomponer
scomposizione (f) descomposición
scompostezza (f) descompostura
scomposto descompuesto
scomúnica (f) excomunión
scomunicato excomulgado
sconcertare desconcertar
sconcertato turbado
sconcezza (f) indecencia
sconcio indecente
sconclusionato disparatado
sconfessare renegar
sconcertare desconcertar
sconfiggere derrotar
sconfinare pasar los lindes
sconfitta (f) derrota
sconfitto derrotado
sconfortante desconsolador
sconforto (m) desconsuelo
scongiurare suplicar
scongiuro (m) exorcismo
sconnesso inconexo
sconosciuto desconocido
sconquassare sacudir
sconquassato destartalado
sconsiderato desconsiderado
sconsigliare desaconsejar
sconsolato desconsolado
scontare descontar
scontabile descontable
scontento (m) descontento
sconto descuento
scontare chocar
scontrino (m) resguardo
scontro (m) choque
scontrosità (f) huraña
scontroso huraño
sconveniente desconveniente
sconvenienza (f) inoportunidad
sconvólgere trastornar
sconvolgimento (m) trastorno
sconvolto trastornado
scopa (f) escoba
scopare barrer
scopata (f) escobada
scoperchiare destapar
scoperta (f) descubrimiento (m)
scoperto descubierto
scopo (m) fin; intento
scoppiare reventar
scoppiettare chisporrotear
scoppiettío (m) restallido
scoppio (m) estallido
scoprire descubrir
scopritore (m) descubridor

scoraggiamento (m) desaliento

scoraggiare desalentar

scoramento (m) abatimiento

scorbuto (m) escorbuto

scorciatoia (f) atajo (m)

scordare olvidar

scorgere vislumbrar

scoria (f) escoria

scornato avergonzado

scorno (m) bochorno

scorpione (m) alacrán

scorrazzare corretear

scorrere recorrer

scorrettezza (f) descortesía

scorretto incorrecto

scorrevole corredizo

scorrevolezza (f) fluidez

scorribanda (f) correría

scorrimento (m) escurrimiento

scorsa (f) hojeada

scorso pasado

scorsoio corredizo

scorta (f) escolta

scortare escoltar

scortese descortés

scortesia (f) descortesía

scorticare desollar

scorza (f) corteza

scossa (f) sacudida

scosso sacudido

scostare apartar

scostumato desvergonzado

scottante abrasante

scottare quemar

scottatura (f) escaldadura

scovare desanidar

screditare desacreditar

screpolare agrietar

screpolatura (f) grieta

screzio (m) disensión (f)

scribacchino (m) chupatintas

scricchiolare crujir

scriminatura (f) crencha

scritta (f) inscripción

scritto escrito

scrittoio (m) escritorio

scrittore (m) escritor

scrittura (f) escrito (m)

scritturare contratar

scrivania (f) mesa de escribir

scrivente remitente

scrivere escribir

scroccare sablear

scroccatore petardista

scrofa (f) cerda

scrollare sacudir

scrollata (f) sacudida

scroscio (m) estrépito

scrostare descortezar

scrupolo (m) escrúpulo

scrupolosità (f) escrupulosidad

scrupoloso escrupuloso

scrutare escudriñar

scrutinare escrutar

scrutinio (m) escrutinio

scucire descoser

scucito descosido

scucitura (f) descosido (m)

scuderia (f) cuadra

scudiero (m) escudero

scudisciata (f) latigazo (m)

scudiscio (m) látigo

scudo (m) escudo

scugnizzo (m) pilluelo

sculacciata (f) nalgada

scultore (m) escultor

scultura (f) escultura

scuola (f) escuela

scuótere sacudir

scuotimento (m) sacudimiento

scure (f) segur

scuro obscuro

scurrile trivial

scurrilità (f) vulgaridad

scusa (f) excusa

scusare excusar

scusarsi excusarse

scusato excusado

sdebitarsi desadeudarse

sdegnare desdeñar

sdegno (m) desdén

sdentato desdentado

sdoganare aduanar
sdolcinato melindroso
sdoppiare desdoblar
sdraiare tumbar
sdraiato tendido
sdraio | poltrona a - dormilona
sdrucciolare deslizar
sdrucciolevole resbaladizo
sducciolone (m) resbalón
sdrucito descosido
se si
sè sí
sebbene aunque
secca (f) banco de arena (m)
seccante pesado
seccare secar; fastidiar
seccato secado; fastidiado
seccatura (f) fastidio (m)
secchezza (f) sequedad
secchia (f) caldero (m)
secco seco
secérnere secretar
secessione (f) secesión
secolare secular
sécolo (m) siglo
secondario secundario
secondino (m) carcelero
secondo segundo
secondogenito (m) segundogé-
  nito
secrezione (f) secreción
sédano (m) apio
sedativo sedativo
sede (f) sede; domicilio (m)
sedentario sedentario
sedere sentarse
sedia (f) silla
sedicente pretendido
sedici diez y seis
sedile (m) asiento
sedimento (m) sedimento
sedizione (m) sedición
sedotto seducido
seducente atrayente
sedurre seducir
seduta (f) sesión
seduzione (f) seducción

sega (f) sierra
sègale (f) centeno (m)
segare segar
segatura (f) serrín (m)
segheria (f) aserradero (m)
segmento (m) segmento
segnacarte (m) señal de libro
  (f)
segnalare señalar
segnalato señalado
segnalazione (f) señal
segnale (m) señal (f)
segnare (m) marcar
segnato indicado
segnatura (f) signatura
segno (m) signo
sego (m) sebo
segregare segregar
segregazione (f) segregación
segreta (f) calabozo
segretario (m) secretario
segreteria (f) secretaría
segretezza (f) reserva
segreto (m) secreto
seguace partidario
seguente siguiente
segugio (m) sabueso
seguire seguir
seguitare seguir
sèguito (m) cortejo; continuación (f)
sci seis
selce (f) sílice
selciato (m) empedrado
selezionare seleccionar
selezionato seleccionado
selezione (f) selección
sella (f) silla
sellino (m) sillín
selvaggina (f) caza
selvaggio salvaje
selvatichezza (f) selvatiquez
selvatico selvático
semaforo (m) semáforo
sembianza (f) semblante (m)
sembrare parecer
seme (m) semilla (f)
semestre (m) semicírculo

semicerchio (m) semicirculo
sémina (f) siembra
seminare sembrar
seminario (m) seminario
seminarista (m) seminarista
seminudo medio desnudo
semitico semítico
semivivo semivivo
semola (f) sémola
semplice simple
semplicemente sencillamente
sempliciotto (m) tontaino
semplicità (f) sencillez
semplificare simplificar
semplificazione (f) simplifi-
cación
sempre siempre
senapa (f) mostaza
senato (m) senato
senatore (m) senador
senile senil
senno (m) juicio
sensale (m) corredor
sensato cuerdo
sensazione (f) sensación
senseria (f) corretaje (m)
sensibile sensible
sensibilità (f) sensibilidad
sensibilmente sensiblemente
sensitiva (f) sensitiva
senso sentido
sensuale sensual
sensualità (f) sensualidad
sentenza (f) sentencia
sentenziare sentenciar
sentiero (m) senda (f)
sentimentale sentimental
sentimentalismo (m) sensible-
ría (f)
sentimento (m) sentimiento
sentinella (f) centinela (m)
sentire sentir; oir
sentitamente vivamente
sentore (m) indicio
senza sin
senzatetto (m) desamparado
separabile separable
separare separar

separtista (f) separatista
separazione (f) separación
sepolcreto (m) cementerio
sepolcro (m) sepulcro
sepolto enterrado
sepoltura (f) entierro (m)
seppellire enterrar
seppia (f) sepia
sequela (f) secuela
sequenza (f) secuencia
sequestrare secuestrar
sequestro (m) secuestro
sequoia (f) secoya
sera (f) tarde; noche
serata (f) noche
serbatoio (m) depósito
serenata (f) serenata
serenità (f) serenidad
sereno sereno
sergente (m) sargento
seriamente formalmente
serie (f) serie; clase
serietà (f) seriedad; formalidad
serio serio; formal
sermone (m) sermón
serpe (f) sierpe
serpeggiare serpentear
serpente (m) culebra (f)
serra (f) invernacero (m)
serraglio (m) serrallo
serranda (f) cierre metálico
(m)
serratura (f) cerradura
serva (f) criada
servigio (m) favor
servilismo (m) servilismo
servire servir
servitore (m) criado
servitù (f) servidumbre
servizio (m) servicio
servo (m) criado
sessanta sesenta
sessione (f) sesión
sesso (m) sexo
sessuale sexual
sesto sexto
seta (f) seda

setaccio (m) cedazo
sete (f) sed
setta (f) secta
settanta setenta
sette siete
settimana (f) semana
sfida (f) desafío (m)
sfidare desafiar
sfiducia (f) desconfianza
sfiduciato desconfiado
sfigurare hacer mal papel
sfilacciare deshilachar
sfilacciatura (f) deshiladura
sfilare deshilar
sfilata (f) desfile (m)
sfinge (f) esfinge
sfinire extenuar
sfinimento (m) extenuación (f)
sfinitezza (f) debilidad
sfinito extenuado
sfiorare rozar
sfiorire desflorecer
sfoderare desenvainar
sfogare desahogar
sfoggiare lucir
sfogliare deshojar
sfogo (m) desahogo
sfolgorare fulgurar
sfollare dispersar
sformato deformado
sfornare desenhornar
sfornito desguarnecido
sfortuna (f) desdicha
sfortunato desdichado
sforzare esforzar
sforzo (m) esfuerzo
sgolarsi desgañitarse
sgombero (m) desalojo
sgomberare desalojar
sgomento (m) susto
sgominare derrotar
sgonfiare deshinclar
sgonfio deshinchado
sgorbio (m) borrón
sgozzare degollar
sgradevole desagradable
sgraffiatura (f) arañazo (m)

sgranare desgranar
sgranchire desentorpecer
sgravare desembarazar
sgrassare desgrasar
sgretolare resquebrajar
sgridare reprochar
sguaiato grosero
sgualcire arrugar
sgualdrina (f) ramera
sguardo (m) mirada (f)
sgusciare escabullirse
si si
sia ya
siamese siamés
sibilare silbar
sibilla (f) sibila
sìbilo (m) silbido
sicario (m) sicario
sicchè de suerte que
siccità (f) aridez
sicurezza (f) seguridad
sicuro seguro
sigaretta (f) cigarrillo (m)
simmetrico simétrico
simpatia (f) simpatía
simulare simular
simulatore simulador
simultaneo simultáneo
sinagoga (f) sinagoga
sincerità (f) sinceridad
sincero sincero
sincope (f) síncopa
sincronismo (m) sincronismo
sindacare criticar
sindacato (m) sindicato
sindaco (m) alcalde
sinfonia (f) sinfonía
sinfonico sinfónico
singhiozzo (m) sollozos
singolare singular
singolarità (f) singularidad
sinistra izquierda
sinonimo (m) sinónimo
sinovite (f) sinovitis
sintassi (f) sintaxis
sintesi (f) síntesis
sintomo (m) síntoma
sinuoso sinuoso

sipario (m) telón
sirena (f) sirena
siringa (f) jeringa
sismico sísmico
sistema (m) sistema
sistemazione (f) organización
situazione (f) situación
slancio (m) impulso
smemorato desmemoriado
smentire desmentir
smentita (f) desmentida
smeraldo (m) esmeralda (f)
smerciare despachar
smettere dejar
smistamento (m) repartición
  (f)
smistare repartir
smisurato desmesurado
smontabile desmontable
smontare desmontar
smorfia (f) mueca
smorzare apagar
smosso removido
smuovere remover
smussare embotar
snaturato inhumano
snellezza (f) esbeltez
snello esbelto
snervante enervante
snervare enervar
snidare desanidar
snodato desarticulado
snodare desanudar
snodatura (f) articulación
soave suave
sobbalzo (m) sobresalto
sobrietà (f) sobriedad
soffrire padecer
sofista (m) sofista
soggettivo subjetivo
soggetto sujeto
soggezione (f) sujeción
soggiogare sujetar
soggiorno (m) estancia (f)
soglia (f) umbral (m)
sógliola (f) lenguado (m)
sognare soñar
sogno ensueño

solaio desván
solamente solamente
solcare surcar
solco (m) surco
soldato (m) soldado
soldo (m) sueldo
sole (m) sol
solenne solemne
solennità (f) solemnidad
solfato (m) sulfato
solfeggio (m) solfeo
solfo (m) azufre
solforico sulfúrico
solidale solidario
solidarietà (f) solidaridad
solido sólido
solista (m) solista
sollecitazione (f) incitación
sollecitudine (f) solicitud
solletico (m) cosquillas (f pl.)
somiglianza (f) semejanza
sommossa (f) sublevación
sonata (f) sonata
sonda (f) sonda
sondaggio (m) sondeo
sondare sondear
sonnambulo (m) sonámbulo
sonnifero (m) somnífero
sonoro sonoro
sonno (m) sueño
sontuoso suntuoso
soppiantare suplantar
sopportare aguantar
sopportazione (f) paciencia
soppressione (f) supresión
soppresso suprimido
sopprimere suprimir
soprábito (m) abrigo
sopraccarico (m) sobrecarga
  (f)
sopracciglio (m) cejá (f)
sopraddetto susodicho
sopraffare superar
sopraffazione (f) superchería
sopraggiungere llegar
sopravanzo (m) residuo
sopravvento (m) superioridad
  (f)

sorpréndere sorprender
sorpresa (f) sorpresa
sorpreso sorprendido
sorridente risueño
sorrídere sonreír
sorriso (m) sonrisa (f)
sorso (m) trago
sorta (f) clase
sorteggio (m) sorteo
sorvegliante vigilante
sorvegliare vigilar
sorvolare trasvolar; omitir
sosia (m) sosia
sospeso echado; colgado
sospettare sospechar
sospetto (m) sospecha (f)
sospettoso sospechoso
sospirare suspirar
sospiro (m) suspiro
sosta (f) parada
sostantivo (m) sustantivo
sostanza (f) substancia
sostanziale substancial
sostare pararse
sostegno (m) sostén
sostenere sostener
sostenimento (m) sustenta-
miento
sostituzione (f) sustitución
sottosopra en desbarajuste
sottostante inferior
sottostare estar sujeto
sottosuolo (m) subsuelo
sottoveste (f) enaguas (pl.)
sottovoce en voz baja
sottrarre sustraer; quitar
sottrazione (f) sustración; resta
sottufficiale (m) suboficial
sovrabbondanza (f) supera-
bundancia
sovraccarico (m) sobrecarga
(f)
sovranità (f) soberanía
sovrano (m) soberano
sovrapporre sobreponer
sovrapposizione (f) superposición

sovrastare dominar
sovreccitazione (f) sobreexci-
tación
sovrumano sobrehumano
sovvenzione (f) socorro (m)
sovversivo subversivo
sovvertimento (m) subversión
sozzura (f) suciedad
spaccalegna leñador
spaccapietre (m) pedrero
spaccare hender
spaccatura (f) hendidura
spacciare despachar
spacciato despachado
spaccone (m) fanfarrón
spada (f) espada
spadroneggiare echarla de amo
spaghetti (m pl) fideos
Spagna (f) España
spago (m) bramante
spalla (f) hombro (m)
spalliera (f) respaldo (m)
spallina (f) tirante (m)
spàndere esparcir
sparare disparar
sparecchiare quitar la mesa
spàrgere esparcir
spargimento (m) derrama-
miento
sparire desaparecer
sparizione (f) desaparición
sparlare difamar
sparo (m) disparo
sparpagliare desparramar
spartire repartir
spartito (m) partitura (f)
spartizione (f) repartición
sparviero (m) gavilán
spasimante galán
spasimare sufrir
spásimo (m) sufrimiento
spassionato desapasionado
spauracchio (m) espantapája-
ros
spaurire asustar
spavaldo descarado
spavento (m) susto
spaventoso espantoso

spaziare espaciar
spazio (m) espacio
spazioso espacioso
spazzacamino (m) deshollinador
spazzaneve (m) quitanieves
spazzare barrer
spazzatura (f) basura
spazzino (m) barrendero
spázzola (f) cepillo (m)
spazzolata (f) cepilladura
spazzolino (m) cepillo de dientes
specchiarsi mirarse
specchio (m) espejo
speciale especial
specialista (m) especialista
specialità (f) especialidad
specializzazione (f) especialización
specie (f) especie
specificare especificar
specificazione (f) especificación
speculare especular
speculazione (f) especulación
spedire enviar
speditamente prontamente
spedizione (f) envío (m)
spegnere apagar
spelare pelar
spelonca (f) cueva
spéndere gastar
spennare desplumar
spensierato despreocupado
speranza (f) esperanza
sperare esperar
spérdere dispersar
sperduto perdido
spergiurare perjurar
spergiuro (m) perjuro
sperimentare experimentar
sperma (m) esperma (f)
sperone espuela (f)
sperperare disipar
spérpero (m) derroche
spesa (f) gasto (m)
speso gastado

spesso a menudo
spessore (m) espesor
spettabile respetable
spettacolo (m) espectáculo
spettanza (f) pertinencia
spettatore (m) espectador
spettro (m) espectro
spezie (f pl.) especias
spezzare romper
spezzato roto; quebrado
spia (f) espía
spiacévole desagradable
spiaggia (f) playa
spianare allanar
spiare espiar
spiccare librar
spicchio (m) gajo
spicciare despachar
spicciolata | alla - pocos de cada vez
spiccioli (m pl.) calderilla (f s.)
spiedo (m) asador
spiegamento (m) despliegue
spiegare explicar
spiegazione (f) explicación
spietato despiadado
spiga (f) espiga
spigliatezza (f) desenvoltura
spigliato desenvuelto
spigolare espigar
spigolatura (f) acción de espigar
spillare sacar
spillo (m) alfiler
spilorcio (m) avaro
spina (f) espina
spingere empujar
spino (m) espina (f)
spinoso espinoso
spinta (f) empuje (m)
spionaggio (m) espionaje
spira (f) espira
spirare espirar
spiritismo (m) espiritismo
spirito (m) espíritu
spiritoso chistoso
spiritualità (f) espiritualidad

splendente resplandeciente
spléndere resplandecer
splendido espléndido
splendore (m) esplendor
spodestare destronar
spodestato destronado
spoglia (f) despojo (m)
spogliare desnudar
spogliatoio (m) tocador
spoglio (m) escrutinio
spoletta (f) espoleta
spolpare descarnar
spolverare quitar el polvo
spolverío (m) polvareda (f)
sponda (f) orilla
spontaneità (f) espontaneidad
spontaneo espontáneo
spopolare despoblar
sporcare ensuciar
sporcizia (f) suciedad
sporco sucio
spórgersi asomarse
sporgenza (f) saliente (m)
sport (m) deporte
sportello (m) ventanilla (f)
sposa (f) esposa
sposalizio (m) bodas (f)
sposarsi casarse
sposo (m) esposo
spossatezza (f) cansancio (m)
spossato extenuado
spostamento (m) deplazamiento
spostare trasladar
spranga (f) barra
sprangare atrancar
sprecare malgastar
spreco (m) derroche
spregévole despreciable
spregiudicato despreocupado
sprémere exprimir
spremuta (f) zumo de frutas (m)
sprigionare desprenderse
sprezzante desdeñoso
sprizzare brotar
sprofondare hundir

spronare espolear
sprone (m) espuela (f)
sproporzione (f) desproporción
spropósito (m) disparate
spruzzare rociar
spudorato desvergonzado
spugna (f) esponja
spugnoso esponjoso
spuma (f) espuma
spumante (m) vino espumoso
spumare espumar
spumoso espumoso
spuntare brotar
spuntatura (f) despuntadura
spurgare expurgar
spurgo (m) expurgo
sputacchiera (f) escupidera
sputare escupir
sputo (m) esputo
squadra (f) equipo (m)
squadrare escuadrar
squadratura (f) escuadrado (m)
squadrone (m) escuadrón
squagliare descuajar
squallido escuálido
squama (f) escama
squartare descuartizar
squilibrio (m) desequilibrio
squillo (m) toque
squillare resonar
squisito exquisito
squisitezza (f) exquisitez
sradicare desarraigar
sregolatezza (f) desorden (m)
sregolato desarreglado
stabilimento (m) establecimiento
stabilire establecer
stabilità (f) estabilidad
staccare destacar
stacciare tamizar
staccio (m) tamiz
staccionata (f) estacada
stadera (f) balanza romana
staffa (f) estribo (m)

staffetta (f) estafeta
stagionare sazonar
stagione (f) estación
stagnare estancar
stagno (m) estanque
stagnola (f) hoja de estaño
stalagmite (f) estalagmita
stalattite (f) estalactita
stalla (f) establo (m); cuadra (f)
stalliere (m) mozo (de cuadra)
stallone (m) semental
stamane esta mañana
stampa (f) prensa
stampare imprimir
stampatore (m) tipógrafo
stampella (f) muleta
stampería (f) imprenta
stampiglia (f) timbre (m)
stancare cansar
stanchezza (f) cansancio (m)
stanco cansado
stanga (f) barra
stanghetta (f) barreta
stanotte esta noche
stantuffo (m) émbolo
stanza (f) cuarto (m)
stanziamento (m) ocupación (f)
stappare descorchar
stare estar
starnutare estornudar
starnuto (m) estornudo
stasera esta tarde
stato (m) estado
statua (f) estatua
statuario estatuario
stato (f) estatura
stazione (m) estación
stecca (f) varilla
stecconato (m) empalizada (f)
Stéfano Esteban
stella (f) estrella
stellato estrellado
stemperare destemplar
stendardo (m) estandarte
sténdere extender

stenografia (f) taquigrafía
stenografico taquigráfico
stenógrafo (m) taquígrafo
stentare sufrir
stento | a con dificultad
steppa (f) estepa
sterile estéril
sterilire esterilizar
sterilità (f) esterilidad
sterlina (f) libra esterlina
sterminare exterminar
sterminato desmesurado
stesso mismo
stile (m) estilo
stiletto (m) puñal
stillare gotear
stillicidio (m) estilicidio
stilografica (f) estilográfica
stima (f) estimación
stimare estimar
stimolante estimulante
stimolo (m) estímulo
stingere desteñirse
stipendiare asalariar
stipendio (m) sueldo
stipite (m) jamba (f)
stipulare estipular
stirare planchar
stiratrice (f) planchadora
stiratura (f) planchado (m)
stirpe (f) estirpe
stivale (m) bota (f)
stizza (f) enojo (m)
stizzire enojar
stizzoso enfadoso
stoccafisso (m) bacalao
stocco (m) estoque
stoffa (f) tejido (m)
stoico (m) estóico
stoicismo (m) estoicismo
stola (f) estola
stolto estúpido
stomaco (m) estómago
stonare desentonar
stoppa (f) estopa
stoppia (f) rastrojo (m)
stórcere retorcer
stordire aturdir

storia (f) historia

storico histórico

storione (m) esturión

stormo (m) bandada (f)

stornare distraer

stornellata (f) el coplear (m)

stornello (m) estornino; copla (f)

storpiare estropear

storpio (m) estropeado

storta (f) distorsión

stoviglie (f pl.) vasijas

strabico bizco

straboccare rebosar

stracciare rasgar

straccio (m) andrajo

strada (f) calle; camino (m) carretera (f)

stradino (m) caminito

strafalcione (m) disparate

strage (f) estrago (m)

strame (m) paja (f)

stranezza (f) extrañeza

strangolare estrangular

straniero extranjero

strano extraño; raro

straordinario extraordinario

strapazzare maltratar

strapazzata (f) reprimenda

strapazzo (m) cansancio

strappare arrancar

strappo (m) desgarro

strapuntino (m) strapuntín

straripamento (m) desborde

stratagemma (m) estratagema (f)

stráscico (m) cola (f)

strato (m) estrato

stratificazione (f) estratificación

stravagante extravagante

stravaganza (f) extravagancia

straziante lastimero

strazio (m) tormento

strega (f) bruja

stregare hechizar

stregone (m) brujo

stregoneria (f) brujería

stremare extenuar

strenna (f) aguinaldo (m)

strepitare hacer ruido

strépito (m) ruido

stretta (f) apretón (m)

strettezza (f) estrechez

stretto estrecho

stricnina (f) estricnina

strídere gritar

strídulo estridente

striglia (f) almohaza

strillare gritar

strillo (m) chillido

strillone (m) pregonero; vendedor

strimpellare zangarrear

stringa (f) cordón (m)

stringatezza (f) concisión

stríngere apretar

striscia (f) cinta

strisciare arrastrar

stritolamento (m) trituración (f)

strizzare guiñar (el ojo)

strofe (f) estrofa

strofinaccio (m) trapo

strofinare frovar

strozzare estrangular

strozzino (m) usurero

strumento (m) instrumento

strutto (m) manteca (f)

struttura (f) estructura

struzzo (m) avestruz

stuccare estucar

stuccatura (f) estucado (m)

stucco (m) estuco

studente (m) estudiante

studentesco estudiantil

studiare estudiar

studio (m) estudio

stufa (f) estufa

stufare fastidiar; guisar

stufato (m) guisado

stuoia (f) estera

stupefare asombrar

stupefatto asombrado

stupefazione (f) estupefacción

stupendo estupendo

talento (m) talento
talismano (m) talismán
tallone (m) talón
talmente tan; tanto
talora unas veces
talpa (f) topo (m)
talvolta unas veces
tamarindo (m) tamarindo
tamburello (m) pandero
tamburino (m) tamborilero
tamburo (m) tambor
Tamigi Támesis
tampone (m) tapón
tana (f) cubil (m)
tanaglia (f) tenaza
tangente (f) tangente
tangibile tangible
tango (m) tango
tannino (m) tanino
tanto tantan; tanto
tappare tapar
tappeto (m) alfombra (f)
tappezzare tapizar
tappezzeria (f) tapicería
tappezziere (m) tapicero
tappo (m) corcho
tara (f) tara
tarantella (f) tarantela
tarchiato membrudo
tardare tardar
tardi tarde
tardivo tardío
targa (f) matrícula
targato matriculado
tariffa (f) tarifa
tarlato carcomido
tarlo (m) carcoma (f)
tarma (f) polilla
tarso (m) tarso
tartagliare tartamudear
tartaruga (f) tortuga
tartina (f) emparedado (m)
tartufo (m) trufa (f)
tasca (f) bolsillo (m)
⸺⸺bile de bolsillo
⸺⸺ne (m) morral
⸺⸺impuesto (m)
⸺⸺(m) taximetro

tassare tasar
tassativo taxativo
tasso (m) interés
tastare tocar; tentar
tastiera (f) teclado (m)
tasto (m) tacto
tattica (f) táctica
tattico táctico
tatto (m) tacto
tatuaggio (m) tatuaje
taurino taurino
taverna (f) taberna
tavernjere (m) tabernero
tavola (f) mesa
tavolozza (f) paleta
tazza (f) taza
té (m) té
teatrale teatral
teatro (m) teatro
tecnica (f) tecnica
tedesco alemàn
tegame (m) cazuela (f)
tégola (f) teja
tela (f) tela
telaio (m) telar
teleférica (f) funicular (m)
telefonare telefonear
telefonata (f) telefonazo (m)
telefonista (m) telefonista
telefono (m) teléfono
telegrafare telegrafiar
telegrafo (m) telégrafo
telegrafista (m) telegrafista
telegramma (m) telegrama
telemetro (m) telémetro
telepatia (f) telepatía
telescopio (m) telescopio
televisione (f) televisión
telone (m) telón
tema (m) tema
temerario temerario
temere temer
temerità (f) temeridad
temibile temible
temperamento (m) temperamento
temperatura (f) temperatura
temperino (m) cortaplumas

tempesta (f) tempestad
tempestività (f) tempestividad
tempestoso tempestuoso
tempia (f) sien
tempio (m) templo
tempo (m) tiempo
temporale (m) tempestad (f)
temporàneo temporal
temporeggiare contemporizar
tempra temple (m)
tenace tenaz
tenaglia (f) tenaza
tenda (f) cortina
tendenza (f) tendencia
téndere tender
tendina (f) cortina
tèndine (m) tendón
tendone (m) toldo
tenebre (f pl.) tinieblas
tenebroso tenebroso
tenente (m) teniente
tenere tener; guardar
tenerezza (f) ternura
tenero tierno
tennis (m) tenis
tenore (m) tenor
tensione (f) tensión
tentacolo (m) tentáculo
tentare intentar; tentar
tentativo (m) tentativa (f)
tentazione (f) tentación
tentennamento (m) titubeo
tentennare vacilar
tentoni a tientas
tenuta (f) finca
tenzone (f) contienda
teologia (f) teología
teorema (m) teorema
teoria (f) teoría
teorico teórico
tepore (m) tibieza (f)
teppa (f) hampa
teppista (m) hampón
terapeutico terapéutico
tergo (m) dorso
terme (f pl.) balneario (s. m)
termico térmico
terminare terminar

termine (m) término
termometro (m) termómetro
termosifone (m) termosifón
terno (m) terno
terra (f) tierra
terracotta (f) barro cocido (m)
terrazza (f) azotea
terremoto (m) terremoto
terreno (m) terreno
terrestre terrestre
terribile terrible
terriccio (m) tierra negra (f)
terrificante terrífico
territoriale territorial
territorio (m) territorio
terrore (m) terror
terrorizzare aterrorizar
terzo tercero
teschio (m) calavera (f)
tesi (f) tesis
tesoreria (f) tesorería
tesoro (m) tesoro
téssera (f) tarjeta
tesseramento (m) inscripción
téssile textil
tessitore (m) tejedor
tessuto tejido
testa (f) cabeza
testamento (m) testamento
testardo testarudo
teste (m) testigo
testimone (m) testigo
testimonianza (f) testimonio (m)
testo (m) texto
testuale textual
tetano (m) tétano
tetro sombrío
tetto (m) techo
tettoia (f) cobertizo (m)
tiépido tibio
tifo (m) tifus; afición (f)
tifone (m) tifón
tiglio (m) tilo
tignola (f) polilla
tigre (f) tigre (m)
timbratura (f) sella
timbro (m) sello

timidamente tímidamente
timido tímido
timo (m) tomillo
timone (m) timón
timoniere (m) timonel
timore (m) temor
timoroso temeroso
timpano (m) tímpano
tinello (m) comedor
tingere teñir
tino (m) cuba (f)
tinta (f) color (m)
tintinnire resonar
tinto teñido
tintoria (f) tintorería
tintura (f) tintura
tipico típico
tipo tipo
tipografia (f) tipografía
tipografo (m) tipógrafo
tirannia (f) tiranía
tirante (m) tirante
tirare tirar
tirchio tacaño
tiro (m) tiro
tirocinio (m) tirocinio
tiroide (f) tiroides
tisi (f) tisis
tisico tísico
titolo (m) título
titubanza (f) titubeo (m)
tizio (m) fulano
toccare tocar
tocco (m) toque
toga (f) toga
togliere quitar
tolda (f) puente (m)
tollerante tolerante
tolleranza (f) tolerancia
tollerare tolerar
tomba (f) tumba
tombola (f) tómbola
tonaca (f) hábito (m)
tonalità (f) tonalidad
tondo redondo
tonico tónico
tonnellaggio (m) tonelaje
tonnellata (f) tonelada

tonno (m) atún
tonsilla (f) amígdala
tonto tonto
topazio (m) topacio
topo (m) ratón
toppa (f) cerradura
torace (m) tórax
tórbido turbio
tórcere torcer
torcia (f) antorcha
torero (m) torero
Torino Turín
tormenta (f) tormenta
tormento (m) tormento
tornare volver
torneo (m) torneo
tornio (m) torno
toro (m) toro
torpore (m) torpeza (f)
torre (f) torre
torrente (m) torrente
torrido tórrido
torrione (m) torreón
torrone (m) turrón
torta (f) tarta
torto (m) culpa (f)
tortora (f) tórtola
tortuoso tortuoso
tortura (f) tortura
torturare torturar
torvo torvo
tosare esquilar
Toscana (f) Toscana
tosse (f) tos
tossico tóxico
tossina (f) toxina
tossire toser
tostare tostar
totale (m) total
tovaglia (f) mantel (m)
tovagliolo (m) servilleta (f)
tra entre; dentro de
traballare tambalear
traboccare rebosar
trabocchetto (m) trampa (f)
traccia (f) huella
tracciare trazar
trachéa (f) tráquea

tracotanza (f) jactancia
tradimento (m) traición (f)
tradire traicionar
traditore (m) traidor
tradizionale tradicional
tradizione (f) tradición
tradotto traducido
traducibile traducible
tradurre traducir
traduttore (m) traductor
traduzione (f) traducción
trafficante (m) tratante
trafficare traficar
traffico (m) tráfico
trafiggere trapasar
traforare perforar
traforo (m) perforación (f)
trafugare robar
tragedia (f) tragedia
tragico trágico
tragicomico tragicómico
traguardo (m) meta (f)
trainare arrastrar
tralasciare dejar; omitir
traliccio (m) terliz
tram (m) tranvía
trama (f) trama
tramandare transmitir
tramare tramar
trambusto (m) confusión (f)
tramite (m) medio
tramontana (f) tramontana
tramontare tramontar
tramonto (m) puesta del sol (f)
trampolino (m) trampolín
tramviario tranviario
tramviere (m) tranviario
tranquillità (f) tranquilidad
tranquillo tranquilo
transazione (f) transacción
transitare transitar
transitivo transitivo
transito (m) tránsito
transitorio transitorio
trapanare trepanar
trapano (m) trépano
trapassare traspasar

trapelare filtrar
trapezio (m) trapecio
trapiantare trasplantar
tráppola (f) ratonera
trarre traer; sacar
trasalire estremecerse
trasandato descuidado
trascendente trascendente
trascinare arrastrar
trascórrere transcurrir
trascrívere transcribir
trascrizione (f) transcripción
trascurabile insignificante
trascurare descuidar
trascurato descuidado
trasferibile transferible
trasferire transferir
trasferta (f) dieta
trasfigurazione transfiguración (f)
trasformare transformar
trasformatore (m) transformador
trasformazione (f) transformación
trasgredire transgredir
traslocare mudarse
trasloco (m) mudanza (f)
trasméttere transmitir
trasmigrare emigrar
trasmissione transmisión
trasparente transparente
trasparenza (f) transparencia
traspirare transpirar
trasportare transportar
trasporto (m) transporte
trasposizione (f) transposición
trastullarsi divertirse
trasudare trasudar
trasversale transversal
trasverso transverso
trasvolare trasvolar
tratta (f) letra; libranza
trattamento (m) tratamiento
trattare tratar
trattativa (f) negociación
trattato (m) tratado
tratteggiare esbozar

trattenere detener
trattenimento (m) entretenimiento
trattoría (f) restaurante (m)
trauma (m) trauma
travaglio (m) pena (f)
traversare atravesar
travatura (f) armazón (m)
trave (f) viga
traversa (f) traviesa
traversare atravesar
traversata (f) travesía
travestimento (m) disfraz
travestire disfrazar
traviamento (m) extravío
traviare extraviar
travisare alterar
travolgente furioso
travólgere arrollar
trazione (f) tracción
tre tres
trebbiare trillar
trebbiatrice (f) trilla
treccia (f) trenza
trédici trece
tregua (f) tregua
tremare temblar
tremendo tremendo
trementina (f) trementina
trémito (m) temblor
treno (m) tren
trenta treinta
trentina (f) treintena
trepidante temeroso
trepidare trepidar
trepidazione (f) trepidación
treppiede (m) trébedes (f pl.)
tresca (f) intriga
triangolo (m) triángulo
tribolare sufrir
tribolazione (f) tribulación
tribordo (m) estribor
tribù (f) tribu
tribuna (f) tribuna
tribunale (m) tribunal
tribuno (m) tribuno
tributare tributar
tributo (m) tributo

tricolore (m) tricolor
tricorno (m) tricornio
tridente (m) tridente
triduo (m) triduo
triennio (m) trienio
trifoglio (m) trébol
triglia (f) salmonete (m)
trillare trinar
trilogia (f) trilogía
trimestre (m) trimestre
trina (f) encaje (m)
trincea (f) trinchera
trincerare atrincherar
trinciare trinchar
trinità (f) trinidad
trio (m) trío
trionfale (m) triunfal
trionfante triunfante
trionfare triunfar
trionfatore triunfador
trionfo (m) triunfo
tripartire tripartir
triplicare triplicar
triplo (m) triple
trippa (f) tripa
tripudio (m) regocyo
triste triste
tristezza (f) tristeza
tritare triturar
trivella (f) taladro (m)
trivellare taladrar
triviale vulgar
trivio (m) trivio
trofeo (m) trofeo
tromba (f) trompa; bocína
trombetta (f) trompeta
trombone (m) trombón
trombosi (f) trombosis
troncare cortar
tronco (m) tronco
troneggiare dominar
trono (m) trono
tropicale tropical
tropico (m) trópico
troppo demasiado
trota (f) trucha
trottare trotar
trotto (m) trote

trovare hallar
trovata (f) idea
trovatello (m) expósito
truccare disfrazar
trucco (m) maquillaje
trucidare matar
truffa (f) estafa
truffare estafar
truffatore (m) estafador
truppa (f) tropa
tu tú
tubare arrullar
tubercolosi (f) tuberculosis
túbero (m) tubérculo
tuberosa (f) nardo (m)
tubo (m) tubo
tubolare tubular
tuffare zambullir
tuffo (m) vuelco; immersión
tugurio (m) tugurio
tulipano (m) tulipán
tumore (m) tumor
tumulare sepultar
tumulo (m) túmulo
tumulto (m) alboroto
tumultuante tumultuante
tumultuare tumultuar
tumultuoso tumultuoso

tunica (f) túnica
Tunisi Túnez
tunnel (m) túnel
tuo tu
tuono (m) trueno
tuorlo (m) yema (f)
turácciolo (m) corcho
turare tapar
turba (f) muchedumbre
turbamento (m) turbación (f)
turbante (m) turbante
turbare turbar
turbina (f) turbina
turbine (m) torbellino
turbolento turbulento
Turchia Turquía
turchino azul
turibolo (m) turíbulo
turismo (m) turismo
turista (m) turista
turno (m) turno
turpe torpe
tutela (f) tutela
tutelare tutelar
tutore (m) tutor
tuttavia sin embargo
tutto todo
tuttora todavía

U

ubbidiente obediente
ubbidire obedecer
ubriacare emborrachar
ubriaco borracho
uccello (m) pájaro
uccídere matar
uccisione (f) matanza
udienza (f) audiencia
udire oír
udito (m) oído
ufficiale (m) oficial
ufficialmente oficialmente
ufficio (m) despacho

ufficioso oficioso
uguaglianza (f) igualdad
uguagliare igualar
uguale igual
uliva (f) aceituna
ultimare ultimar
ultimo último
ululare ulular
umanesimo (m) humanismo
umanista (m) humanista
umanità (f) humanidad
umano humano
umidità (f) humedad

umido húmedo
úmile humilde
umiliante humillante
umiliare humillar
umiliazione (f) humillación
umiltà (f) humildad
umore (m) humor
umorismo (m) humorismo
umorista (m) humorista
unanime unánime
uncino (m) gancho
undecimo undécimo
úndici once
úngere untar
unghia (f) uña
Ungheria Hungría
unguento (m) ungüento
unico único
unificare unificar
uniforme uniforme
unione (f) unión
uniformità (f) uniformidad
unísono (m) unisón
unità (f) unidad
unito unido
universale universal
università (f) universidad
universo (m) universo
uno uno
unto (m) grasa (f)

unzione (f) unción
uomo (m) hombre
uovo (m) huevo
uaragano (m) huracán
uranio (m) uranio
urbano urbano
urgente urgente
urgenza (f) urgencia
urlare gritar
urlo (m) grito
urna (f) urna
urtare chocar
urto (m) choque
usanza (f) costumbre
usare usar
usato usado
usciere (m) ujier
uscire salir
uscita (f) salida
uso (m) uso
usuraio (m) usurero
usurpare usupar
utensile (m) utensilio
utile útil
utilità (f) utilidad
utilitario utilitario
utilizzare utilizar
utopia (f) utopía
utopista (m) utopista
uxoricida (m) uxoricida

V

vacante vacante
vacanza (f) vacación
vacca (f) vaca
vaccinare vacunar
vaccino (m) vacuna (f)
vacillante vacilante
vagabondare vagabundear
vagabondo (m) vagabundo
vagare vagar
vaglia (m) giro
vagliare cribar

vago vago
vagone (m) vagón
vaiolo (m) viruela (f)
valanga (f) alud (m)
Valentino Valentín
valere valer
valevole valedero
validità (f) validez
valido válido
vallata (f) valle (m)
valle (f) valle (m)

valore (m) valor
valoroso valeroso
valuta (f) moneda
valutare valuar
valvola (f) válvula
valzer (m) vals
vampa (f) llama
vampiro (m) vampiro
vanamente vanamente
vandalo (m) vándalo
vaneggiare delirar
vanga (f) azada
vangare azadonar
vangelo (m) evangelio
vaniglia (f) vainilla
vanità (f) vanidad
vantaggio (m) ventaja (f)
vantare alabar
vapore (m) vapor
varare botar
variare variar
variabile variable
varietà (f) variedad
vario vario
vasca (f) pila; baño (m)
vaso (m) vasija (f)
vassoio (m) bandeja (f)
vasto vasto
Vaticano (m) Vaticán
vecchiezza (f) vejez
vedere ver
vecchio viejo
védovo (m) viudo
vegetariano vegetariano
vegetazione (f) vegetación
veglia (f) vela
vegliare velar
veleno (m) veneno
velenoso venenoso
velluto (m) terciopelo
velo (m) velo
veloce veloz
velocità (f) velocidad
vena (f) vena
vendemmia (f) vendimia
venale venal
véndere vender
vendetta (f) venganza

véndita (f) venta
venerare venerar
venerazione (f) veneración
venerdì (m) viernes
Venere Venus
venire venir; ir
ventaglio (m) abanico
venti veinte
ventina (f) veintena
vento (m) viento
ventre (m) vientre
venuta (f) llegada
verbale (m) verbal
verbo verbo
verde verde
verdetto (m) veredicto
verdura (f) hortaliza
vergine (f) virgen
vergogna (f) vergüenza
verificare verificar
veritá (f) verdad
verme (m) gusano
vermiglio bermejo
vérmut (m) vermut
vernice (f) barniz (m)
verniciare barnizar
vero verdadero
vero (m) verdad (f)
versare echar
versione (f) versión
verso verso; hacia (prep.)
vertebrale vertebral
verticale vertical
vertígine (f) vértigo (m)
vescica (f) vejiga
véscovo (m) obispo
vespa (f) avispa
veste (f) vestido (m)
vestire vestir
vestito (m) traje
Vesuvio Vesuvio
veterinario (m) veterinario
vetraio (m) vidriero
vetrina (f) escaparate (m)
vetriolo (m) vitriolo
vetro (m) vidrio
vettura (f) coche (m)
vetturino (m) cochero

via (f) calle
viaggiare viajar
viaggiatore (m) viajero
viaggio (m) viaje
viale (m) bulevar; alameda (f)
viandante (m) caminante
vibrare tirar; vibrar
vice vice
vicenda (f) vicisitud
vicino vecino; cerca de (prep.)
vícolo (m) callejón
Vienna Viena
vietare prohibir
vietato prohibido
vigilare vigilar
vígile (m) policía
vigliacco cobarde
vignetta (f) viñeta
vigna (f) viña
vigore (m) vigor
vigoroso vigoroso
vile cobarde
villa (f) quinta
villaggio (m) aldea (f)
villania (f) villanía
villano grosero
villeggiatura (f) veraneo (m)
viltà (f) cobardía
víncere vencer
vincolo (m) vínculo
vino (m) vino
viola (f) violeta
violare violar
violento violento
violenza (f) violencia
violinista (m) violinista
violino (m) violín
violoncello (m) violonchelo
vipera (f) víbora
vírgola (f) coma
virile viril
virtù (f) virtud
virtuoso virtuoso
vísceri (m pl.) entrañas (f pl.)
vischio (m) muérdago
visíbile visible

vísita (f) visita
visitatore (m) visitante
viso (m) cara (f)
vista (f) vista
visto (m) visado
vita (f) vida
vite (f) vid
vitello (m) ternero
vittima (f) víctima
vitto (m) comida (f)
vittoria (f) victoria
vittorioso victorioso
vivace vivaracho
vivacità (f) vivacidad
vivaio (m) vivero
vívere vivir
vivo vivo
vizio (m) vicio
vocabolario (m) diccionario
vocabolo (m) vocablo
vocale vocal
voce (f) voz
vogare bogar
voglia (f) gana
volare volar
volatile (m) ave (f)
volere querer
volgare vulgar
volontà (f) voluntad
volontario voluntario
volontieri de buena gana
volpe (f) zorra
volta (f) vez; bóveda
voltare volver
volto (m) rostro
volubile voluble
volume (m) volumen
voluminoso voluminoso
voluttà (f) voluptuosidad
vomito (m) vómito
vórtice (m) torbellino
votare votar
votivo votivo
voto (m) voto
vulcanico volcánico
vulcano (m) volcán
vulnerabile vulnerable
vuoto vacío

Z

zaffiro (m) zafiro
zaino (m) mochila (f)
zampa (f) pata
zampogna (f) gaita
zanna (f) colmillo (m)
zanzara (f) mosquito (m)
zanzariera (f) mosquitero (m)
zappa (f) azada
zappatore (m) azadonero
zar (m) zar
záttera (f) balsa
zavorra (f) lastre
zàzzera (f) melena
zebra (f) cebra
zecca (f) ceca
zecchino (m) cequí
zéffiro (m) céfiro
zelante diligente
zelo (m) celo
zerbinotto (m) pisaverde
zero (m) cero

zia (f) tía
zinco (m) cinc; zinc
zíngaro (m) gitano
zitella (f) soltera
zitto callado
zóccolo (m) chanclo
zolfo (m) azufre
zona (f) zona
zolla (f) terrón (m)
zoologico zoológico
zoppicare cojear
zoppo cojo
zótico (m) patán
zucca (f) calabaza
zuccherare azucarar
zuccheriera (f) azucarera
zucchero (m) azúcar
zuffa (f) riña
zufolare silbar
zuppa (f) sopa
zuppiera (f) sopera

Finito di stampare
il 15 giugno 1961
nello Stabilimento Grafico dell'Editore
in Bologna